教育政策法规与师德修养

主编　梁剑

西南交通大学出版社
·成　都·

图书在版编目（C I P）数据

教育政策法规与师德修养 / 梁剑主编. —成都：西南交通大学出版社，2022.12
ISBN 978-7-5643-9060-0

Ⅰ. ①教… Ⅱ. ①梁… Ⅲ. ①教育政策 – 中国 – 高等学校 – 教材②教育法 – 中国 – 高等学校 – 教材③师德 – 高等学校 – 教材 Ⅳ. ①D922.16②G645.16

中国版本图书馆 CIP 数据核字（2022）第 239268 号

Jiaoyu Zhengce Fagui yu Shide Xiuyang

教育政策法规与师德修养

主编 梁 剑

责任编辑 赵玉婷
封面设计 墨创文化

出版发行 西南交通大学出版社
（四川省成都市金牛区二环路北一段 111 号
西南交通大学创新大厦 21 楼）
邮政编码 610031
发行部电话 028-87600564 028-87600533
网址 http://www.xnjdcbs.com
印刷 成都蜀通印务有限责任公司

成品尺寸 185 mm × 260 mm
印张 12.25
字数 306 千
版次 2022 年 12 月第 1 版
印次 2022 年 12 月第 1 次
定价 38.00 元
书号 ISBN 978-7-5643-9060-0

课件咨询电话：028-81435775
图书如有印装质量问题 本社负责退换

前　言

百年大计，教育为本；教育大计，教师为本。教育是国之大计，党之大计，教师是立教之本，兴教之源。兴国必先强师。自古以来，教师就承担着传播知识与思想的历史使命，肩负着塑造灵魂与生命的重任，是国家富强、民族振兴、人民幸福的重要基石。教师的知识素养、政治素质与职业道德水平直接关系到整个教育的实效和广大青少年的健康成长，关乎国家的前途命运与民族的未来。加强教师的法治教育与职业道德建设，提高广大教师的法律与道德素养，对于构建和谐社会、实现中华民族伟大复兴具有十分重要的意义。新时代对教师这一职业提出了更多更高的要求，而教育政策法规与职业道德规范正是新时代教师必须要掌握和领会的一项重要内容。

教育政策法规是国家法治在教育领域中的具体体现，它要求广大教育工作者首先要符合国家教育法律的要求，成为遵纪守法的楷模。教师只有加强对党和国家的政策法律的学习，才能提升自身的法律素质、法律素养，才能将教育法治理念应用到教育实践中去，才能切实保护受教育者合法权益和自身权益。教师职业道德是教师在其职业活动过程中所应遵循的基本行为准则与必备的道德品质，它具有明显的伦理价值。尽管道德与法律在诸多方面存在差异，但从对社会规范的调整功能及目的来看，二者是相通的，具有耦合性。法律源于道德，是社会道德的底线，需要道德支撑，道德是法律有效实施与运行的保证。教育领域中的政策法律与教育道德也不例外。教师教育法律法规既是教师法律素养的重要组成部分，也是教师职业道德规范的内在规定。学习教育政策法规与师德相关知识内容，其首要目的就是让广大教师以及即将成为教师的师范生系统地了解和把握党和国家的教育法律法规以及政策，明晰当前教育改革和发展的指向，并在教育实践中践行党和国家的教育政策与方针。学习教育政策法规与师德规范，能够让所有从事教育事业的工作者知行统一，将教育政策法规与师德规范融入内心深处，在工作和生活实践中自觉遵从国家法律与职业道德的要求，既能保护好学生，也能保护好自己。此外，作为高等师范院校学生的职前必修，教育政策法规与师德规范这一领域的知识，能够引导广大师范生以更广阔的视野来认识、理解教育实践中所发生的教育事件，也能提升他们分析教育法律实践问题的能力，促进学生践行“学高为师，身正为范”的教师职业标准。

本教材基于新时代教师教育发展要求，遵循《中共中央、国务院关于全面深化新时代教师队伍建设改革的意见》和教育部等七部门印发的《关于加强和改进新时代师德师风建设的意见》等文件精神，以我国教育改革与发展为背景，以教师资格考试要求为参考，在综合梳理当前我国教育政策法律与师德规范文件的基础上编撰而成。

本教材具有以下四个方面的特点：第一，紧密结合当前我国基础教育改革及发展需求。本教材以基础教育改革为背景，结合中小学教师专业、道德发展标准，以服务我国中小学教师队伍建设为主要目标。第二，紧密结合当前我国中小学教师资格考试的要求。本教材中的知识点基本上对接了国家教师资格考试要求，坚持理论与实践相结合，体现出知识内容的基础性、科学性、完整性和时代性。第三，打破以往教育政策法律与师德相关教材的体例，从教育活动的主体出发，围绕教育活动中的各类教育法律关系主体一一展开阐述，易于学习者把握相关知识点。第四，紧密结合高校师范生与一线教师的学习特点。本教材在内容上以点带面，理论与实践相结合，与学生的生活实际相契合；在语言上力求通俗易懂，符合广大学生的语言习惯；在结构上以教育活动主体来进行编排，逻辑清晰，布局合理。

本教材是乐山师范学院 2019 年校级教材建设项目的成果。本教材的编写、出版得到了乐山师范学院学科建设处的经费支持，也得到了乐山师范学院特殊教育学院张梅教授、教育科学学院汪红烨教授的支持与指导。在出版过程中，得到了西南交通大学出版社的大力支持，其为本书的顺利出版付出了辛勤劳动和各方面努力。本教材的编写还参阅了国内诸多前辈及同行的论文和著作。在此，谨表示诚挚的感谢！

本教材既可以作为高等师范院校学生专业课程教材，也可以作为参加国家教师资格考试的参考书籍，还可以作为广大中小学教师继续学习教材以及其他教育从业者平时学习的参考书。由于教材编写时间有限以及水平有限，书中不妥和疏漏之处在所难免，诚恳大家批评指正！谢谢！

编者

2022 年 12 月

目　录

第一章　教育政策法规概述 …… 001
一、教育政策法规 …… 001
二、受教育权与教育权 …… 016
三、教育法律规范与体系 …… 025
四、教育政策与法律的基本要求 …… 031
第二章　教育法律关系 …… 035
一、教育法律关系的定义及内涵 …… 035
二、教育法律关系的构成要素 …… 036
三、教育法律关系的类型 …… 040
四、教育法律关系的产生、变更与消灭 …… 042
五、教育法律关系主体之间的法律关系 …… 043
第三章　学校法律制度 …… 046
一、学校的法律地位 …… 046
二、学校的权利 …… 051
三、学校的义务 …… 054
四、学校常见违法行为及其预防 …… 057
五、学校内部权力划分及其运行 …… 060
第四章　教师法律制度 …… 065
一、教师的法律地位 …… 065
二、教师的权利 …… 067
三、教师的义务 …… 074
四、教师资格制度 …… 075

五、教师职务制度……078
六、教师聘任制度……079
七、教师违法行为及其预防……081

第五章　学生法律制度……087
一、学生的法律地位……087
二、学生的权利……091
三、学生的义务……094
四、特殊人群受教育权利的保护……098

第六章　教育法律责任与权利救济……103
一、教育法律责任……103
二、教育权利法律救济……109

第七章　重要教育政策与法律解读……120
一、《中华人民共和国教育法》解读……120
二、《中华人民共和国义务教育法》解读……123
三、《中华人民共和国教师法》解读……126
四、《中华人民共和国家庭教育促进法》解读……129
五、《中小学教育惩戒规则（试行）》解读……131
六、《残疾人教育条例》解读……133

第八章　教师职业理念……137
一、教师职业……137
二、教育观与素质教育观……138
三、学生观……142
四、教师观……144

第九章　教师职业道德……147
一、道德：定义、内涵及其功能……147
二、教师职业道德……149

第十章　教师职业道德的几个范畴 …… 155
一、教师义务 …… 155
二、教师良心 …… 156
三、教师责任 …… 158
四、教师公正 …… 160
五、教师幸福 …… 161

第十一章　教师职业道德规范 …… 163
一、《中小学教师职业道德规范》解读 …… 163
二、“四有”好老师——新时代教师职业道德建设的新要求 …… 171

第十二章　教师职业道德修养及养成 …… 175
一、教师职业道德修养的定义及其价值 …… 175
二、教师职业道德修养的主要任务 …… 176
三、教师职业道德修养的途径与方法 …… 178

第十三章　教师职业道德实践及评价 …… 182
一、教师职业道德实践 …… 182
二、教师职业道德评价 …… 184

2014—2021 年教师资格
考试试题及参考答案

第一章 教育政策法规概述

一、教育政策法规

（一）教育法律

1. 教育法律的概念

教育法律作为我国法律体系一个重要组成部分，在整个教育改革与发展过程当中起着重要的作用。教育法律所调整的对象是在教育活动过程当中社会各个方面以及教育系统内部所产生的各种社会关系，其目的是保证和维护教育教学秩序有序进行。关于教育法律的概念，有广义和狭义之分。广义的教育法律是指由国家制定或认可，并由国家强制力保障实施的，以教育活动过程当中具体行为作为调整对象的所有的教育法律规范；而狭义的教育法律仅指我国于 1995 年所颁布实施的《中华人民共和国教育法》。从广义层面来说，教育法律不仅包括《中华人民共和国教育法》，而且包括《中华人民共和国教师法》《中华人民共和国义务教育法》《中华人民共和国民办教育促进法》等其他调整教育法律关系的法律。从这个意义上说，教育法与教育法律、教育法规是同义词，相互之间是可以替代的。

从本质上来说，教育法律是国家统治阶级在教育方面的意志的一种体现，是国家对教育行使管理、监督等一系列权力的体现；从形式上来说，教育法律以国家意志的形式出现，是具有普遍约束力的一种行为规范。因此，教育法律具有以下两个方面的特征：第一，教育法律有其特定的调整对象，即教育法律关系。教育法律除调整国家教育行政法律关系之外，还调整与教育组织或个体相互作用而产生的社会关系。第二，教育法律有其独特的调整原则：教育与经济社会发展相适应；坚持党的领导；遵循教育规律；为党育人,为国育才；民主办学；以人为本。

2. 教育法律的基本原则

教育法律的基本原则是教育法律所应遵循的总原则，它贯穿一切教育法律规范，是教育立法、执法和教育法律研究的出发点和基本依据，是整个教育法律的生命线。我国教育法律的基本原则主要包括：方向性原则、公益性原则、全面性原则、平等性原则、世俗性原则等。

第一，方向性原则。马克思主义告诉我们，经济基础决定上层建筑。教育作为上层建筑的一个重要组成部分，其必然要为政治所决定。《中华人民共和国教育法》第三条规定：“国家坚持中国共产党的领导，坚持以马克思列宁主义、毛泽东思想、邓小平理论、“三个代表”重要思想、科学发展观、习近平新时代中国特色社会主义思想为指导，遵循宪法确定的基本原则，发展社会主义的教育事业。”教育必须坚持社会主义方向，坚持四项基本原则，为社会主义建设服务。教育应当继承和弘扬中华民族优秀历史文化传统，吸收人类文明发展的一切优秀成果。

第二，公益性原则。教育的公益性是指教育应当尊重全体社会成员的公共利益，这也是由教育自身的特点所决定。社会是由一个个具体的人所组成的，每一个个体都以自己的行为反作用于整个社会。因此，每个人的受教育水平及状况，既关系个人的发展，也事关国家和民族的命运前途。教育作为一项公益性事业，它更多的体现为国家的责任和政府的责任。国家应当将教育作为一项重要的事业来看待，保障各级各类教育经费的落实。国家和社会都有责任承担教育事业，而不能把教育事业完全交给私人。从这个意义上来说，国家是整个教育办学的主体。此外，政府还需要采取一定的措施来保障整个教育的均衡优质发展，以避免学生的受教育权受到侵害。教育的公益性还体现在民办学校在办学过程中应当坚持社会主义办学方向，落实立德树人根本任务。2018 年修正的《中华人民共和国民办教育促进法》第三条第一款规定：“民办教育事业属于公益性事业，是社会主义教育事业的组成部分。”2021 年修正的《中华人民共和国民办教育促进法实施条例》第四条第一款也规定：“民办学校应当坚持中国共产党的领导，坚持社会主义办学方向，坚持教育公益性，对受教育者加强社会主义核心价值观教育，落实立德树人根本任务。”

第三，全面性原则。教育法律应当保障全体学生的发展和学生的全面发展。全面性原则在应试教育以及功利主义思潮背景下显得更加重要。一直以来我国中小学课业负担过重的问题突出，其原因非常复杂，既涉及考试制度，也涉及学校管理制度，还涉及家长和传统文化的消极影响等因素。减负是全体社会的共同责任，它需要政府、学校、家庭以及社会共同努力，标本兼治，综合治理。《国家中长期教育改革和发展规划纲要（2010—2020 年）》明确提出，不得以升学率对地区和学校进行排名，不得下达升学指标，规范各种社会补习机构和教辅市场。2021 年 7 月，中共中央办公厅、国务院办公厅印发的《关于进一步减轻义务教育阶段学生作业负担和校外培训负担的意见》明确提出，坚持学生为本、回应关切，遵循教育规律，着眼学生身心健康成长，保障学生休息权利，整体提升学校教育教学质量，积极回应社会关切与期盼，减轻家长负担；全面压减作业总量和时长，减轻学生过重作业负担；完善校内外协同育人格局，促进学生全面发展，健康成长。

第四，平等性原则。受教育作为一项基本人权已经被世界各国所公认。受教育平等权具有人权与公民权双重属性。作为人权，其依据是人的价值与尊严，通过国际法来予以明确规范；作为公民权，其依据是主权国的宪法及其相关法律法规。《世界人权宣言》第二十六条第一款明确规定：“人人都有受教育的权利，教育应当免费，至少在初级和基本阶段应如此
高等教育应根据成绩对一切人平等开放。”《经济、社会和文化权利国际公约》第十三条明确规定：“人人有受教育的权利，教育应鼓励人的个性与尊严的充分发展，加强对人权与基本自由的尊重 ”《中华人民共和国宪法》第四十六条第一款明确规定：“中华人民共和国公民有受教育的权利和义务。”《中华人民共和国教育法》第九条明确规定：“中华人民共和国公民

有受教育的权利和义务。公民不分民族、种族、性别、职业、财产状况、宗教信仰等，依法享有平等的受教育机会。”教育平等原则主要体现在受教育者接受教育内容上的平等、受教育机会上的平等和受教育者享受国家所提供的教育资源上的平等这三个方面。

第五，世俗性原则。世俗性原则也被称为教育与宗教相分离原则。《中华人民共和国宪法》三十六条中明确规定：“中华人民共和国公民有宗教信仰自由。任何国家机关、社会团体和个人不得强制公民信仰宗教或者不信仰宗教，不得歧视信仰宗教或者不信仰宗教的公民。”公民有信教的自由，也有不信教的自由。教育与宗教相分离原则是我国教育发展的一项基本原则。《中华人民共和国教育法》第八条明确规定：“教育活动必须符合国家和社会公共利益。国家实行教育与宗教相分离。任何组织和个人不得利用宗教进行妨碍国家教育制度的活动。”教育与宗教相分离原则主要体现在以下几个方面：① 在国民教育系统范围内，教师以及其他教育工作者，在教育教学活动过程当中，不得带有宗教的倾向性，应当避免宗教的立场、观点、内容与方法，不要让受教育者在接受教育的过程中受到宗教的任何影响。② 任何宗教组织和个人不得干涉国民教育领域，不得在学校进行宗教宣传活动，传播宗教。③ 国民教育应当保护宗教信仰自由，既不在学校提倡某一宗教，也不在学校反对某一宗教，不侵犯教师和学生个人的宗教信仰自由。在一些有宗教信仰习惯的地区，教育部门和学校更要注意处理好宗教与学校教育之间的关系。

3. 我国基本教育法律制度

教育法律制度是指运用教育法律规范来调整教育领域关系时所形成的各种制度的总称。教育法律法规主要有《中华人民共和国教育法》《中华人民共和国义务教育法》《中华人民共和国教师法》等，内容繁多，还有各地区涉及教育的一些规范性文件都属于教育法律法规的范畴。

（1）学校教育制度

学校教育制度又称为学制，它是指一个国家各级各类学校的系统，具体规定了学校的层次、构成、入学条件、修业年限及彼此之间的相互关系，它是一个国家教育制度的主体。《中华人民共和国教育法》第十七条明确规定：“国家实行学前教育、初等教育、中等教育、高等教育的学校教育制度。国家建立科学的学制系统。学制系统内的学校和其他教育机构的设置、教育形式、修业年限、招生对象、培养目标等，由国务院或者由国务院授权教育行政部门规定。”根据以上规定，我国学校教育制度主要分为：学前教育、初等教育、中等教育和高等教育等四个层次。

首先是学前教育。学前教育也称为幼儿教育，它是指根据一定的培养目标和幼儿的身心发展特点，对入学前的幼儿所进行的有计划的教育，是我国学校教育的预备阶段和基础阶段。我国进行学前教育的机构称为幼儿园，它是对三岁及三岁以上的学龄前幼儿实施保育和教育的机构，是我国学校教育制度的基础阶段。学前教育是我国教育事业的有机组成部分，是基础教育的重要阶段，对幼儿的身心发展以及后续学习与终身发展起着奠基作用。在新时代，随着我国社会矛盾的转变，学前教育的发展已经不能满足广大人民群众日益增长的美好生活需要，优质幼儿园和公办幼儿园数量较少，难以满足人民群众对于学前教育高质量、个性化需求。《国家中长期教育改革和发展规划纲要（2010—2020 年）》明确提出，在办园体制上，明确政府主导、社会参与，公办民办并举，大力发展公办幼儿园，积极扶持民办幼儿园；在管理制度上，要把发展学前教育纳入城镇、社会主义新农村建设规划，提高规范管理水平，依法落实幼儿教师地位和待遇；在投入体制上，要不断加大政府投入，完善学前教育成本合理分担机制，对家庭经济困难幼儿给予补助，建立政府投入、社会举办者投入和家庭合理负担的投入机制，促进学前教育事业的发展。

其次是初等教育。初等教育又称为小学教育，它是国家学制系统中学校教育的第一阶段。我国初等教育的培养目标是：初步具有爱祖国、爱人民、爱劳动、爱科学、爱社会主义的思想感情；树立遵守社会公德的意识、集体意识和培养文明行为习惯；具有良好的意志品格和活泼开朗的性格；具有自我管理、分辨是非的能力；具有阅读、书写、表达、计算的基本知识和技能，了解一些生活、自然和社会常识，具有初步的观察、思维、动手操作和学习的能力，养成良好的学习习惯；具有学习合理锻炼、养护身体的方法，养成讲究卫生的习惯，具有健康的身体和初步的环境适应的能力；具有广泛的兴趣和健康的审美情趣；等等。

在我国，小学教育属于义务教育范畴。根据《中华人民共和国义务教育法》的规定，凡年满 6 周岁的适龄儿童必须进入学校接受教育，但条件不具备的地区可以延迟到 7 周岁，各省、自治区、直辖市可以根据实际情况确定本行政区域内的小学修业年限。小学教育要同学前教育与初中阶段教育相互衔接，在学前教育的基础上，通过实施教育教学活动，使受教育者生动活泼、主动、积极地发展，为初中阶段教育奠定基础。

再次是中等教育。中等教育是指在初等教育的基础上，继续实施的中等普通教育和职业教育，它在整个学制系统中具有承上启下的作用。中等教育包括初级中等教育和高级中等教育两个阶段，年限一般各为三年，教育对象主要是 12 ~ 18 周岁的青少年。初级中等教育的教育教学机构一般称为初级中学，它与初等教育一起被纳入九年制义务教育范畴；高级中等教育又分为普通高级中学和职业学校。普通高中教育是指在九年义务教育基础之上，进一步提高国民素质、面向大众的基础教育，是具有大众性和基础性的非义务教育，它是学生进入高等学校或社会的过渡阶段，是终身教育的重要组成部分。而高级职业学校包括职业高中、中专、技工学校等，它是为公民的劳动就业做准备。在我国建设人力资源大国与强国的过程中，不仅需要大批科学家、工程师和经营管理人才，还需要数以千万计的高技能人才和数以亿计的高素质劳动者。大力发展职业教育是落实科教兴国战略和人才强国战略，推进我国走新型工业化道路、解决“三农”问题、促进就业再就业的重大举措；是全面提高国民素质，把我国巨大人口压力转化为人力资源优势，提升我国综合国力、构建和谐社会的重要途径；是贯彻党的教育方针，遵循教育规律，实现教育事业全面协调可持续发展的必然要求。《国家中长期教育改革和发展规划纲要（2010—2020 年）》明确提出，要强化政府发展职业教育的职责，健全职业教育发展投入机制，加大职业教育投入力度，逐步实行中等职业教育免费制度，完善家庭经济困难学生资助制度，完善职业学校毕业生直接升学制度，拓宽毕业生继续学习通道，提高技能型人才的社会地位与待遇。《国务院关于加快发展现代职业教育的决定》明确提出，要统筹普通教育、职业教育、继续教育的协调发展，形成适应发展需求、产教深度融合、中职高职衔接、职普相互沟通，体现终身教育理念，具有中国特色、世界水平的现代职业教育体系。在中等职业教育上，要巩固提高中等职业教育发展水平。中等职业教育作为公共服务体系的组成部分，在发展现代职业教育和普及高中阶段教育中具有基础性作用。地方政府要依据本地发展实际和城镇化进程，统筹规划，整合资源，普遍提高中等职业学校办学水平，支持优质特色学校和骨干专业发展。中等职业学校要树立系统培养观念，强化技术技能培养，加强文化基础教育，为学生全面成才、持续发展奠定扎实基础。

最后是高等教育。高等教育是学校教育制度中的最高阶段，它是指在完成高级中等教育基础上所实施的教育，包括高等专科教育、本科教育和研究生教育三个层次。《中华人民共和国高等教育法》第五条规定："高等教育的任务是培养具有社会责任感、创新精神和实践能力的高级专门人才，发展科学技术文化，促进社会主义现代化建设。"第六条规定："国家根据经济建设和社会发展的需要，制定高等教育发展规划，举办高等学校，并采取多种形式积极发展高等教育事业。国家鼓励企业事业组织、社会团体及其他社会组织和公民等社会力量依法举办高等学校，参与和支持高等教育事业的改革和发展。"

高等教育的修业年限随着层次不同而呈现出差异性。专科教育基本修业年限为 2 ~ 3 年，本科教育的基本修业年限为 4 ~ 5 年，研究生教育又分为硕士研究生和博士研究生，其中硕士研究生的修业年限为 2 ~ 3 年，博士研究生的修业年限为 3 ~ 8 年。各高等学校可以根据实际需要调整本校的修业年限，报主管的教育行政机关或部门批准即可。大学、独立设置的学院主要实施本科及本科以上的教育，高等专科学校实施专科教育，经国务院教育行政部门批准，科学研究机构可以承担研究生教育。自 2002 年开始，我国高等教育步入大众化阶段。2014 年我国高等教育毛入学率 37.5%，2020 年毛入学率达到 54.4%[①]。《国家中长期教育改革和发展规划纲要（2010—2020 年）》明确提出，要建立高校分类体系，实行分类管理，引导高校合理定位，克服同质化倾向；优化学科专业结构，加快发展专业学位研究生教育，优化区域布局结构；取消行政级别和行政化管理模式，达到"政校分开、管办分离"，建立现代学校制度，落实和扩大学校办学自主权。

（2）义务教育制度

义务教育是指按照国家的法律规定，适龄儿童和少年必须接受的，国家、社会、学校以及家庭必须予以保障的国民教育，它是全世界范围内各国普遍实行的一项教育法律制度。1986 年我国颁布了《中华人民共和国义务教育法》，标志着我国义务教育走上了法治化发展轨道。随着经济社会的发展，义务教育领域不断出现一些新的问题，2006 年，我国对《中华人民共和国义务教育法》进行了重大修订，基本上解决了义务教育发展过程当中的重要问题。相比其他教育制度，义务教育具有以下几个基本的特征：第一，我国实行九年义务教育制度。在世界范围内，义务教育实施的年限存在差异，有些国家义务教育年限为 4 ~ 5 年，有些国家为 6 ~ 7 年，有些国家为 8 ~ 9 年，也有些国家为 10 ~ 12 年。第二，我国义务教育具有强制性。义务教育的强制性主要体现在两个方面：一是适龄儿童、少年必须接受义务教育。《中华人民共和国义务教育法》第五条规定："各级人民政府及其有关部门应当履行本法规定的各项职责，保障适龄儿童、少年接受义务教育的权利。适龄儿童、少年的父母或者其他法定监护人应当依法保证其按时入学接受并完成义务教育。"这主要是考虑到这一阶段的教育能为适龄儿童、少年将来继续接受教育以及参与社会提供必要的社会及文化知识基础，一旦错过很难挽回。二是国家必须通过一系列条件予以保障。《中华人民共和国义务教育法》第二条第二款明确规定："义务教育是国家统一实施的所有适龄儿童、少年必须接受的教育，是国家必须予以保障

① 中华人民共和国教育部：《2020 年全国教育事业发展统计公报》，http://www.moe.gov.cn/jyb_sjzl/sjzl_fztjgb/202108/t20210827_555004.html.

的公益性事业。”国家必须颁布法律政策保障义务教育法律制度的实施，任何阻碍或破坏义务教育实施的组织和个人，都将受到法律的制裁。第三，我国的义务教育具有普及性。我国义务教育覆盖了所有的适龄儿童和少年。《中华人民共和国义务教育法》第四条明确规定：“凡具有中华人民共和国国籍的适龄儿童、少年，不分性别、民族、种族、家庭财产状况、宗教信仰等，依法享有平等接受义务教育的权利，并履行接受义务教育的义务。”第十一条第一款规定：“凡年满六周岁的儿童，其父母或者其他法定监护人应当送其入学接受并完成义务教育；条件不具备的地区的儿童，可以推迟到七周岁。”适龄儿童、少年接受义务教育，实际上是以政府、监护人、学校以及社会其他各个方面的法律义务为保障的。如《中华人民共和国未成年人保护法》第六十一条第一款规定：“任何组织或者个人不得招用未满十六周岁未成年人，国家另有规定的除外。”第四，我国的义务教育具有免费性。《中华人民共和国义务教育法》第二条第三款规定：“实施义务教育，不收学费、杂费。”国家将义务教育全面纳入财政保障范围，义务教育经费由国务院和地方各级人民政府共同承担。其实早在 20 世纪四五十年代，《联合国经济、社会和文化权利公约》就明确规定，初等教育应属义务性质并一律免费。《联合国儿童权利公约》也明确规定，“各缔约国尤应实现全面的免费义务小学教育”。世界各国在义务教育上实行不同程度的免费，如国家免除学生的书本费和提供午餐。我国自 2006 年《中华人民共和国义务教育法》修订后，也提出并实施了“两免一补”政策。第五，我国义务教育具有公共性。尽管《中华人民共和国义务教育法》对家庭、社会和学校在发展义务教育方面的责任有明确规定与要求，但是义务教育的主要责任仍然在政府。这是因为义务教育本质上是国民教育，具有明显的公共性特征。义务教育关乎于个人的成长和发展，它对整个国家、社会以及民族的发展都具有奠基作用。因此，国家必须要优化各个方面教育资源，保障每一位适龄儿童、少年享受公平和高质量的义务教育。义务教育的公共性也决定了义务教育必须由国家来创设学校，提供教育经费和师资保障。

（3）职业教育制度

职业教育也称为职业技术教育，它是指根据一定社会的发展需求，在一定普通教育的基础上，对受教育者进行从事某种职业所需的专门知识、技能和职业道德教育，使受教育者成为社会职业所需人才的教育活动。《中华人民共和国职业教育法》第二条中明确规定：职业教育是指为了培养高素质技术技能人才，使受教育者具备从事某种职业或者实现职业发展所需要的职业道德、科学文化与专业知识、技术技能等职业综合素质和行动能力而实施的教育。职业教育是随着资本主义大工业生产方式的产生、发展而兴起的一种教育，具有职业性、社会性、实践性和终身性等特征。职业教育是国民教育体系的重要组成部分，也是我国人力资源开发的重要组成部分，是国家培养各种人才、传承优秀技术技能和促进经济社会发展和劳动力就业的重要途径。《国家中长期教育改革和发展规划纲要（2010—2020 年）》也明确指出，发展职业教育是推动国家经济发展、促进社会就业、改善民生、解决“三农”问题的重要途径，也是缓解当前我国劳动力供求结构矛盾的关键环节。我国职业教育分为初等职业教育、中等职业教育和高等职业教育三种类型。初等、中等职业教育分别由初等、中等职业学校实施；高等职业教育根据需要和条件由高等职业学校实施或由普通高等学校实施。随着义务教育的“普九”达标、高中教育普及发展和高等教育大众化发展，到 2020 年止，我国中等职业教育学校有 9 896 所，中等职业教育学校专任教师 85.74 万人，高等职业教育学校有 1 468 所，高等职业教育学校专任教师55.6万人[①]，已经形成一个巨大的职业教师队伍，对职业教育发展将带来巨大的促进作用。在新时代、新发展阶段，随着我国产业升级和经济结构不断调整，社会各行各业对高素质技术技能型人才的需求越来越旺盛，职业教育在现代化建设过程中的地位越来越重要。2019年，为了贯彻全国教育大会精神，针对我国职业教育存在的体系不完善、标准不健全、办学与人才培养参差不齐等一系列问题，国务院颁发《国家职业教育改革实施方案》，从顶层设计对未来职业教育改革与发展做出了一个发展规划，将职业教育摆在教育改革与经济社会发展中的突出位置。2022年4月20日第十三届全国人大常委会第三十四次会议表决通过新修订的《中华人民共和国职业教育法》，从法律层面对职业教育发展与改革做出了新的规定，明确了职业教育与普通教育具有同等法律地位，对于提升我国职业教育的社会认可度、深化产教融合、校企合作以及完善职业教育保障等均具有十分重要的意义。

（4）教育考试制度

教育考试制度是教育制度的一个重要组成部分，它在现代社会发展和个人发展进程中起着十分重要的作用。教育考试制度是保障教育机会公平、过程公平和结果公平的有效机制。教育的社会分层最终是通过考试制度得以实现，考试这一制度无论在古代还是现代，都是个人进入主流社会的一个主要通道。考试的成败在一定程度上决定了人的成长与发展。那么，什么是教育考试制度呢？基于现有学术界的研究，一般认为教育考试制度是指由国家教育法律法规所规定的，对教育所形成的人力资本进行测量与招生选拔，给人提供更高层次教育机会的一系列规范的总称。《中华人民共和国教育法》第二十一条明确规定："国家实行国家教育考试制度。国家教育考试是由国务院教育行政部门确定种类，并由国家批准的实施教育考试的机构承办。"教育考试的功能主要表现在以下两个方面：第一个方面是水平测试，它是针对受教育者在校或教育机构学习期间学习情况的全面检测；第二个方面是教育机会选拔，它是指从应试者当中挑选那些具有接受某级教育或从事某种职业的知识与能力的人才的功能，这在现代民主社会尤为明显。

国家教育考试制度具有法律权威性、程序规范性、系统整体性、考试权利社会性、组织参与的大规模性以及证书标志性等特点。第一，国家教育考试制度具有法律权威性。教育考试制度是以法律法规的形式颁布实施的,它具有国家的意志性,具体体现在考试机构的权威性、考试内容与结果的权威性以及考试过程管理的权威性。如果考生与考试管理相关人员违反国家教育考试制度，不仅要受到教育行政处罚，情节严重的要追究刑事法律责任。第二，国家教育考试制度具有程序规范性。国家教育考试制度在组织实施过程中具有严密的程序规范，无论是准备上的充分性、组织实施上的专业性还是程序的紧密衔接性。从考试科目、考试大纲到考试范围、日期以及考场组织、监考、阅卷和成绩公布等整个考试过程都必须要遵循严密的程序，前后有序衔接。第三，国家教育考试制度具有全面系统性。国家教育考试在一定程度上体现了国家对整个国民素质的基本要求，无论是考试内容还是考试科目和考试组织都必须要系统性考量。考试内容的系统性主要体现在考测内容的全面覆盖性上，考试科目的系统性主要体现在不同考试科目种类的相互衔接上，考试组织的系统性主要体现在考试组织的严密性、有序性上。第四，国家教育考试制度的公平性。公平的国家教育考试制度是保证社

① 中华人民共和国教育部：《2020年教育统计数据》，http://www.moe.gov.cn/jyb_sjzl/moe_560/2020/quanguo/.

会稳定的安全阀，也是控制社会冲突的缓冲器。国家教育考试制度彰显公平性，其对于每一位公民而言都是公平的。国家教育考试制度是个体进入社会各领域、各岗位的基本保障制度，人人都可以参考，每一个人都不能无视考试制度的权威。国家通过考试制度保障每一位公民的考试权。第五，国家考试制度的大规模组织参与性。国家教育考试制度的大规模组织参与性主要体现在考试的人数、地域数量以及动用的组织管理人员力量的庞大性上，如每年的普通高等学校招生全国统一考试（高考）是一个涉及全国范围的、全社会参与的国家性考试，自然备受整个社会的关注。第六，国家教育考试制度的证书标志性。一般来说，国家教育考试都会有一个证明考试结果的证书，这个证书标志着一个人该考次考试水平程度，它也是某一个人在某一学科的水平证明或者进入某一更高层次教育以及进入某一行业或职业的资格标志。

（5）教师资格制度

教师资格制度是国家对教师实行的一种法定和特定的职业许可制度，一般包括教师资格基本条件、资格认定、丧失和撤销的原则以及认定教师资格程序等内容。教师资格是国家对专门从事教育教学工作人员的最基本要求，是公民获得教师工作的前提条件，符合这种条件的人才允许成为教师。教师作为一种特殊的职业群体，肩负着传播人类文明、开发人类智慧、塑造人类灵魂的神圣使命。教师的素质在很大程度上关系着青少年的健康成长，关系着整个教育的质量与水平，也关乎整个民族和国家的未来。1993 年颁布的《中华人民共和国教师法》首次以法律的形式明确了国家实行教师资格制度。为贯彻落实《中华人民共和国教师法》，1995 年 12 月国家颁布了《教师资格条例》，2000 年 9 月，教育部颁发了《〈教师资格条例〉实施办法》，此我国教师资格制度的法律法规体系基本形成。实施教师资格制度是教师队伍建设上的一件大事，也是整个教育史上的一件大事，是教师队伍建设的一项制度创新，对于加强和管理教师队伍具有重大而深远的意义。《国家中长期教育改革和发展规划纲要（2010—2020 年）》针对教师资格制度也进行了明确规定，要完善并严格实施教师准入制度，严把教师关口，制定国家资格标准，提高教师任职学历标准和品行要求。实施教师资格制度，有利于严把教师入口关，拓宽教师来源渠道，吸引更多的优秀人才从事教育事业，进一步优化教师队伍；也有利于提高教师队伍整体素质，促使教师职业向专业化方向发展；还有利于使教师队伍管理走向科学化、规范化和法治化发展轨道。教师资格制度全面实施以后，凡是在各级各类学校以及其他教育机构中专门从事教育教学工作的中国公民必须具备教师资格。

教师资格制度包括教师资格证书制度、考试制度、认证制度和定期注册制度等一系列内容。教师资格证书制度是国家为了保障教育工作者具备基本从业资格而实行的一种职业许可制度，是国家从法律层面对从事教育事业或职业的人所具备的条件或身份的强制性规定。在我国，教师资格证包括幼儿教师资格证、小学教师资格证、初中教师资格证、高中教师资格证、中职教师资格证、中等职业实习指导教师资格证和高校教师资格证等几种类型，要想获取相应的教师资格证，必须要具备相应的学历和学位以及相关身体素质等条件。教师资格考试制度主要是国家教育行政部门对将要从事教育教学工作的申请者进行测试而设置的标准参照性考试。教师资格考试制度经历了初步确立、省考和国考三个不同的阶段，逐渐走向完善。2013 年教育部制定并颁布《中小学教师资格考试暂行办法》和《中小学教师资格定期注册暂行办法》，对教师资格考试制度进行改革，提高了教师考试内容的适应性，强化了教师职业道德内容和教育实践，对于提升教师社会地位，保障教师队伍质量，促进教育高质量发展都具有十分重要的意义。教师资格认证制度是国家制定统一考试标准，由地方各级教育行政部门组织实施，采取统一标准来对申请教师资格人员进行评价，考察其是否具备从事教师职业基本素养的一种教育考试制度，其根本目的在于严格把握教师职业准入，保障教师队伍质量，促进教师专业发展。在新时代，我国教师资格认证制度融合育人、能力、实践和专业化等导向，坚持科学、公平、规范等原则，既突出对教育教学理论的考察，也强化对教育教学实践能力的要求。教师资格定期注册制度是教师资格制度的必要和有效补充。《中小学教师资格定期注册暂行办法》的颁布标志着我国教师资格定期注册制度正式实施，它对于完善教师资格制度、优化教师队伍结构，建立和健全教师高素质队伍均具有十分重要的意义，有利于打破教师资格终身制，形成有效监督，清退不良教师，提高教师队伍质量。我国中小学教师资格定期注册期限为五年一个周期。我国教师资格定期注册制度尽管还存在一定问题，但不可否认的是这一制度对于教师能力培养和优化教育生态具有十分重要的价值。

（6）学业和学位制度

学业证书制度是指受教育者完成了某一阶段、一定范围和程度的知识与技能的学习后，达到了国家教育法律所规定的教育标准，由其所在的学校或教育机构根据《中华人民共和国教育法》及其他教育法律的规定，向受教育者颁发证明以证明其完成国家规定学业的一种制度。学业证书是指经国家批准设立或者认可的学校及其他教育机构对在该学校或该教育机构正式注册参加学习并完成规定学业的受教育者颁发的书面凭证。换而言之，学业证书就是受教育者按照国家的法律规定完成相应学业而获得的凭证，它表明受教育者按照国家规定的学业标准完成了相应的知识与技能的学习。《中华人民共和国教育法》第二十二条明确规定："国家实行学业证书制度。经国家批准设立或认可的学校及其他教育机构按照国家有关规定，颁发学历证书或者其他学业证书。"从一定程度上来说，受教育者完成不同阶段或不同类型的教育，就有获得学业证书的权利。学业证书制度是保证教育活动有序进行和教育质量的一种有效手段，是国家教育管理制度乃至人事管理制度的重要保证。获得某种证书是某个人能够进入高一级学校学习或从事某种职业的重要条件，也是用人单位及部门选拔和录用人员的重要依据，当然，未经国家教育行政部门批准和认可的学校和机构擅自招生和颁发学业证书，是违反国家法律规定的，教育行政部门有权依法对其进行惩处。

我国学业证书包括学历证书和非学历证书两种类型。学历证书是指在我国学制系统内所实施的学历教育学校或教育机构，对完成了国家学制系统内一定教育阶段学习内容与任务的受教育者所颁发的文凭。而非学历证书是指在国家法律规定范围内，实施非学历教育的学校或教育机构，根据其办学宗旨和具体情况，给毕业生发放写实性的学业证书。如果这类学生要想获得学历证书，还必须参加国家组织的学历认定考试。

学位证书制度是指国家和高等学校出于对学位权威性与严肃性的保障，通过建立明确的学术衡量标准和严格的学位授予程序，对达到相应学术水平的受教育者授予一定学位的教育制度，它是全世界范围内比较通行的高等教育制度的具体组成部分。在一定程度上，学位是一种学术称号，它是标志着某人的受教育程度和学术水平达到了相应的专业水平标准，由国家或国家授权的高等学校授予其国家和社会承认的专业知识学习资历。我国自1981颁布实施《中华人民共和国学位条例》之后就建立了学位制度。学位制度的建立与实施，有利于促进专业人才的培养，促进各门学科学术水平的提高，促进科学技术和教育文化事业的发展，有利于形成尊重知识、尊重人才的社会风气。《中华人民共和国学位条例》第三条规定："学位分学士、硕士和博士三级。"我国的学位又按学科门类分为：哲学、经济学、法学、教育学、文学、历史学、理学、工学、农学、医学、管理学和军事学等12个学科门类。

《中华人民共和国学位条例》对学位获得者进行了明确规定：（1）学士学位的获得者，应是高等学校本科毕业生，学习成绩优良，在学术水平上，能较好地掌握本门学科的基础理论、专业知识和基本技能，具有从事科学研究工作或担负专门技术工作的初步能力；（2）硕士学位获得者应是高等学校和科学研究机构的研究生，或具有研究生毕业同等学力的人员，通过硕士学位的课程考试和论文答辩，成绩合格，在学术水平上，应在本门学科上掌握坚实的基础理论和系统的专门知识，具有从事科学研究工作或独立担负专门技术工作的能力；（3）博士学位获得者应在本门学科上掌握坚实宽广的基础理论和系统深入的专门知识，具有独立从事科学研究的能力，在科学或专门技术上做出创造性的成果。

在我国，国务院设立学位委员会，负责全国学位授予工作。学士学位由国务院授权的高等学校授予；硕士学位、博士学位由国务院授权的高等学校和科学研究机构授予。对于学位授予单位，还应当设立学位评定委员会，并组织有关学科的学位论文答辩委员会，按照规定程序对学位申请者进行审核与评定。

（7）教育督导与评估制度

教育督导是指县级以上人民政府对下级人民政府落实教育法律法规、国家教育方针政策的督导，以及对本行政区域内的学校和其他教育机构教育教学工作督导的一种制度。2012 年 10 月实施的《教育督导条例》在总则中明确提出，教育督导是"为了保证教育法律、法规、规章和国家教育方针、政策的贯彻执行，实施素质教育，提高教育质量，促进教育公平，推动教育事业科学发展"而制定的一项国家教育制度。教育督导是政府对教育工作进行宏观管理的一种重要形式，是国家依法治教、对教育工作实行教育行政监督的有效手段。根据《教育督导条例》的规定，教育督导主要有以下几个方面内容：第一，学校实施素质教育的情况，教育教学水平、教育教学管理等教育教学工作情况；第二，校长队伍建设情况，教师资格、职务、聘任等管理制度建设和执行情况，招生、学籍等管理情况和教育质量，学校的安全、卫生制度建设和执行情况，校舍的安全情况，教学和生活设施、设备的配备和使用等教育条件的保障情况，教育投入的管理和使用情况；第三，义务教育普及水平和均衡发展情况，各级各类教育的规划布局、协调发展等情况；第四，法律、法规、规章和国家教育政策规定的其他事项。根据《教育督导条例》的相关规定，教育督导机构有权查阅、复制财务账目和监督事项相关的其他文件和资料，有权要求被督导单位就督导事项有关问题做出解释与说明，有权就督导事项有关问题开展调查，有权向有关人民政府或者主管部门提出对被督导的单位或者相关负责人给予奖惩的建议。

教育评估制度是指各级教育行政部门或者经教育行政部门认可的社会组织，对学校及其他教育机构的办学水平、办学质量、办学条件等方面进行综合的或单项的考核与评定的制度。教育评估制度有利于增强学校及其他教育机构主动适应社会需要的能力、面向社会办学，发挥社会对于学校教育的监督作用，不断提高学校办学水平和办学质量。

教育评估主要有合格评估、办学水平评估、选优评估以及学校内部评估等几种形式。合格评估是一种鉴定评估，是国家对学校及其他教育机构的办学条件和基本教育质量的一种认可制度，由审批各级各类学校及其他教育机构的教育行政部门组织实施。办学水平评估是指根据国家对不同类别的学校及其他教育机构所规定的任务和目标，由教育行政部门组织实施的经常性、综合性评估。选优评估是指在学校及其他教育机构进行的评比选拔活动，其目的是在办学水平评估的基础上，通过公布评估结果对成绩优异的单位与个人给予奖励，从而达到遴选优秀、择优支持、促进竞争、提高水平的效果。学校内部评估是指学校及其他教育机构内部自行组织实施的评估，它是加强学校管理的重要手段，也是地方各级人民政府及其教育行政部门组织对学校及其他教育机构进行评估工作的基础。

教育督导与评估制度对于督促学校依法办学、科学管理，建立现代学校制度，促进和优化学校改革均具有十分重要的意义。

4. 教育法律的地位与作用

（1）教育法律的地位

第一，教育法律是我国行政法律的一个分支。法律体系是国家各个部门法所组成的一个有机整体。在一个国家的法律系统内，不同法律部门相互配合，共同维系着一个国家的法律秩序，缺少任何一方面的法律都难以构建成完整而有效的法律秩序。通常人们把我国的法律划分为宪法、行政法、民法、商法、刑法、经济法、环境法、劳动与社会保障法等法律部门。每个法律部门都是以法律的调整对象和调整方法为标准加以划分的。行政法调整国家行政机关在行使其职权过程当中所发生的各种社会关系，民法调整平等主体之间的人身、财产关系。教育法是国家管理教育的法律，它所调整的是国家教育行政机关在行使教育管理职权过程当中所发生的各种社会关系。在法律传统上我国属于大陆法系，因此在法学理论上，学者们一般都认为教育法是行政法的一个分支，教育法律具有典型的行政法律属性。

第二，教育法律是实施宪法的重要体现。众所周知，宪法是一个国家法律体系当中最重要、地位最高的法律，它规定了国家的基本制度和公民的基本权利与义务。但是宪法规定大多是抽象和原则性的，不可能十分具体，这就需要其他形式的法律加以具体化。教育法作为行政法的一个分支，无疑也具有这方面的作用。我国宪法规定了我国的基本教育制度，也规定了公民的教育权利和义务，但是如果没有教育法将这些规定具体化，那么国家的基本教育制度和公民教育权利与义务就无法落实，宪法也就难以真正得到实施。从这个层面来看，教育法不仅是国家管理教育的法律，也是完善宪法制度，维护宪法尊严，保证宪法实施的重要法律。

（2）教育法律的作用

教育法是依法治教的依据，它的贯彻实施对于落实教育优先发展的战略地位，促进教育的改革与发展，建立具有中国特色的社会主义现代化教育制度，维护教育关系主体的合法权益，加速教育法制建设，提供了根本的法律保障。具体而言，教育法律的作用主要体现在以下几个方面：

第一，它有利于保障教育的社会主义性质和战略地位。国运兴衰，系于教育。教育的发展离不开法律的保障。因此，教育法律的作用首先体现在以立法的形式确立我国教育的社会主义性质和优先发展战略地位。《中华人民共和国教育法》第三条规定："国家坚持中国共产党的领导，坚持以马克思列宁主义、毛泽东思想、邓小平理论、"三个代表"重要思想、科学发展观、习近平新时代中国特色社会主义思想为指导，遵循宪法确定的基本原则，发展社会主义的教育事业。"《中华人民共和国教育法》第四条第一款规定："教育是社会主义现代化建设的基础，对提高人民综合素质、促进人的全面发展、增强中华民族创新创造活力、实现中华民族伟大复兴具有决定性意义，国家保障教育事业优先发展。"

第二，有利于保障和促进依法治教。制定教育法的目的在于依法治教。依法治教不仅要求教育行政机关必须按照法定的职权和程序来管理教育，依法办事，还要求其他教育主体进行教育活动时必须要符合教育法律规定，任何组织和个人的违法行为都会受到法律的追究。《中华人民共和国教育法》对各类教育法律关系主体的法律地位、权利和义务等都做出了明确规定，也对违反教育法律的法律责任处罚形式做了明确规定，这些规定为依法治教提供了基本的法律依据，从而有利于保障和促进依法治教目的的实现。

第三，有利于促进和保障教育事业发展，提高教育工作效率。教育法对于教育的地位、基本制度、管理体制、师资、教育投入与条件保障等都做出了明确规定，并通过自身的强制作用为教育事业发展创造一个良好的外部环境，因而对教育事业发展有着巨大的促进和保障作用。同时，教育法律对教育活动的组织与实施也都有明确规定，学校以及各级教育行政部门都需要按照教育法律的规定来进行管理，避免教育工作过程当中的随意性与盲目性，从而有利于提高教育工作的效率。

第四，教育法律有利于保障相关主体权利。权利由法律规定并由法律保护。教育法律通过对相应法律关系主体的权利和义务的规定而对教育事务进行规范与管理，它规定了国家、学校、社会、家庭等教育法律关系主体的权利与义务，告诫人们，既可享有法律规定的权利，又要履行法律规定的义务。只有在履行义务的基础上，才能更好地实现自己的权利。教育法律通过保障受教育者受教育权的规定，彰显了法律对人的保护与肯定，但与此同时又责成国家、政府、学校在受教育者权利的实现过程当中履行相应的义务。在教育活动过程中，教育法律明确规定了国家教育权力，但也规定了国家在教育当中的义务，如举办学校、经费投入、师资培养等。

（二）教育政策

1. 教育政策的定义及其内涵

在现代社会，教育已经成为一种公共事业和国家事业，置身于现代教育环境与活动当中，我们时时刻刻都能感受到教育政策的影响与作用。从某种程度上来说，教育其实就是一种政策性存在。言外之意，教育无法离开政策而存在，教育与政策之间有着深刻的联系。但凡主权国家都通过政策来引导教育改革与发展。那么，什么是政策？《辞海》对政策的释义是："国家、政党为实现一定时期的路线和任务而规定的行动准则，非常强调政策的政治属性。"学者孙光认为，政策是国家和政党为了实现一定的总目标而确定的行动准则，它表现为对人们的利益进行分配与调节的政治措施与复杂过程[①]；学者陈振明认为，政策是国家机关、政党及其他政治团体在特定的历史时期为实现和服务于一定社会政治、经济、文化目标所采取的政治行为或规定的行为准则，它是一系列谋略、法令、措施、办法、条例等的总称[②]。基于此，那么什么是教育政策呢？学者袁振国认为，教育政策是一个政党或国家为实现一定时期的教育目标和任务而制定的行为准则[③]；学者孙绵涛认为，教育政策是一种有目的、有组织的动态发展过程，是政党政府等政治实体在一定历史时期，为实现一定的教育目标和任务而协调教育的内外部关系所规定的行动依据和准则[④]。因此，大多数学者认为，教育政策是一个政党和国家为实现一定社会历史时期的教育目标与任务，根据党和国家在一定历史时期的基本任务、基本方针而制定的有关教育改革与发展的行动准则的总称。

教育政策是一个内涵十分丰富的概念。首先，教育政策有其特定的主体，无论是国家机关还是政党以及其他社会团体，都可以成为教育政策的主体。在一定程度上教育政策必须要体现出政策制定主体的意志，具有合法性与权威性。其次，教育政策具有较强的目的性。一定的教育政策总是指向一定的教育目标，教育政策是为了解决教育问题和完成教育任务的，它在特定的历史时期有其特殊的作用，具有明确的时效性。再次，教育政策是政策主体为服务特定的教育目标和完成特定的教育任务而采取的一系列活动。从这个意义上来说，教育政策不是一个静止的政策文本，而是具体的教育策略与行动方案。如果教育政策不付诸行动，那么它就不能成为真正意义上的政策，而是一纸空文。最后，教育政策是一种教育行为准则或行为规范。教育政策一般都有具体的目标人群与作用客体，会规定教育政策对象与客体的政策行为，规定政策对象与客体应该做什么或不应该做什么，鼓励他们做什么或禁止他们做什么。从这个意义上来讲，教育政策往往带有强制性，它必须要为政策对象所认同和遵守，才能发挥出它的功效。

2. 教育政策的地位与功能

在党和国家的政策体系当中，教育政策占据一个十分重要的地位。这是由教育的战略地位以及教育对国家社会发展的重要作用所决定的。认知和理解教育政策所处的地位，对于加深对教育政策的理解，增强教育政策执行与落实均具有十分重要的作用。首先，教育政策是国家政策不可或缺的重要组成部分。教育政策作为国家政策的重要组成部分，不仅可以相对于政治政策、政经济政策而独立存在，而且还可以蕴含于或渗透在国家其他各类事业发展的政策当中。党和国家的总政策中都会有对教育政策的总体描述，党和国家的各类政策中均不同程度地包含着教育政策的内容。其次，教育政策在国家政策体系中又具有独特的重要地位。教育作为社会系统中一个相对独立却又十分复杂的子系统，决定了教育政策的独立性与特殊性。教育政策作为一个独立的政策体系，有其独特的内涵与结构。教育政策的相对独立性也决定了教育政策在国家政策体系中的相对独立地位。每一项具体的政策总是针对具体类别或形式的教育改革与发展而言，这种具体的教育政策是其他政策无法替代的。

---

① 孙光：《政策科学》，浙江人民出版社，1988 年，第 14 页。
② 陈振明：《政策科学》，中国人民大学出版社，1998 年，第 59 页。
③ 袁振国：《教育政策学》，江苏教育出版社，2001 年，第 260 页。
④ 孙绵涛等：《教育政策论——具有中国特色的社会主义教育政策研究》，华中师范大学出版社，2002 年，第 11 页。

任何教育政策都会对教育实践带来相应的影响。制定教育政策目的是发挥教育政策的功效与作用，促进教育的发展和人的发展。教育政策具有以下几个方面的功能：首先，教育政策具有保障功能。制定教育政策是为了使教育事业的改革与发展有政策可依、有法律可依，这也是由政策的基本目的所决定的。此外，落实教育政策是为了保证教育事业能够按照教育政策所确立的目标、方向发展，为教育改革与发展提供坚实的实践保障。其次，教育政策具有规范功能。教育政策能够为教育事业的改革与发展提供某种标准与范式，在一定程度上起着规定性作用。教育政策规定了政策实施主体应该做什么或不应该做什么，应该怎样做或不应该怎样做的相关要求，它对人们的教育行为起着导向作用，同时对政策实施主体的行为做出评价。再次，教育政策具有激励功能。激励功能是教育政策的力量之所在。当然，教育政策能否真正发挥激励性功能或者激励性功能发挥到何种程度，取决于教育政策自身的质量。教育政策的激励功能除了能够引起社会大众情感上的共鸣与回应之外，还能激发人们对教育政策的积极参与和拥护、践履。最后，教育政策具有制约功能。教育政策的制约功能是指教育政策具有限制或禁止某些教育行为的作用。

总之，在不同的社会制度与历史时期，教育政策会以不同的制定模式与特征呈现出来。好的教育政策可能会产生良好的社会效果，不好的教育政策将会产生消极的影响与作用。因此，在制定和执行教育政策时，尽可能向良法善治的方向与目标靠近，趋利避害，张扬正面功能，克服负面功能。

3. 教育政策的类型与结构

教育政策的类型是指根据不同的分类标准来对教育政策进行区分与归类。学者们根据教育政策制定的主体、政策制定的层次和教育政策效力范围等差异，将教育政策划分为不同的政策类型。

基于制定主体的不同，教育政策可以分为政党的教育政策、国家的教育政策和社会团体的教育政策等三种不同的类型。在我国，中国共产党的领导是中国特色社会主义最本质的特征。党的教育政策是指导中国教育改革与发展的纲领性文件。国家的教育政策是党的教育政策合法化与行政化的结果。社会团体也会根据国家社会发展的情况制定一些教育政策，以促进教育的发展。基于层次的差异，教育政策可以分为总教育政策、基本教育政策和具体教育政策。如教育必须为社会主义现代化建设服务，必须与生产劳动相结合，培养德、智、体、美、劳全面发展的社会主义事业建设者和接班人是我国教育总政策；基本政策是总教育政策的具体化，是落实总教育政策的行为规则；具体教育政策是指具体到某一个领域或教育的某一个方面而制定的教育政策。从政策效力范围层面来看，教育政策可以分为全局性教育政策和地域性教育政策。全局性教育政策是在全国、全社会范围内都必须贯彻执行的政策，对各级各类教育都有政策效力；局部教育政策主要是指限于某一个地区、一定范围内的教育政策，带有明显的区域性特征。

教育政策的结构主要是指教育政策的存在及其表现方式，包括横向结构和纵向结构两个方面。教育政策的横向结构主要是从教育政策的某种内在逻辑关系而做出的安排，如根据政策时间来看，教育政策有过去教育政策、现行教育政策和未来教育政策；从政策空间来看，教育政策分为教育总政策、教育基本政策、教育一般政策和特殊教育政策等；从政策阶段性特征来看，教育政策分为长期教育政策、中期教育政策和短期教育政策以及即时教育政策等等。教育政策的纵向结构主要是从政策制定主体以及政策效力层面来划分的教育政策，主要体现为：党的教育政策文件，全国人民代表大会、省级人民代表大会和有立法权的市级人民代表大会及其常务委员会制定或批准的政策性文件，国家教育行政机关制定、发布的有关教育的政策性文件，党和国家领导人有关教育问题的讲话与指示，等等。

（三）教育法律与教育政策的关系

1. 教育法律与教育政策的共性

我国是社会主义国家，我国的教育政策与教育法律在本质上是一致的。第一，教育政策与教育法律都是社会主义上层建筑的重要组成部分。马克思主义告诉我们，经济基础决定上层建筑。政策和法律都属于上层建筑的重要组成部分，它依赖于社会经济基础而存在，对社会存在具有较强的能动作用。第二，教育政策与教育法律的经济基础都是以公有制为主体多种所有制经济共同发展的社会主义市场经济，都是由社会主义市场经济决定并为社会主义市场经济服务的；教育政策与教育法律都是以马克思列宁主义、毛泽东思想、邓小平理论、“三个代表”重要思想、科学发展观、习近平新时代中国特色社会主义思想以及党的基本路线为指导思想的。第三，教育政策与教育法律都代表了广大人民群众的根本利益，都是全体党员和广大人民群众为实现一定历史时期的教育发展目标与任务所必须遵循的行动准则。在我国，无论是教育政策还是国家的教育法律，从根本上来说都代表着最广大人民的利益，都是在党和国家的领导下科学制定并予以实施的。第四，教育政策与教育法律都是党和国家管理教育的重要手段，是教育管理者与教育管理相对人在整个教育活动中所应该遵循的行为准则与主要依据。主权国家一般都会通过制定法律和政策来对社会事业进行管理，我国也不例外。我国作为社会主义国家，在发展教育事业时，必须要在党的领导下制定相应的法律和政策来对教育事业进行管理，以确保社会主义教育事业的方向。

2. 教育政策与教育法律的区别

教育政策与教育法律有着诸多的共性，也存在较大的差异。第一，二者的基本属性不同。教育政策是政党、国家机关以及社会团体所制定出来体现统治者意志的文件，而教育法律是通过国家政权而表现出来的国家意志。第二，制定的主体与约束力不同。教育政策的制定主体是政党、国家机关以及社会团体，并非所有的教育政策都能够上升为国家意志，而教育法律是由国家权力机关所制定与认可的，在一定范围内具有普遍且强有力的约束力。第三，教育政策与教育法律制定的程序不同。教育法律必须要严格按照法定程序进行，而党的教育政策是通过党的领导机关会议等形式而形成的。第四，教育政策与教育法律的表现形式不同。教育法律通常以条文形式呈现，它对适用条件、具体情况、行为规则以及违反者所应当承担的后果都须做出明确的表述，而教育政策是通过指示、决议、意见、通知等形式呈现出来，内容大多较为原则，突出指导性和号召力。第五，教育政策与教育法律的实施方式不同。教育法律是以国家强制力保障实施的，它不是可做可不做，而是必须做的行为，否则将承担相应的法律责任，而教育政策更多的是依靠宣传与思想政治工作来实施，强制力不像教育法律那样强。第六，教育政策与教育法律的调整范围不同。教育法律一般是对教育活动的根本方面和教育的基本关系加以规范和约束，其调整范围一般而言比较小，而教育政策的调整范围比较广泛，它能够渗透到教育领域的各个层面。第七，教育政策与教育法律的稳定程度不同。教育法律必须要保持它的稳定性才能体现出其社会关系调节器的功能，才能被人们所遵守和适从。教育法律是在总结党和国家的教育政策执行情况以及经验的基础上确定下来的，不宜随意变动，因此具有较强的稳定性，而教育政策随着国家教育工作形势、教育任务的变化而需要适时做出调整与修订。

总之，教育政策与教育法律既有相同之处，也有差异。要想正确处理好教育法律与教育政策之间的关系，需要把握以下几个方面：第一，制定和落实教育法律应当以教育政策为指导。教育政策不仅指导教育立法的过程，而且指导教育法律的实施。如不少的教育法律在实施过程中都伴有政策性的说明。第二，教育政策的落实需要以教育法律来予以保障。将教育政策上升为教育法律，有利于排除政策执行中的主观随意性，使教育法律以其特有的强制性成为推动教育政策贯穿落实的保障，成为教育政策贯彻执行的最强有力手段。第三，落实教育政策不能超越教育法律所规定的范围与界限。尽管教育法律的制定、修改与实施应当以党和国家的教育政策为指导，但是这并不意味着教育政策可以随意左右教育法律，超越教育法律所规定的范围与界限。在落实教育政策时必须自觉维护教育法律的尊严。一般来说，社会各主体的教育活动必须遵守教育法律，法律没有规定的，应当遵守党和国家的教育政策。当然，在处理教育政策与教育法律的关系时，一方面不能片面强调教育政策的主导作用，另一方面也不能过于夸大教育法律的作用。在当前依法治国、依法治教的大背景下，基于良法善治和善法良策的价值取向，我们需要寻求教育政策与教育法律的一体性，避免教育法律与教育政策的分离甚至分立。

二、受教育权与教育权

受教育权与教育权是教育政策与法律研究的一对基本范畴，它是整个教育法学研究的基础与核心。受教育权是教育政策法律研究的逻辑起点，整个教育政策与法律研究都需要回归到这一逻辑起点来予以印证。

（一）受教育权

1. 受教育权的概念及其内涵

受教育权是教育政策与法律研究的一个基础和核心问题，它是学生法律地位的具体综合体现，也是学生所享有权利与履行义务的基础。所谓受教育权，顾名思义就是接受教育的权利，它有广义和狭义之分。狭义的受教育权是指公民为接受教育，要求国家和社会为其提供一定的条件以帮助其实现获得均等的受教育条件与机会的权利，它是公民的一项基本权利。《联合国儿童权利公约》第二十八条规定，各缔约国必须要确认儿童有受教育的权利，并在机会均等的基础上逐步实现儿童的受教育权，包括实现全面免费义务教育，鼓励发展不同形式的中学教育，根据能力以一切适当方式使所有人有接受高等教育的机会。随着社会的发展，受教育权的内涵越来越丰富。有学者认为，受教育权是公民为了自身利益，要求国家做出或不做出一定行为的权利，是公民从国家那里获得均等的受教育机会与条件的权利[①]；有学者从公民个体角度出发，认为受教育权是公民作为权利主体，依照国家教育法律的规定，为接受教育而要求国家依法做出一定行为或履行一定义务的权利[②]。在本书中，受教育权是指公民作为权利主体，按照国家法律、法规的规定，具有接受教育的能力或资格。一方面，受教育权是公民的一项社会基本权利,另一方面国家对受教育者的受教育权负有法律上的积极作为义务。

受教育权具有丰富的内涵。第一，受教育权的权利主体通过接受教育获得某种利益，并且权利主体是否能真的获得某种利益或所获得利益大小将会直接影响权利主体行使该权利的积极性。第二，受教育权的权利主体可以根据国家法律规定要求权利相对方为其接受教育提供一定的条件，作或不作一定行为，并且有在受教育权利遭受侵害时申请救济的要求权或主张权。第三，受教育权的资格可以转化为谁有权接受教育的问题，是受教育权利主体的问题，世界各国法律都明确规定，人人享有平等的受教育权利。《世界人权宣言》明确规定，受教育权是一种人之为人的基本人权，其主体是所有人。人人都有接受教育的权利，教育应当免费，至少在初级和基本阶段应该如此。第四，受教育权的权能是对受教育权利主体所提出的要求，要求受教育权利主体具备享有和实现其受教育权利的实际能力和可能性。第五，受教育权的自由是指受教育权利主体可以根据其自身特点，按照其个人意志去行使或者放弃受教育的权利，而不受外界因素的干预。

2. 受教育权的性质

关于受教育权的性质，当前学术界主要有以下几种观点。首先是基本人权说，这是学术界普遍认可的一种观点。《世界人权宣言》第二十三条至第二十七条对受教育权有明确的规定，受教育权是人之为人的基本人权，其主体是所有人，具体到某一国家中时，主体便是所有公民。《中华人民共和国宪法》第四十六条第一款也明确规定："中华人民共和国公民有受教育的权利和义务。"公民不分民族、种族、性别、职业、财产状况、宗教信仰等，都依法享有平等的受教育机会。其次是公民权说。持公民权说的人认为，受教育权是受教育权的享有主体为扩充其参政的权利而要求国家必须为其提供文化教育条件的权利，它将现代社会的教育公共性与民主政治直接联系在一起，重视公民主权与公民教育之间的紧密结合，突出受教育在培养公民上的政治属性。再次是生存发展说。持这一观点的人认为，受教育权是公民为了获得更多的生存能力而要求国家从经济层面为其提供必要的文化教育条件和均等的受教育机会的权利，它强调了受教育对于公民的生存与发展的价值，重视教育对人的经济生活状况的改善。最后是学习权说，这一学说是从学习的连续性以及终身教育发展理念层面而提出的，认为人永远不会变成一个人，人的生存是一个永无止境的不断完善与学习的过程，人与其他生物的最根本的不同在于人的未完成性，人必须要从其生存与生活的环境中不断学习那些自然和本能没有赋予它的生存技能，为了更好地生存与发展，人不得不继续进行学习。人是具有巨大学习潜力的，能够不停地进入生活，不停地变成一个人。

总之，受教育权是一种兼具社会权与自由权的复合性人权。

---

① 劳凯声：《教育法论》，江苏教育出版社，1993 年，第 92 页。

② 秦惠民：《走入教育法制深处：论教育权的演变》，中国人民公安大学出版社，1998 年，192 页。

3. 受教育权的内容体系

无论是从国际法还是我国宪法的规定来看，受教育权都是人的一项基本权利，具有母体性，可以派生出各种子权利，具有十分丰富的内容。根据受教育权的产生、发展演变，它可以分为三个阶段的子权利：学习机会权、学习条件权和学习成功权。三种子权利还可以派生出更多的子权利，包括入学升学机会权、受教育选择权、学生身份权、教育条件建设请求权、教育条件利用权、获得教育资助权、公正评价权和获得学业证书和学位证书权等等。

（1）学习机会权

学习机会权是指受教育者有权通过学习获得社会生存与发展能力的可能性空间和余地，是接受任何等级教育的起点、资格或身份。作为第一层次的子权利，学习机会权可以派生出入学升学机会权、受教育选择权和学生身份权等三种子权利。入学升学机会权是指适龄儿童根据国家法律的规定有权进入各级各类学校接受教育的权利，国家有责任建立免费、公共的学校教育制度，采取全面实施义务教育和奖励、援助入学升学等措施，保障受教育者学习的权利。入学升学机会权主要分义务教育及其以下阶段和义务教育以上阶段的权利，国家的责任主要是尊重、保护和促成。受教育选择权是指受教育者对接受教育的种类、学校、教师等自由选择的权利，它主要集中在学校选择权和教育种类选择权两方面。学校选择权包括选择公立、私立学校的权利，教育种类选择权包括选择家庭教育、学校教育、宗教教育、道德教育、政治教育等的权利。在义务教育阶段，受教育选择权的空间较小，适龄儿童少年一般应选择全日制公立学校或符合国家标准规定的私立学校，并由国家强制保证。在非义务教育阶段，受教育选择权的空间更大，但权利的行使伴随机会平等的自由竞争，因而只是一种法律形式上的平等，最后的结果取决于个人的成绩、能力等条件。学生身份权是指受教育者在其所在教育机构拥有学籍，进行学习、生活并取得学习成功的权利。在义务教育阶段，学生身份权无论以何种理由都不得剥夺，即使是在非义务教育阶段，非依法定理由和非经法定程序，学生的身份权也不得剥夺。因为学生身份权对受教育者个体的前途命运影响十分深远。

（2）学习条件权

学习条件权是指受教育者依法享受利用国家法律法规所规定的受教育条件来使自己得到发展的权利，包括教育条件建设请求权、教育条件利用权和获得教育资助权等。学习条件权承前启后，既是前一阶段学习机会权的自然发展结果，又是后一阶段学习成功权能否实现的关键。教育条件建设请求权是受教育者请求国家创设保障其学习权条件的具体权利，主要包括教育设施建设请求权和教育财政措施请求权。教育设施首先是指供学生学习的学校，此外还包括图书馆、博物馆、科技馆、文化馆、美术馆、体育馆等公共文化体育设施。教育设施建设需要充足的国家财政投入，国家举办学校教育必须有稳定的国家财政拨款来源，以保证受教育者的学习条件权。教育条件利用权是指当教育条件不具备或不充分时，受教育者可以向国家主张教育条件建设请求，对于已有的教育条件，受教育者享有平等的利用权，主要包括参加教育教学活动权和使用教育教学设施权。参加教育教学活动权首先是指学校计划安排的正规授课时间内的上课权，其次是指正规授课时间以外参加课外活动的权利。获得教育资助权是指在公民个人无法交付教育费用时，国家有义务给予经济资助，即按成绩和能力有资格接受教育但无力负担教育费用的学生，应享有从国家获得教育资助的权利。

（3）学习成功权

学习成功权是指受教育者通过努力学习达到预期目标所享有的一系列权利，包括在学习过程中的获得公正评价权和获得学业证书和学位证书权。获得公正评价权是受教育者在德、智、体等方面获得按照国家统一标准一视同仁的客观评价的权利，学校和教师应当对学生做出出于公心、实事求是、公正合理的评价，不能有亲有疏。获得学业证书和学位证书权是受教育者在完成国家规定的学业后，享有获得由国家承认的学业证书和学位证书的权利。国家和学校应该为受教育者提供证明其完成相应学业的证书，使其学习成果得到社会的公认，并为继续深造或成功就业提供保证。

4.受教育权的法律体系

受教育权作为公民的一项基本权利，实质上是需要有一个完整的法律体系来予以保障的。纵观学术界已有的研究成果，受教育权法律体系主要包括国际法、宪法和教育法及其他法律三个层面。

（1）受教育权的国际法规定

受教育权的国际法规定主要体现在《世界人权宣言》《联合国儿童权利公约》《经济、社会、文化权利国际公约》和《残疾人权利公约》等国际法律上。《世界人权宣言》作为全世界首个确认受教育权的国际性人权文件，具有国际习惯法性质，其第二十六条明确规定：人人都有受教育的权利，教育应当免费，至少在初级和基本阶段应如此。初级教育应属义务性质。父母对其子女所应受教育的种类有优先选择的权利。《联合国儿童权利公约》第二十八条明确规定：各缔约国确认儿童有受教育的权利，为在机会均等的基础上逐步实现此项权利，缔约国应做到：① 实行全面的免费义务教育，包括普通和职业教育；② 鼓励发展不同形式的中等教育；③ 根据能力以一切适当的方式使所有人均有受高等教育的机会；④ 使所有儿童均能得到教育和职业方面的资料和指导；⑤ 采取措施鼓励学生按时出勤和降低辍学率；等等。《经济、社会、文化权利国际公约》第十三条规定：人人有受教育的权利。为充分实现这一权利，各国应努力做到：初等教育应属义务性质并一律免费；中等教育应普遍设立，并对一切人开放；高等教育应根据成绩，对一切人平等开放；对未受过或未完成初等教育的人，应尽可能加以鼓励推进；各级学校应适当设立奖学金。《残疾人权利公约》是国际社会在 21 世纪通过的第一个综合性人权公约，其第二十四条明确规定：缔约国应确认残疾人享有受教育的权利，充分开发人的潜力，培养自尊自重精神，加强对人权、基本自由和人的多样性的尊重；最充分地发展残疾人的个性、才华和创造力以及智能和体能；使所有残疾人能切实参与一个自由的社会。为了实现这一权利，缔约国应当确保：① 残疾人不因残疾而被排拒于普通教育系统之外，残疾儿童不因残疾而被排拒于免费和义务初等教育或中等教育之外；② 残疾人可以在自己生活的社区内，在与其他人平等的基础上，获得包容性的优质免费初等教育和中等教育；③ 提供合理便利以满足个人的需要；④ 残疾人在普通教育系统中获得必要的支助，便利他们切实获得教育；⑤ 按照有教无类的包容性目标，在最有利于发展学习和社交能力的环境中，提供适合个人情况的有效支助措施。

（2）《中华人民共和国宪法》的受教育权规定

《中华人民共和国宪法》第四十六条规定："中华人民共和国公民有受教育的权利和义务。国家培养青年、少年、儿童在品德、智力、体质等方面全面发展。"《中华人民共和国宪法》关于受教育权的规定，表明三重含义：第一重含义是我国法律公开确认公民的受教育权，通过国家的最高法律来进行规定；第二重含义是国家在确定和保障公民受教育权方面应当要制定相应的法律并积极创造条件来予以实现；第三重含义是国家在制定法律时不得有侵犯公民受教育权利的规定。此外，《中华人民共和国宪法》的受教育权规定还表明，受教育权是我国公民的一项基本权利，国家对公民受教育权的实现负有主要的义务与责任，父母或监护人有义务使其子女接受义务教育。

（3）《中华人民共和国教育法》等相关法律对受教育权的规定

《中华人民共和国教育法》作为我国教育领域的基本大法，对公民受教育权有比较系统的规定，主要体现在以下几个方面。第九条规定："中华人民共和国公民有受教育的权利和义务，公民不分民族、种族、性别、职业、财产状况、宗教信仰等，依法享有平等的受教育机会。"第三十七条第一款规定："受教育者在入学、升学、就业等方面依法享有平等的权利。"第四十三条规定："受教育者享有以下权利：（一）参加教育教学计划安排的各种活动，使用教育教学设施、设备、图书资料；（二）按照国家有关规定获得奖学金、贷学金、助学金；（三）在学业成绩和品行上获得公正评价，完成规定的学业后获得相应的学业证书、学位证书；（四）对学校给予的处分不服向有关部门提出申诉，对学校、教师侵犯其人身权、财产权等合法权益，提出申诉或者依法提起诉讼；（五）法律、法规规定的其他权利。"

《中华人民共和国义务教育法》对受教育权也进行了明确规定。其第四条规定："凡具有中华人民共和国国籍的适龄儿童、少年，不分性别、民族、种族、家庭财产状况、宗教信仰等，依法享有平等接受义务教育的权利，并履行接受义务教育的义务。"第五条第一款规定："各级人民政府及有关部门应当履行本法规定的各项职责，保障适龄儿童、少年接受义务教育的权利。"

《中华人民共和国高等教育法》对公民受教育权也进行了规定。其第九条规定："公民依法享有接受高等教育的权利。国家采取措施，帮助少数民族学生和经济困难学生接受高等教育。"第六条第二款规定："国家鼓励企业事业组织、社会团体及其他社会组织和公民等社会力量依法举办高等学校，参与和支持高等教育事业的改革和发展。"

《中华人民共和国职业教育法》也对公民受教育权进行了规定。其第五条规定："公民有依法接受职业教育的权利。"第七条中规定"各级人民政府应当将发展职业教育纳入国民经济和社会发展规划"，第九条第三款规定"有关行业主管部门、工会和中华职业教育社等群团组织、行业组织、企业、事业单位等应当依法履行实施职业教育的义务，参与、支持或开展职业教育"。

《残疾人教育条例》专门针对残疾人受教育权进行了规定。其中第一条指出，制定《残疾人教育条例》的根本目的就是保障残疾人受教育权，发展残疾人教育事业。第二条中规定"国家保障残疾人享有平等接受教育的权利，禁止任何基于残疾的教育歧视"，第十二条中规定"各级人民政府应当依法履行职责，保障适龄残疾儿童、少年接受义务教育的权利"等等。

总之，我国公民的受教育权法律规定是一个系统的整体，无论是国际法、宪法、教育基本法及相关教育法律法规，都对公民受教育权有明确的规定，这对于保护和实现公民受教育权具有十分重要的作用。

（二）教育权

1. 教育权的概念

教育权是一种很宽泛且复杂的权利概念，它有广义与狭义之分。从狭义角度来说，教育权就是指人民受教育的权利，即受教育权；从广义角度来说，教育权是指人们在教育上的权利，不仅包括教育者实施教育的权利，而且包括受教育者的学习权利，还包括家长进行教育选择的权利，这是一种教育之上的权利；从最广义角度来说，除以上广义层面的权利之外，它还包括国家及政府、公务员实施教育权力，即教育之上的权利和教育之上的权力。因此，教育权是指负有施教责任的权利主体，能够按照自己的意志，对施教对象进行教育和指导的一种权利。

2. 教育权的历史演变

教育权的历史演变与教育活动的产生、发展紧密相关。在人类社会发展过程中，教育活动最早产生于家庭领域，它基于原始社会上一代人对子女生存、生产知识传授的需要而产生。后来随着社会的发展，到了奴隶社会和封建社会，教育由家庭领域逐渐转移到社会领域，也就是我国所谓的私塾教育。到了近现代，随着资本主义发展和国家的建立，教育再次发生转移，由家庭和社会向国家转移，由国家来举办教育。教育权的历史演变如表 1.1 所示。

表 1.1　教育权的历史演变

名称	性质	主体	客体	出现时间	产生原因	成为主导教育权时期	内容及对象
家庭教育权	私权	父母	受教育者	最早	生存和生活需要	原始社会	子女生存、生产知识
社会教育权	私权	个人或利益群体		第二	体脑分工和统治阶级内部成员利益诉求	古代等级社会	各种社会知识；主要为统治阶级内部成员，也向平民开放
国家教育权	公权	国家		最晚	国家的产生以及统治需要	近现代社会	全体成员；全社会各种知识规范

通过教育权的历史演变轨迹可以发现：第一，教育权是一个历史性的概念，在不同的历史时期，教育权的内容、性质，以及拥有主体都存在差异，无论是国家教育权、社会教育权还是家庭教育权，在一定程度上来说，都是社会生产力发展到一定阶段的产物。这正如马克思所说的，任何权利永远不能超出社会的经济结构以及由经济结构所制约的社会文化发展。第二，主导教育权不断发生变化这一问题的实质是不同阶级不同利益主体的需求在教育领域当中的集中体现。从原始社会到奴隶社会，从奴隶社会到封建社会，再从封建社会到资本主义社会、社会主义社会，教育权的历史演变其实从根本上就反映出不同阶级、不同利益主体对教育的需求。国家、社会、家庭是教育权的三个主要主体，它们的关系是动态平衡的，在

特定的历史时期、特定的国家领域，它们之间是有平衡点的。一旦打破了这一平衡，由于教育涉及整个社会，主体之间的矛盾必然会激发。一次次教育权力的转移与变化正是整个社会矛盾的具体反映。

3. 教育权的分类

根据教育权利的构成主体来划分，教育权可以分为三种类型。第一种类型是国家教育权，它是国家依法对年轻一代实施教育的公权力，包括国家的施教权和对教育的统治权、管理权、监督权。第二种类型是社会教育权，它是依据教育法律规定，由社会成员或社会组织所直接行使的社会教育权利，包括各种社会力量依法所享有的教育举办权和对教育的监督评价权。第三种类型是家庭教育权或父母教育权，它是指父母对子女的教育权利，在本质上属于由国家法律所确认和维护的私权利。

（1）国家教育权

无论是从理论上还是从教育实践层面来看，国家拥有教育权是一个不争的事实。国家拥有统治权，基于教育培养人的重要性，国家从教会手中夺回教育权，任何统治者都不会放弃这一权力。要保证全体国民，尤其是儿童接受义务教育，国家公权力必须介入其中。

国家教育权在性质上是一种由国家行使的权力，属于公权力。公意是构成国家公权力合法性的基础。国家行使教育权力的目的是保护和实现公民的自然权利。国家教育权是通过契约方式即教育立法得以确立和实现的。教育法律、法规作为国家教育权的载体，折射出公民自然权利是国家教育权的逻辑生长点与终极价值追求。国家教育权的内容主要包括教育资源的分配权、教育标准的制定权和教育活动的监督权等等。《世界人权宣言》明确规定，人人生而自由、平等，在尊严和权利上一律平等；人人都有受教育的权利，教育应当免费，至少在初级和基本阶段应该如此；教育的目的在于发展人的个性并加强对人权和基本自由的尊重。

从国家权力形式角度来看，国家教育权可以分为中央集权型、分散管理型和合作伙伴型三种权力形式。

中央集权型国家教育权的基本特征有以下几个方面：严格受控于中央政府，学校基本上由公立学校构成，政府能像配置公务员一样配置教师、任命校长和干部、决定学校的专业设置和发展规模；中央政府或由其控制的地方政府承担教育经费；高校没有太多的自主权，以完成国家的教育任务为宗旨；等等。

分散管理型国家教育权的基本特征有以下几个方面：横向上立法权、行政权、司法权三权分立；纵向上没有一个强有力的、能够控制所有学校的中央教育行政机构。政府对学校没有直接的管理权，而是一个服务机构。教育权主要由各地方政府行使；所有公立高等学校有独立的法人地位；承认市场在高等教育发展中的力量；等等。

合作伙伴型国家教育权的基本特征有以下几个方面：中央政府、地方政府、其他社会团体共同参与，通力协作；教育政策具有稳定性和连续性，不受政府换届的影响，如大学通过自主制定章程来保证大学的学术自由、自主管理，政府很少干预大学；通过“大学拨款委员会”对大学拨款；允许公立高等学校收取学费，接受社会捐助，在财政上和学术上保持独立；大学具有独立的法人地位；等等。

（2）社会教育权

一般而言，除国家教育权、父母教育权以外的教育权利都属于社会教育权。所以社会教育权的主体比国家教育权和家庭教育权的主体宽泛许多。社会教育权是指来自行使国家教育权机构以外的一切社会组织或公民个人，以相对自由的作为或不作为的方式对他人发出教育方面要求的一种权利。社会教育权主体的利益实现需要通过义务主体与权利主体相对应的抑制性的作为或不作为的行为方式来予以保证。

社会教育权具有以下几个方面的特征：首先，权利主体是非政府机构的其他社会组织和个人；其次，其范围属于“法不禁止便自由”的社会习惯权利，其自主和自由行使的范围较大；再次，在法律授权的前提下，接受国家和政府的管理与监督。但国家和政府不得超过法律规定，随意进行干预；最后，社会教育权主体与其受教育对象之间，主要依赖于契约法或习惯法调整。

不同于国家教育权，社会教育权的权利结构由举办者、办学者和管理者等三方面主体所构成，不同主体在权利行使过程中表现出不同的作用。社会教育权主要是举办者基于董事会对办学者实施依章程管理，通过制定学校章程和聘任校长，办学者按照国家教育法律法规以及教育规律来对受教育者及教师进行管理。

根据《中华人民共和国民办教育促进法》和《中华人民共和国民办教育促进法实施条例》的规定，举办者主要是指用资金、实物、土地使用权、知识产权以及其他财产作为办学出资的国家机构以外的社会组织或者个人，办学者主要是指民办学校举办者在董事会、股东大会决议后聘请的具有办学能力和经验的校长及相关从事具体办学实践的人员，其中校长作为办学者的代表，是民办学校的法定代表人，在国家法律法规以及公司章程规定的职权范围内行使其职权，代表学校参加各种教育民事、教育行政活动，对学校的董事会负责，对学校的办学与管理全面负责，并接受学校董事会及政府机关监督。管理者主要是指国家教育行政机关以及其他与教育相关的行政机关及管理人员。地方政府代表国家对民办学校进行管理、领导和监督，要求民办学校办学者在国家法律政策的范围内开展教育教学活动。

（3）家庭教育权

家庭教育权是指未成年人的父母及其监护人以作为或不作为的方式对他人发出教育方面要求的一种权利。相对于国家教育权与社会教育权，家庭教育权是一种特殊的教育权，它属于亲权，是一种与生俱来的自然权利。对于父母而言，家庭教育权既是权利也是义务。2021年10月23日，第十三届全国人民代表大会常务委员会第三十一次会议审议通过，2022年1月日开始施行的《中华人民共和国家庭教育促进法》对家庭教育做出了明确规定，在抚养和教育未成年人方面，家庭具有不可推卸的责任。《中华人民共和国家庭教育促进法》第二章对家庭责任进行了明确规定。《中华人民共和国家庭教育促进法》第十四条第一款规定：“父母或者其他监护人应当树立家庭是第一个课堂、家长是第一任老师的责任意识，承担对未成年人实施家庭教育的主体责任，用正确思想、方法和行为教育未成年人养成良好思想、品行和习惯。”《中华人民共和国家庭教育促进法》第十七条中规定：“未成年人的父母或者其他监护人实施家庭教育，应当关注未成年人的生理、心理、智力发展状况，尊重其参与相关家庭事务和发表意见的权利。”

家庭教育权主要包括选择权、参与权和拒绝权等内容。家庭教育选择权主要是指父母或其监护人有为其子女选择学校、教师等方面的权利；父母或监护人有知晓其子女在学校教育情况的权利、对学校发表相关意见的权利；父母或监护人有基于其宗教信仰与教育认知拒绝某种特定课程的权利。

我国法律提倡义务教育阶段的就近入学。《中华人民共和国义务教育法》第十二条第一款规定：适龄儿童、少年免试入学。地方各级人民政府应当保障适龄儿童、少年在户籍所在地学校就近入学。《中华人民共和国义务教育法》第十二条第二款规定，父母或其他法定监护人在非户籍所在地工作或者居住的适龄儿童，在其父母或者其他法定监护人工作或者居住地接受义务教育的，当地人民政府应当为其提供平等接受义务教育的条件。对于残疾儿童而言，其父母或监护人有更多的择校自由。可以在普通学校就学，也可以在特殊学校就学，还可以选择在家接受教育。

对于家庭教育权而言，家庭的主要义务是抚养和送适龄未成年人上学，履行监护职责，教育未成年人。《中华人民共和国义务教育法》第十一条中明确规定："凡年满六周岁的儿童，其父母或者其他法定监护人应当送其入学接受并完成义务教育"；《中华人民共和国未成年人保护法》第十六条中规定：未成年人的父母或者其他监护人应当尊重未成年人受教育的权利，保障适龄未成年人依法接受并完成义务教育。《中华人民共和国家庭教育促进法》第十四条明确规定："父母或者其他监护人应当树立家庭是第一个课堂、家长是第一任老师的责任意识，承担对未成年人实施家庭教育的主体责任，用正确思想、方法和行为教育未成年人养成良好思想、品行和习惯。共同生活的具有完全民事行为能力的其他家庭成员应当协助和配合未成年人的父母或者其他监护人实施家庭教育。"《中华人民共和国家庭教育促进法》第十七条中规定，未成年人的父母或者其他监护人实施家庭教育，应当关注未成年人的生理、心理、智力发展状况，尊重其参与相关家庭事务和发表意见的权利。

当然，如果父母或监护人没有尽到教育未成年子女的义务，根据我国目前现有的法律法规，父母或监护人将要承担相应的法律责任。《中华人民共和国未成年人保护法》第一百一十八条第一款中规定，未成年人的父母或者其他监护人不依法履行监护职责或者侵害未成年人合法权益的，由其居住地的居民委员会、村民委员会予以劝诫、制止；《中华人民共和国预防未成年人犯罪法》第六十一条明确规定："公安机关、人民检察院、人民法院在办理案件过程中发现实施严重不良行为的未成年人的父母或者其他监护人不依法履行监护职责的，应当予以训诫，并可以责令其接受家庭教育指导。"《中华人民共和国义务教育法》第五十八条规定："适龄儿童、少年的父母或者其他法定监护人无正当理由未依照本法规定送适龄儿童、少年入学接受义务教育的，由当地乡镇人民政府或者县级人民政府教育行政部门给予批评教育，责令限期改正。"《中华人民共和国家庭教育促进法》第四十八条第一款规定："未成年人住所地的居民委员会、村民委员会、妇女联合会，未成年人的父母或者其他监护人所在单位，以及中小学校、幼儿园等有关密切接触未成年人的单位，发现父母或者其他监护人拒绝、怠于履行家庭教育责任，或者非法阻碍其他监护人实施家庭教育的，应当予以批评教育、劝诫制止，必要时督促其接受家庭教育指导。"

（三）受教育权与教育权的相互关系

受教育权与教育权作为教育政策法律所研究的核心问题，是教育法治活动不可回避的主要问题。这是因为教育法律法规对一定社会关系的调整主要体现在对一定主体的权利义务关系进行调整上，而明确受教育权与教育权等基本特征问题，有利于在教育法治实践中认识和处理受教育权与教育权之间的相互关系。

1. 受教育权与教育权的共性

首先，受教育权和教育权是教育法律、法规确认和保障的一定主体所享有的利益。受教育权是受教育者依法享有和实现的利益，而教育权是国家机关及其工作人员、学校、家庭、社会的利益。基于这种利益的存在，受教育权主体和教育权主体可以在教育法律、法规所允许的范围内享受自由，并受到教育法律、法规的保护。这种自由是一种相对的自由，它必须在教育法律的规定范围之内行使。

其次，受教育权和教育权都是教育法律、法规所保障或允许的，一定主体能够做出或不做出一定行为，要求他人做出或不做出一定行为的许可与保障。国家教育行政机关作为教育权力主体，有权要求社会组织和公民个体遵循国家教育政策与法律的规定要求，否则国家教育行政机关可以在法律规定下对相关主体采取相应的惩罚措施。

2. 受教育权与教育权的差异

首先，二者的概念不同。受教育权是法律赋予公民享有受教育的资格与能力，是人的最基本权利；而教育权是法律赋予相关主体有权承担教育任务的资格，这种权利是法律赋予的，且主体具有限定性，必须要通过法律的严格授权才可以享有。

其次，二者的性质不同。受教育权作为一种私权，是一种与生俱来的权利，是公民的一项基本人权，对于公民个体而言是一种收益权，是一种自利性权利，非法律特别规定不得侵害和干预。教育权是一种公权，是一种民授性权利。在行使教育权时，必须要贯彻执行“法无规定即禁止”的原则，否则，将会对受教育权造成侵害。

再次，二者的权利来源不同。受教育权来源于公民的自然权利，与生俱来，在某些阶段具有一定的选择性；而教育权是通过公民的让渡、赋予或授予而产生，且教育权（尤其是国家教育权）是不可以放弃和转让的。

最后，二者主体不同。受教育权面向所有国民，其主体主要以公民身份而存在；而教育权的权利主体是以国家、政府机构或社会组织等身份而存在。受教育权的实现指向教育权（尤其是国家教育权）的履行。

三、教育法律规范与体系

（一）教育法律规范

1. 教育法律规范的概念与特征

众所周知，法律规范是一种特殊的社会规范，它是通过国家制定或认可，并由国家强制力保障实施的对人们的行为规则。教育法律规范是指由法律所确定的人们从事教育活动的标准与准则，它是构成我国教育法律的最基本的细胞。

教育法律规范具有一般法律规范的特征，即具有规范性、概括性、权威性和预测性。规范性是指它为人们的行为提供了一个模式、方向与标准，告诉人们应该如何做；概括性是指教育法律规范是一种抽象的、概括的规定，它是针对不特定人的，可以反复适用；权威性是指它由国家制定或认可并由国家保障实施，是国家统治阶级意志的表现，具有普遍遵守的效力；预测性是指法律规范可以使人们预测到自己或他人的行为是否合法，会产生什么样的法律后果。

2. 教育法律规范的构成要素

教育法律规范的构成要素是指有关教育法律规范所规定的行为准则的内在的、逻辑上的关联性构成。一般认为，教育法律规范的构成要素是由假定条件、行为模式和法律后果三要素所组成。假定条件是指教育法律规范中规定适用该法律规范的条件或情况的部分，只有在条件满足时才能适用该法律规范，即在教育法律规范中说明什么人在什么情况下、什么条件下适用该条教育法律规范的部分。行为模式是指教育法律规范中规定应该行为或不行为，以及应当如何行为或不行为的部分，它指明了人们行为的方式与尺度，明确了行为主体权利和义务的具体内容，这是教育法律规范最核心的组成部分。法律后果是指教育法律规范中规定人们在做出符合或者违反教育法律规范行为时，将要承担什么样的法律后果的部分，它包含两种方式：一种方式是肯定式的法律后果，即对合乎教育法律规范行为的肯定、赞许、保护与奖励；另一种方式是否定式的法律后果，即对违反教育法律规范行为所给予的法律制裁。

教育法律规范的这三个要素是教育法律规范的有机组成部分，三者缺一不可，缺少任何一个要素都会导致法律规范的不成立。

3. 教育法律规范的类型

根据不同的分类标准，教育法律规范可以分为不同的类型。

按照法律本身的性质来分，教育法律规范可以分为禁止性规范、义务性规范和授权性规范。禁止性规范是指规定不得采取某种行为的法律规范，它往往使用“禁止”“不得”等字样。如《中华人民共和国教育法》第八条中规定：“任何组织和个人不得利用宗教进行妨碍国家教育制度的活动。”义务性规范是指规定必须采取某种行为的法律规定，它往往使用“必须”“应当”“义务”等字样。如《中华人民共和国教育法》第二十四条第一款规定：“各级人民政府、基层群众性自治组织和企事业组织应当采取各种措施，开展扫除文盲的教育工作。”授权性规范是规定公民或国家机关有权采取某种行为的法律规范。这种规范既不要求人们做出某种行为，也不禁止人们做出某种行为，而是授权人们可以做出某种行为，或者要求他人做出或不做出某种行为，它往往使用“可以”等字样。如《中华人民共和国宪法》第四十六条第一款规定，“中华人民共和国公民有受教育的权利和义务。”这一法律规范告诉我们，受教育既是公民的权利，也是公民的义务。

法律规范按照所表现的强制的性质，可以分为强制性规范和任意性规范。强制性规范规定的内容必须严格遵照执行，不允许人们以任何方式加以变更，不允许有任何误差。而任意性规范允许人们在具体的法律关系中，自行确定本身的权利和义务的内容，法律本身不做硬性规定。《中华人民共和国民法典》第四条规定："民事主体在民事活动中的法律地位一律平等。"第六条规定："民事主体从事民事活动，应当遵循公平原则，合理确定各方的权利和义务。"以上法律规范告诉我们，民事主体在遵循国家法律、符合国家政策和计划要求的情况下，有权自行确定其本身的权利和义务。

（二）教育法律体系

教育法律体系作为一种客观存在的法律现象，反映了教育法律的统一性与系统性，对科学教育立法、正确适用教育法律，全面进行教育法律汇编、法典编纂，丰富和发展教育法律理论均具有十分重要的意义。

1. 教育法律体系的定义

教育法律体系是指一个由国家全部教育法律规范所构成的内部和谐一致，法律效力高低有序，各教育法律规范协调配合的教育法律系统。改革开放四十多年来，我国逐步构建了比较完善的、具有中国特色的教育法律体系。

2. 教育法律体系的结构

根据世界各国的教育法律惯例和传统，教育法律体系分为纵向结构和横向结构。教育法律体系的纵向结构是指按照教育法律规范的不同法律效力而形成的层级结构。具体而言，我国教育法律的纵向结构包括宪法中的教育条款、教育法律、教育行政法规、地方性教育法规等等。

（1）宪法中关于教育的条款。宪法是国家最高权力机关经由特殊程序制定和修改的，它综合性地规定国家、社会和公民生活的根本问题，具有最高的法律效力，在整个教育法律的渊源中居于最高和最核心的地位。《中华人民共和国宪法》规定了国家的根本制度和根本任务、路线、方针和政策、公民的基本权利和义务、国家和机关的基本职权、职责，以及社会中最基本、最重要的问题。宪法具有最高的法律效力，任何其他形式的法律法规都不得与其相抵触，否则将不具有法律效力。《中华人民共和国宪法》中有大量的关于教育法律制度的规定。《中华人民共和国宪法》第十九条对教育的性质和国家管理教育的原则进行了规定，第四十六条对公民受教育的权利和义务、教育的目的和任务进行了规定，第四十九条对特殊群体的教育保护原则进行了规定，等等。

（2）教育基本法。教育基本法是由全国人民代表大会制定的，规定我国教育领域根本性、普遍性问题的规范性问题。我国的教育基本法为《中华人民共和国教育法》，它是 1995 年 3 月 18 日，由第八届全国人民代表大会第三次会议通过的，它对我国教育的性质、地位、方针和教育活动的基本原则，教育基本制度，学校、教师、学生等教育法律关系主体的法律地位及其权利义务，教育与社会，教育投入与条件保障，教育对外交流与合作，违反教育法的法律责任等一系列问题作出了全面规定。

（3）教育基本法以外的其他教育法律。教育基本法以外的其他教育法律也称为教育单行法，它一般是由全国人民代表大会常务委员会制定，规定我国教育领域某一方面具体问题的规范性文件。教育单行法的法律效力低于宪法和教育基本法。到目前为止，我国已经制定颁布实施的教育单行法包括《中华人民共和国义务教育法》《中华人民共和国教师法》《中华人民共和国高等教育法》《中华人民共和国职业教育法》《中华人民共和国学位条例》等等，这些法律分别对教育领域的有关方面问题作出了具体规定。

（4）教育行政法规。行政法规是指国家最高行政机关即国务院制定和颁布的，有关国家行政管理活动的各种规范性文件，一般用条例、办法、规则、规章、指示、决定、通知等名称。国务院在教育方面所制定颁布的行政法规、决定和命令等规范性文件，对在全国范围内执行宪法中关于教育的条款以及教育法律法规具有十分重要的意义。教育行政法规是指国务院根据宪法和教育基本法，按照法定程序制定的有关教育行政管理的规范性文件，其效力低于宪法和教育法律。教育行政法规的名称一般用“条例”和“规定”等来命名。教育行政法规的发布一般采用两种形式：第一种是由国务院发布，第二种是由国务院批准，由国务院主管部门发布，但二者之间具有同等法律效力。目前我国颁布生效的教育行政法规主要有：《中华人民共和国学位条例暂行实施办法》《教师资格条例》《残疾人教育条例》等等。

（5）地方性教育法规。地方性教育法规是指省、自治区、直辖市等地方国家权力机关及其常设机关为执行和实施宪法、法律以及行政法规，根据本行政区域的具体情况和实际需要，在其法定职权范围内制定和发布并报全国人大常委会备案的规范性文件的统称。地方性教育法规只在本行政区域内有效，并且它不能与宪法、法律以及中央行政法规相抵触，否则就失效。我国各地区在经济、文化和教育方面发展很不平衡。为了根据本地区的状况和实际需要办好教育事业，根据宪法、教育法律以及全国教育行政法规制定本地区的地方性教育法规是非常有必要的。

（6）教育行政规章。《中华人民共和国宪法》和《中华人民共和国地方各级人民代表大会和地方各级人民政府组织法》规定，国务院各部委、省、自治区、直辖市以及省自治区的人民政府所在地的市和经国务院批准的较大的市的人民政府可以根据法律、行政法规制定规章。如果是对教育行政管理进行规定的，就叫作教育行政规章或教育规章。教育行政规章按照其制定和发布的机关不同，可以具体分为部门教育规章和地方政府教育规章。部门教育规章由国务院教育行政部门制定，其效力低于宪法、教育法律和教育行政法规。部门教育规章以国务院教育行政部门命令或国务院教育行政部门与国务院其他部委联合令的形式发布，效力及于全国。部门教育规章在教育法渊源中占有很大的比例。省、自治区、直辖市人民政府及省、自治区人民政府所在地的市和经国务院批准的较大市的人民政府制定的教育规章，称为地方教育规章。地方教育规则由其制定机关采取政府令的方式发布，其效力低于宪法、教育法律、教育行政法规和地方性教育法规。

（7）自治条例和单行条例。我国是一个单一制国家,在党中央的统一领导下在少数民族聚居的地方实行民族区域自治。各民族自治地方设立自治机关行使自治权。民族自治地方的人民代表大会根据宪法、法律的规定有权依据当地民族的政治、经济和文化的特点，制定自治条例和单行条例。自治条例内容必须符合宪法和法律的基本精神，也不得与国务院制定的行政法规相抵触，其效力只能在其民族区域管辖范围内有效。

基于教育法律的制定机关性质及其法律地位的不同,教育法律可以形成如表 1.2 所示的纵向结构体系。

表 1.2　教育法律的纵向结构体系

<table>
<tr><th>层级</th><th colspan="2">形式</th><th>制定机关</th></tr>
<tr><td>第一层次</td><td colspan="2">宪法中关于教育的条款</td><td>全国人民代表大会</td></tr>
<tr><td>第二层次</td><td colspan="2">教育基本法</td><td>全国人民代表大会</td></tr>
<tr><td>第三层次</td><td colspan="2">教育单行法律</td><td>全国人民代表大会</td></tr>
<tr><td>第四层次</td><td colspan="2">教育行政法规</td><td>国务院</td></tr>
<tr><td>第五层次</td><td colspan="2">地方性教育法规</td><td>省、自治区、直辖市人大及其常委会</td></tr>
<tr><td rowspan="2">第六层次</td><td rowspan="2">教育规章</td><td>部门教育规章</td><td>教育部及国务院其他部委</td></tr>
<tr><td>政府教育规章</td><td>省、自治区、直辖市人民政府</td></tr>
<tr><td>第七层次</td><td colspan="2">自治条例和单行条例</td><td>民族自治区</td></tr>
</table>

教育法律体系的横向结构是指按照教育法律所调整的社会关系的性质或社会关系的构成要素的差异，划分出处于同一层级的部门法，形成教育法律所调整的横向覆盖面。根据我国教育立法的现有情况，主要体现在以下几个方面。

（1）教育基本法

教育基本法即《中华人民共和国教育法》，该法于 1995 年 3 月 18 日由第八届全国人民代表大会第三次会议通过，于 2009 年 8 月 27 日第十一届全国人民代表大会常务委员会第十次会议第一次修正，于 2015 年 12 月 27 日第十二届全国人民代表大会常务委员会第十八次会议第二次修正，于 2021 年 4 月 29 日第十三届全国人民代表大会常务委员会第二十八次会议第三次修正。

（2）基础教育法

基础教育法即《中华人民共和国义务教育法》，该法于 1986 年 4 月 12 日由第六届全国人民代表大会第四次会议通过，于 2006 年 6 月 29 日第十届全国人民代表大会常务委员会第二十二次会议修订，2015 年 4 月 24 日第十二届全国人民代表大会常务委员会第十四次会议第一次修正，于 2018 年 12 月 29 日第十三届全国人民代表大会常务委员会第七次会议第二次修正。

（3）教育单行法律

教育单行法律，也称为教育部门法，即单独针对某一领域、类别教育或某一具体部分关系进行规范的教育法律，如针对义务教育进行规范的《中华人民共和国义务教育法》，针对高等教育改革与发展的《中华人民共和国高等教育法》，针对教师这一大教育主体而制定的《中华人民共和国教师法》，等等。教育单行法不得与宪法和教育基本法相抵触，其法律效力低于教育基本法高于教育行政法，在教育法的渊源中占有非常重要的地位。在一个教育法制完备的国家里，理想状态是在教育基本法之下的教育单行法基本覆盖教育的各个方面。

（4）教育行政法规

教育行政法规是指国家最高行政机关为管理国家教育事业，根据国家宪法与教育法律所制定的规范性文件的总和。教育行政法规在内容上是针对某一类教育管理事务所发布的行为规则，而不是针对某一个具体的教育事件与教育问题做出的决定。教育行政法规在形式与结构上都比较规范，在时效上也具有相对的稳定性，在程序上必须要通过制定机关、审定机关以及发布机关严格执行，具有程序上的严密性。

在我国，教育行政法规一般有三种具体形式：第一种形式为条例，即对某一方面的教育行政工作做比较全面系统的规定；第二种形式为规定，即对某一方面的教育行政工作做部分规定；第三种形式为办法，即对某一项教育行政工作做比较具体的规定。

教育行政法规有两种发布方式：由国务院或国务院批准的国务院主管部门发布，尤其是国务院主管下的教育部。无论采取哪种方式发布，教育行政法规都具有相同的法律效力。在当前我国教育法律体系中，教育行政法规的效力低于教育法律，高于其他法规。一切地方性教育法规、教育规章，都不得与之相抵触。

（5）地方性教育法规

地方性教育法规是指由地方立法机关所制定的有关教育的规范性文件。纵观世界各主权国家，绝大多数都通过法律规定赋予地方一定的立法权。在我国，根据《中华人民共和国宪法》和《中华人民共和国地方各级人民代表大会和地方各级人民政府组织法》的规定，各省、自治区、直辖市的人民代表大会和它们的常务委员会可以根据其行政区域的具体情况与实际需要，在不与国家宪法、法律、行政法规相抵触的前提下，制定和颁布地方性法规，报全国人民代表大会常务委员会备案。地方性教育法规一般称为“条例”，有时候也采用“规定”“实施办法”“补充规定”等名称。

从立法目的与依据层面来看，地方性教育法规主要有两个方面：第一个方面是为了直接执行宪法、教育法律、教育行政法规或补充教育法律、教育行政法规而制定的；第二个方面是具有自主性的地方教育法规，其目的是履行宪法或法律所赋予的职权。因此，相比教育法律、行政法规而言，地方性教育法规具有以下三个方面的特点：第一，地方性教育法规不得与宪法、教育法律、教育行政法规相抵触，具有从属性；第二，地方性教育法规只在本行政区域内有效，具有区域性；第三，地方性教育法规是根据本地的具体情况与实际需要所制定的，它在调整对象、权利义务、法律后果与罚则等方面规定得更为具体，可操作性更强。

（6）教育规章

教育规章又称为教育行政规章，它是指国家行政机关为实施教育法律、教育行政法规而制定和发布的规范性文件。根据《中华人民共和国宪法》和《中华人民共和国地方各级人民代表大会和地方各级人民政府组织法》的相关规定，国务院各部委、省、自治区、直辖市以及省、自治区的人民政府所在地的市和经国务院批准的较大的市的人民政府，可以根据教育法规、教育行政法规在自身权限范围内发布教育规章。根据制定和发布的主体，教育规章主要分为两大类：第一类是由国家教育委员会制定的，称为部门教育规章，一般常用规定、办法、规程、大纲、标准等名称来命名。采用国家教育委员会令或国家教育委员会与国务院其他部委联合令形式发布的教育规章，其法律效力低于教育行政法规，但在全国范围内适用。第二类是由省、自治区、直辖市人民政府以及省、自治区人民政府所在地的市和经国务院批准的较大的市的人民政府所制定的地方政府教育规章，一般采用规定、办法、实施意见等名称来命名。由于这类教育规章是其所制定的政府采取政府令的形式发布，因此其只在本行政区域内有效。

（7）自治条例和单行条例

自治条例是我国民族自治地方的人民代表大会根据我国宪法赋予的权力所制定的规范性文件，它必须依据当地民族地区的政治、经济、文化等具体特点而制定。自治条例通常规定有关本地区实行的区域自治的基本组织原则、机构设置、工作制度等重大问题，它是民族自治地方实行民族区域自治的综合性的基本依据与活动准则。根据法的效力原则，自治条例不得与上位法相矛盾。纵观我国民族区域自治的实际情况，自治区的自治条例需要报全国人民代表大会常务委员会批准后生效，自治州、自治县的自治条例需要报省、自治区、直辖市的人民代表大会常务委员会批准后生效，并报全国人民代表大会常务委员会备案。

单行条例是指我国民族自治地方的人民代表大会在其自治权范围内，根据当地民族的政治、经济、社会、文化等特点所制定的关于教育的某一方面具体事项的规范性文件。从一定程度上说，单行条例是指规定某一事项的法律，或者只适用于某一地区或某一部分人群的法律。纵观世界各国的教育法制传统，在国家尚未颁布系统的法典之前，一般都通过制定和颁布单行条例来适应经济社会文化教育事业的实际发展需要。甚至在现代法治比较发达的国家，即使国家已经制定和颁布了法典，但是由于法典难以完全包括所有法律规范，因此也还需要通过制定单行条例来补充一些法律空白。在我国，最高权力机关有权制定和批准单行条例。民族自治机关可以根据其民族特点对国家教育法律、法令做出相应的变通或补充的规定，但需要报上一级国家权力机关批准与备案。

四、教育政策与法律的基本要求

（一）坚持党的领导

党政军民学，东西南北中，党是领导一切的，教育事业也不例外。坚持中国共产党的领导是中国特色社会主义的法治之魂，是坚持我国法治体系建设正确方向的根本保证。中国共产党的领导与我国社会主义法治是一致的。只有坚持党的领导，人民当家作主才能充分体现，人民的利益才能得到最根本的保障。教育法治作为国家法治的重要组成部分，理应坚持中国共产党的领导。习近平总书记指出："中国最大的国情就是中国共产党的领导。"这也是中国教育法治发展的特色。中国共产党的领导是中国特色社会主义最本质的特征，也是中国特色教育法治发展最根本的保证。中国共产党历来重视法治建设，在过去百年奋斗的各历史时期，都将建设符合不同历史时期的法治作为重要任务，在领导中国人民进行抗战、奋斗和改革过程中走出一条符合中国国情的法治建设之路。一方面，党对教育事业的领导是推进全面依法治教的根本保证。新时代，全面推进依法治教，就是要坚定不移地走中国特色社会主义教育法治道路，继续开创中国特色社会主义教育法治事业新局面。要想达成全面依法治国、依法治教的各项目标，就必须要继续发挥党对教育事业的领导与依法治国、依法治教有机统一的法治优势，充分发挥党的领导对全面依法治教的根本保证作用。另一方面，加强和改善党的领导是全面依法治教的重要目标。全面依法治教就是要以法治的方式将中国特色社会主义教育事业的建设与改革经验巩固下来，确保在法治道路上全面推进教育现代化建设新征程，继续开创中国特色社会主义教育事业新辉煌。中国共产党的领导是中国特色社会主义教育事业最本质的特征，是我国社会主义教育制度的最大优势，也是中国特色社会主义教育法治建设的主要经验。

坚持党对教育法治建设的领导，主要体现在教育立法、教育执法、教育司法和教育法治监督等各方面的领导。党领导人民制定和修改教育法律法规，保证教育执法机关严格规范公正文明依法执教，支持国家司法机关在面对教育法律纠纷时公正司法，带领全国人民自觉遵循宪法、教育法律法规，统筹推进党和国家教育法治监督体系建设。因此，中国共产党对教育法治的领导贯穿依法治教的各个领域、各个环节，它既包括对法治国家、法治政府和法治社会建设的领导，也包括对依法治国、依法治教的领导。坚持依法治教，其根本目的是依法保障广大公民的受教育权益。积极回应广大民众对教育的新要求、新期待，系统研究和谋划教育法治实践领域中的突出教育问题，不断增强广大人民教育获得感、教育幸福感，用法治来保障广大人民的受教育权益。

坚持党对教育法治的领导，必须要践行中国共产党的初心使命，为保障好、实现好和发展好广大人民群众的受教育权益，为实现教育现代化和中华民族伟大复兴提供支撑。坚持党对依法治教的领导需要充分利用好党的教育政策这一重要载体。党的教育政策是我国教育法律的先导与指引，是我国教育立法的依据和教育执法和司法的重要指导。要推进党对教育法治的领导，需要通过国家教育法律来保障党的教育政策得到有效实施，确保发挥党的统揽全局的核心作用。党的教育政策事关教育治理的各个方面，要将党关于依法治教的政策转化为国家教育法律法规，通过法治来保障党的教育政策方针得到有效实施。

（二）坚持社会主义方向

教育作为一种社会存在，受国家的性质以及社会制度影响深远。不同的社会制度决定着不同的教育目的。我国教育的发展方向必须要与我国经济社会发展的方向保持一致。教育战线以及各级各类学校是我国社会主义意识形态的前沿阵地，是教书育人、立德树人和传承社会主义文明的基地，是党的教育事业的重要载体。《中华人民共和国教育法》第三条明确规定：“国家坚持中国共产党的领导，坚持以马克思列宁主义、毛泽东思想、邓小平理论、‘三个代表’重要思想、科学发展观、习近平新时代中国特色社会主义思想为指导，遵循宪法确定的基本原则，发展社会主义的教育事业。”这一法律规定指明了我国教育应当坚持社会主义方向。

坚持社会主义方向并非排斥域外国家和地区的优秀文化与经验，也并非排斥我国优秀的传统文化，它意味着需要批判性地继承我国优秀的文化传统和其他人类文明发展的成果。《中华人民共和国教育法》第七条规定：“教育应当继承和弘扬中华优秀传统文化、革命文化、社会主义先进文化，吸收人类文明发展的一切优秀成果。”在当今世界多元文化发展的大背景下，故步自封的做法肯定是不可取的。文化的交流与融合可以拓宽我们的视野，从中吸取人类文化的精华，促进人类文明的共同进步。世界上任何一个民族的文化都只有在人类历史文化长河中才能得到更好、更充分的发展。在 2018 年全国教育大会上，习近平总书记强调，要坚持中国特色社会主义教育发展道路，坚持社会主义办学方向，立足中国基本国情，培养德智体美劳全面发展的社会主义建设者和接班人。社会主义办学方向是中国教育改革与发展的根本，忽视或者弱化对社会主义办学方向的坚持，就会在培养人这一根本问题上发生偏移，那么我们坚持不懈、努力奋斗的现代化建设事业就会失去方向与目标。因此，在当下中国，办好中国特色教育，最重要的就是在办学方向这一问题上站稳立场。

坚持教育法治建设的社会主义方向具体体现在以下几个方面：首先，要将教育法治建设与为人民服务、为中国共产党治国理政服务、为巩固和发展中国特色社会主义制度服务、为改革开放和社会主义现代化建设服务等四个服务有机结合起来，将四个服务作为教育法治建设的根本要求。其次，要将教育法治建设与坚持社会主义意识形态有机结合，把坚持社会主义意识形态作为教育法治建设的根本特征。马克思主义是我们立党立国的根本指导思想，也是中国特色教育事业最鲜亮的底色。在教育法治建设进程中，要坚持马克思主义指导地位不动摇，坚持党的领导，将中华民族传统优秀文化创造性转化，发展社会主义先进文化，将社会主义核心价值观融入教育当中。再次，要将教育法治建设与教师队伍有机结合，打造“四有”好教师，做学生品格、知识学习、创新思维和奉献祖国的引路人，要充分发挥教师在现代教育事业中的重要性，将加强教师队伍建设作为社会主义教育事业最重要的基础工作来抓，对尊师重教提出新的更高要求。

（三）坚持教育公平

教育公平是国家对教育资源进行配置时所依据的合理性的规范或原则。教育公平是社会公平的重要基础，要不断促进教育发展成果更多更公平地惠及全体人民，以教育公平促进社会公平正义。《中华人民共和国教育法》第九条对教育公平有明确规定：“中华人民共和国公民有受教育的权利和义务。公民不分民族、种族、性别、职业、财产状况、宗教信仰等，依法享有平等的受教育机会。”一般而言，教育平等包括起点平等、过程平等和结果平等三个方面的内容。起点平等是指法律保障每一个公民都有接受教育的权利，都可以进入学校接受教育。起点平等更多的是指接受教育的人在入学机会上的平等，学生不因自己的家庭经济地位、社会地位、民族和区域而受到不公正的待遇，政府在保障公民接受基本的义务教育方面必须履行职责。过程平等是指要设法取消各种妨碍学生学习的不利社会因素，为所有接受教育的人提供同样的教育。它是指以平等的方式一视同仁地对待每一位受教育者，缩小学校之间、区域之间的差距，增强学校教育的统一性。这种平等应当体现在全国范围内教育资源的均衡设置，学生不会因自己的特殊身份而遭受不平等的待遇。如果说起点平等强调的是教育权利的平等，那么过程平等则强调教育机会的均等。结果平等是指以平等作为总的指导原则，为那些处境不利儿童提供补偿教育，从而使其和其他学生一样能够获得学习成功的机会。结果平等认为，同样地对待每一个儿童并不是平等，真正的平等应该是注意到人的差异性并在此基础上提供适宜的差别教育，进而消除不同社会处境的儿童在起点上的差异，以达到结果上的平等。当然结果平等只是一种机会上的相对平等，而不是一种绝对平等。对于国家而言，结果平等意味着国家应当保障各地区、各阶层、各民族在接受教育的结果上保持平等，对于一些特殊人群，国家和政府要采取相应的措施，保证他们接受教育的机会平等，保证他们与优势群体有同样成功的机会。

此外，教育公平原则还体现在对特殊地区、特殊人群的优惠照顾。尽管教育公平作为一种理念或目标，值得我们去努力追求，但是教育公平是一个相对的概念，没有绝对的公平，这是因为在人类社会，每个人的天赋、能力以及资源都会存在差异。在我国，受地理位置以及人口、经济社会环境等因素的影响，不同地域之间的经济文化、教育发展是不平衡的，这会造成教育不公平现象。因此，针对那些地理位置偏僻、资源贫乏的地区，国家在制定教育法律时需要根据具体情况采取不一样的策略，最大程度上给予这些落后地区帮助与扶持。《中华人民共和国教育法》第十条规定："国家根据少数民族的特点与需要，帮助各少数民族地区发展教育事业""国家扶持边远地区发展教育事业""国家扶持和发展残疾人教育事业"。这些规定都在一定程度上体现了对特殊地区人群的特殊照顾与优待，有利于促进教育公平。

（四）坚持教育的公共性

《中华人民共和国教育法》第八条第一款规定："教育活动必须符合国家和社会公共利益。"它规定了我国教育必须要坚持公共性。教育政策法规之所以要坚持教育的公共性，主要是基于以下几个方面：首先，教育事业是一个国家、民族乃至全世界人民共同的事业。从教育的本质功能和社会功能来看，教育不仅是一项能促进人的身心发展的事业，而且它还能对社会的政治、经济、文化、人口素质等各个方面起到重要的促进作用。教育的发展不仅仅是社会个性发展的需要，也是全社会、全人类发展的共同需要。其次，个体发展的活动会影响整个社会发展。教育作用于每一个受教育者，每一个受教育者又将自己的教育行为反作用于社会。因此，个体接受教育不仅是个人的事情，还是社会活动不可缺少的一部分，个体接受教育还会影响社会的发展，对社会稳定和文明发展都起着重要的促进作用。最后，教育活动培养社会个体的具体行为。尽管在一定程度上说教育对个体而言是一种谋生的手段，但是它对于整个教育事业来说却是社会的重要组成部分。

思考练习题

1. 如何理解教育政策与教育法律？
2. 什么是受教育权？什么是教育权？如何理解？
3. 简述教育政策与法律的基本原则。

第二章 教育法律关系

一、教育法律关系的定义及内涵

（一）教育法律关系的定义

教育法律关系是教育政策与法规研究的一个基本范畴，也是教育政策与法规研究的核心内容之一。要分析教育法律关系，必须要事先分析教育关系和法律关系。教育关系是围绕教育活动所发生的一切关系的总和，它是社会关系大系统中的一个子系统。基于教育的本质特征，教育关系在本质上是对社会关系的一种投射，它需要反映经济社会文化等诸种关系。法律关系是指法律在调整人们行为的过程中所形成的特殊的权利和义务关系，它是以法律为前提而产生的社会关系，没有法律的规定就不可能形成相应的法律关系。一般而言，当一种社会关系被法律规范加以调整时，这种社会关系就会被称为法律关系。教育法律关系有狭义和广义之分。狭义的教育法律关系就是教师与学生在教育教学活动过程当中，因某一方利益受到侵犯，所引发的权利与义务之争的民事性教育法律关系。广义的教育法律关系是指根据教育法律法规而产生，以在教育活动过程当中各方主体的教育权利与义务为内容的社会关系，包括国家教育行政法律关系、学校教育管理法律关系和民事性教育法律关系等方面的内容。

（二）教育法律关系的内涵

基于对教育法律关系的定义，教育法律关系具有以下几个方面的内涵：

首先，教育法律关系是以教育法律规范为前提而形成的一种特殊社会关系。教育法律关系的存在与发展以教育法律规范的形成与完善为前提。没有教育法律法规的存在，就难以把握教育法律关系。如在没有制定《中华人民共和国教育法》之前，师生之间的关系更多的强调传统的尊师重教伦理理念，并没有上升到法律层面，而当《中华人民共和国教育法》颁布实施之后，师生关系除了传统的伦理关系之外，还有一层特别重要的法律关系。

其次，教育法律关系是以相应主体的权利和义务为核心所形成的一种社会关系。在教育法律关系当中，教育法律关系的主体与客体既是权利的享有者，也是义务的履行者。只有明确各主体之间的权利和义务，才能厘清各教育主体之间所发生的教育法律纠纷。

最后，教育法律关系的存在与发展是以国家的强制力为后盾的。教育法律关系使得教育法律关系各主体与客体之间有了明确的法律依据，明确自己在权利范围之内能够做什么和必须做什么，不应该做什么和禁止做什么。当教育法律关系主体发生法律纠纷时，国家的强制力能够保证各主体之间的权利和义务得到平衡。

二、教育法律关系的构成要素

法律关系的构成要素是指法律关系成立的必备条件，它是形成法律关系不可缺少的部分，因为法律关系不是空洞的社会关系，包括“谁”“因为什么”“对象”产生了怎样的法律上的权利和义务。其中，“谁”是法律关系的主体，“对象”是该法律关系的客体，“权利义务”是法律关系的具体内容。任何法律关系都是由必要的因素所构成的，缺少其中之一，该法律关系就不能构成。教育法律关系构成要素包括主体、客体和内容三个方面，这三个方面相互联系，相互作用。

（一）教育法律关系的主体

1. 权利能力、行为能力和责任能力

教育法律关系的主体是指教育法律关系的参加者，即在教育法律关系中享有权利和承担义务的组织和个人。教育法律关系主体是教育法律关系的构成要素之一。没有享有教育权利和承担教育义务的主体参加，教育法律关系就不复存在。

教育法律关系的综合性决定了教育法律关系主体的多样性。教育法律关系主体包括：国家、社会、教育行政机关及其工作人员、学校以及其他教育机构、学生及其家长、企业单位和组织和社会团体等等。概括起来主要有三种：第一种是教育者；第二种是教育机构与组织；第三种是受教育者。无论是公民还是社会组织，要想成为教育法律关系的主体，即作为权利享有和义务承担的主体，必须具有权利能力和行为能力以及责任能力。

权利能力是指法律关系的参与者依法享有权利和承担义务的能力或资格。《中华人民共和国教育法》明确规定，中华人民共和国公民有受教育的权利和义务。这一规定表明凡是中华人民共和国公民都具备享有该权利和承担该义务的资格，无论其年龄、身份状况和财产状况。公民的权利能力分为一般权利能力和特殊权利能力两种。一般权利能力是指公民从出生到死亡都享有的权利，即作为一个公民所具有的资格；特殊权利能力是指在特定条件下才享有的权利能力，它一般都会受法定年龄和政治条件等的限制，如被剥夺政治权利的人就不具有相应的权利能力。对于一个法人组织而言，其权利能力始于该组织成立，结束于它的解散和撤销，且其权利能力的内容与范围也是由法律加以规定的。

行为能力是指法律关系的主体以自己的行为，按照法律规定依法行使权利并应承担义务的能力或资格。一定的权利能力是一定行为能力的前提。《中华人民共和国民法典》把民事行为能力分为三大类型：无民事行为能力、限制民事行为能力、完全民事行为能力。自然人的行为能力是根据其年龄和认知状态来进行划分的。《中华人民共和国民法典》第二十条规定“不满八周岁的未成年人为无民事行为能力人”，第二十一条规定“不能辨认自己行为的成年人为无民事行为能力人”。无民事行为能力人由其法定代理人代理实施民事法律行为。《中华人民共和国民法典》第十七条规定“十八周岁以上的自然人为成年人”，第十八条规定“成年人为完全民事行为能力人，可以独立实施民事法律行为。十六周岁以上的未成年人，以自己的劳

动收入作为主要生活来源的，视为完全民事行为能力人”。八岁以上十八周岁以下的未成年人为限制民事行为能力人。《中华人民共和国民法典》第十九条明确规定：“八周岁以上的未成年人为限制民事行为能力人，实施民事法律行为由其法定代理人代理或者经其法定代理人同意、追认；但是可以独立实施纯获利益的民事法律行为或者与其年龄、智力相适应的民事法律行为。”无民事行为能力当事人既不能辨认本人行为，也丧失了本人相应的行为能力，也不能对本人相应行为负责。有民事行为能力的当事人能够理解民事行为的实质，能够正确做出真实意思的表达，能对自己的合法与非法行为负责。行为能力的评定要根据医学条件和法学条件来进行。医学条件是确定该公民是不是精神病患者，法学条件是判定其认知、智力状态。在具体判定某个公民的行为能力时，可以以当事人能否行使民事权利和承担民事义务，能否理解事件的性质以及事件的影响与后果，是否具有保护自己利益的能力，能否对该事件做出正确的、主客观一致的表达等几个方面作为评判依据。

责任能力是指行为人能够了解自己行为的性质、意义和后果，并能够自觉地控制自己的行为和对自己行为负责任的能力。公民的责任能力与他的行为能力基本上是一致的。因为无论公民的行为能力还是责任能力，都是以公民能够辨认自己行为的后果和能理智控制自己的行为为前提，只要具备这个前提，其就可以独立地、有效地进行民事法律行为活动，对自己的一切行为承担法律责任。从某种程度上来说，行为能力与责任能力是一个问题的两个方面，二者紧密联系在一起。责任能力按其程度，可以分为无责任能力和限制责任能力。所谓无责任能力是指责任能力欠缺的情况，限制责任能力是指责任能力减低的情况。具有完全行为能力的人对自己因侵权行为所造成的损害承担一切民事责任；无民事行为能力的人对其他主体所造成的损害由其监护人承担民事法律责任；限制行为能力的人可以进行一些与其年龄相当或者与其精神状态相适应的民事活动，但是由于他们没有民事责任能力，对其他主体造成损害的，由其监护人承担民事责任；已满 16 周岁且以自己的劳动收入为主要生活来源的未成年人，视为具有完全民事行为能力人，这一类人对自己因侵权所造成的损害，承担一切民事责任。对于法人组织而言，其民事责任能力从成立之时起，到解散为止，对其所造成的一切损害承担民事责任。

2. 教育法律关系主体的内容

（1）学生等受教育者个体。在整个教育活动过程当中，学生等受教育者个体都是教育法律关系的重要主体之一。受教育者是权利与义务的主体。学生是所有教育活动的核心和出发点，自然也是整个教育法律关系的核心。

（2）教师等教育者。在教育法律关系当中，广义上的教育者一般是指从事教育教学活动的人，狭义上的教育者就是指教师。教师作为教育活动的主要参与者、实施者和执行者，在整个教育活动过程当中，是教育法律关系最直接的体现者。《中华人民共和国教师法》第十条明确规定：“国家实行教师资格制度。中国公民凡遵守宪法和法律，热爱教育事业，具有良好的思想品德，具备本法规定的学历或者国家教师资格考试合格，有教育教学能力，经认定合格的，可以取得教师资格。”在整个教育法律关系当中，教师起着一种非常重要的纽带作用。

（3）教育机构与社会组织。教育机构与社会组织是整个教育活动的主要组织者与参与者，是受教育者接受教育的主要场所，它主要包括两个方面的主体：第一方面主体是国家教育行政部门，包括教育部、各级教育厅、教育局以及其他教育管理机构；另一方面主体是学校及相应的社会组织。这一类主体参与教育法律关系非常广泛，无论是在教育行政法律关系当中，还是在教育民事法律关系当中，他们都可以依法成为教育法律关系的主体。与此同时，这些组织和机构必须具有国家授权的法律地位，才能确保其承担教育活动的合法性。

（4）家庭及其他公民个体。教育是全社会共同参与的事业，它既有国家、政府和学校的举办行为和办学行为，也需要社会组织的广泛参与和配合，更需要家庭和公民个人的积极配合与支持。家庭、社会和学校共同发力才能为教育的发展创造良好的生机与活力。家庭作为家庭教育的主要场所，既是学生人生成长和发展的第一所学校，也是学校教育的有益补充。国民教育需要国家教育、社会教育和家庭教育三大支柱来共同支撑。家庭需要充分参与到整个教育事业当中来。2021 年 10 月 23 日颁布的《中华人民共和国家庭教育促进法》明确规定了家庭在教育未成年子女中的重要职责与意义。未成年人的健康成长、道德品质、身体素质、生活技能、文化修养以及行为习惯等方面需要发挥家庭的作用。家庭除了对未成年子女进行家庭教育之外，还对国家教育、学校教育等一系列教育活动进行监督，参与学校活动的各个方面。

（二）教育法律关系的客体

在法律关系当中既然存在法律关系的主体，那势必会衍生出法律关系的客体。教育法律关系的客体是指教育权利和义务所共同指向的对象，它是教育权利义务的客观具体表现形式。教育法律关系客体与教育法律关系主体相辅相成，不可分割，二者只有相互作用才能促进教育法律关系的形成与发展。教育法律关系具有客观实在性和需求性等特征。教育法律关系的客观实在性主要是指教育法律关系的客体必须是看得见、摸得着，客观存在于自然界当中的；教育法律的需求性是指教育法律关系客体必须满足教育法律关系主体的内在需求。法律关系的客体一般包括物、行为、精神产品等内容。

1. 物

物是指能为人所控制、具有经济价值，可以成为财产权利对象的有形财产和其他物质财富。物包括动产和不动产。动产主要是指学校的各种教育教学设备、仪器以及教学上的各类资金。当前我国的学校办学经费来源以国家财政拨款为主，社会组织资助为辅，且国家明确规定，任何组织和个人不得采取非法手段窃取和盗用教育经费，这使得教育法律关系中的教育财产得到法律上的保护。不动产主要是指学校所占的土地、校舍场所、实验室、教学楼、办公楼等固定性教育教学设施，它们是学校正常开展教育教学活动的基础。

2. 行为

行为是指教育法律关系主体所表现出来的各种活动，是教育法律关系主体实现权利和义务的作为与不作为。行为是教育法律关系客体中最重要、最复杂的内容，它包括行政行为、管理行为以及一般的民事行为。行政行为是指各级各类教育行政机关为实现党和国家的教育大政方针，实现对教育事业的管理，根据有关教育法律法规进行具体的行政职能的活动而产生的行为。如教育行政部门根据教育法律法规，批准某一学校进行注册办学、对违反《中华人民共和国教师法》相应行为的教师进行停职处分等等，都是教育行政行为的外在表现。管理行为是指学校及其教育管理机构为完成日常的教育教学与管理任务，依据法律法规、规章制度进行自主管理的一系列行为。学校及其教育管理部门不仅是教育活动的直接管理部门，也是教育教学最重要的环节，如学校制定办学规章、教研制度、教师日常管理制度、奖励与处罚制度等等。

3. 精神产品

精神产品又叫作智力成果，它是指教育活动主体在教育教学活动过程当中所创造的劳动成果，它是一种非物质劳动成果，是人类脑力劳动的精神结晶，其主要表现为固定在物化形式上的精神产品，如书籍、文献、设计等，也有体现在物质产品的外形上的精神产品，如工艺美术品、建筑艺术等，还包括教师与学生所申报的课题、发表的各种文章，申请的各种专利等等。精神产品是广大师生头脑中的产物，是基于智力劳动所获取的。

4. 人身利益

人身利益是指权利主体因享有人身权而得到的心理和生理上一切从事民事活动等方面不可缺少的切身利益，它一般与直接财产无关，但是却与主体人身不可分离。人身利益主要体现为两种形式：一种形式是主体的人格利益，涉及人的生命、健康、肖像、姓名和名称等；另一种形式是主体的身份利益，主要涉及主体的荣誉和职称等。基于主体的人身利益，法律规定了权利主体享有生命健康权、姓名权、肖像权、名誉权、荣誉权等身份权，它对权利主体起着重要作用。

（三）教育法律关系的内容

教育法律关系是一种以权利和义务为主要内容的社会关系，这种权利与义务内容是教育法律所调整的社会关系在法律上的最直接表现。任何教育法律关系的主体参加教育法律关系，都既要享有其中的权利，又要履行其所应尽的义务。因此，教育法律关系内容是指由法律确认并保证其实现的教育法律关系主体所享有的教育权利和履行的教育义务。换言之，教育法律关系的内容就是教育权利和教育义务。

1. 教育权利

教育权利是指在教育活动过程当中，教育法律关系主体依法所享有的某种权利。在不同的教育法律关系当中，不同的主体所享有的权利也是不一样的。教育行政机关享有国家教育行政权，它对全国的教育机构具有教育决策权，对其进行教育管理和监督。学校及其他教育机构拥有办学自主权。学校及其他教育机构作为教育法律关系的主体，在教育法律关系当中享有教育法规定的办学自主权，在国家教育计划指导下，按照学校章程进行管理办学，实施教学监督与评价，自主管理办公经费，等等。学生作为受教育者享有受教育权，包括公平接受教育的权利、获得公正评价的权利、教育资源的使用权利、获得毕业证书和学位证书的权利。此外学生还享有当其自身权利受到侵害时的申诉和控告权利。

2. 教育义务

教育义务是指教育法律关系主体在教育活动过程当中依法履行的相应法律义务。这种义务必须是教育法律法规所明确规定的，对于没有规定或者超出法律规定范围的，教育法律关系的主体可以拒绝履行，但是，对于法律明确规定的义务，法律关系的主体必须履行，否则就需要承担一定的法律责任。教育义务是与教育权利相对应的一个基本概念。任何权利主体的权利享有和行使，必须由相应的义务主体的履行而予以实现。权利更多的强调权利主体拥有行为的选择权，义务是指人们在享有某种权利的同时要承担的一定社会责任。教育权利和教育义务是相互依存、密不可分的，二者不可分割。

学校及教育管理机构的义务：遵守教育法律法规，贯彻党和国家的教育方针，切实保障教育活动正常开展，维护学校及受教育者的合法权益，等等。教师等教育者的义务有：遵守国家的法律法规，恪守教师职业道德和职业修养，按时完成教育教学任务，关爱学生，等等。学生等受教育者的义务有：遵守国家的法律法规，遵守校纪校规，按时完成学业任务，尊敬师长，养成良好的思想品德和行为习惯，等等。

三、教育法律关系的类型

基于不同的分类标准，教育法律关系可以分为不同的类型。根据当前我国教育法律实践，从教育法律关系主体之间的关系来划分，教育法律关系主要分为平权型教育法律关系（教育民事法律关系）和隶权型教育法律关系（教育行政法律关系）。当然，教育法律关系还包括教育刑事法律关系。

（一）教育民事法律关系

民事法律关系也被称为私法关系，它是指由民事法律所调整而形成的平等主体之间的人身关系与财产关系。首先，民事法律关系是一种人与人之间的关系。在社会生活中有各种不同的社会关系，但并非所有社会关系都受法律调整，如道德关系等一般都是由其他社会规范来调整。经由民事法律调整后，在不同主体之间形成一定的权利义务关系才是民事法律关系如物权关系、债权关系、人身权关系等。其次，平等主体之间的财产关系也是民事法律关系的重要内容。人与财产关系是人类社会发展永恒的主题。财产关系是指人和社会之间的一种物质利益关系，是人们在物质资料生产、分配、交换和消费过程中所发生的经济关系。民事法律关系中的财产关系说到底就是商品关系。再次，民事法律关系是平等主体之间的社会关系。民事法律关系只发生在平等主体的公民与法人之间，主体间的法律地位平等是民事法律关系区别于其他法律关系的显著标志。在民事法律活动中，各主体之间的权利、义务和法律地位都是平等的。最后，民事法律关系是权利义务具有对等性且由国家强制力保障实现的一种社会关系。在民事法律关系中，权利和义务是对等的。享有权利就意味着必须要履行义务，承担义务就意味着可以享有相应的权利。没有无义务的权利，也没有无权利的义务。民事法律关系中所确立的民事权利和民事义务受国家的保护和约束，由国家强制力保证其实现。

基于民事法律关系的概念，教育民事法律关系是指在整个教育活动过程中，教育法律关系主体之间在平等基础上所发生的人身关系和财产关系。教育活动是一项复杂的社会活动，它涉及社会各个主体，也涉及不同的社会领域，既涉及学校、家庭、社会组织和个人等主体，也涉及国家、学校等固定资产、场所以及相应的财产，而这些教育活动都是民事法律关系所调整的范围，它理应由民事法律所调整与规范。可以说，与教育法律关系主体相关的人身权益以及财产相关的教育关系都是教育民事法律关系所规范和调整的范围。此外，教育民事法律关系在一定程度上体现等价有偿原则，即教育法律关系主体在教育活动过程中要按照价值规律的等价交换原则来进行活动，即一方取得利益要以付出代价为条件，而这种代价与其所得在价值总量上要基本相当。这恰恰也符合《中华人民共和国民法典》中民事活动要遵循等价有偿原则的规定，如教育活动中的合同与学校安全事故赔偿等。

（二）教育行政法律关系

行政法律关系是行政主体行使行政职权过程中与其他主体之间所形成的，并受行政法调整和约束的各种权利义务关系，它既包括在行政活动过程中所形成的行政主体与相对人之间的行政法上的权利义务关系，也包括因行政活动而产生的监督或救济关系。行政法律关系具有以下几个方面的特点：首先，行政法律关系的主体具有恒定性和不可转化性。在行政法律关系中，行政主体与行政相对人之间必须有一方是行政主体，不以行政主体为一方当事人的法律关系不是行政法律关系，而且行政主体与行政相对人之间的地位和位置不能互换。其次，行政法律关系主体身份具有多重性。在行政法律关系中，行政主体一般会以多种身份出现，它不仅包括法定的行政机关，而且还包括法律法规授权的组织。行政法律关系主体在不同法律关系中以不同身份出现，既包括权力行使者、服务提供者，也包括义务的履行者和受监督者。再次，行政法律关系中行政主体具有主导性。在整个行政法律关系中，基于其职能的考虑，行政主体始终处于主导地位，这与民事法律关系中民事主体之间的平等、等价、有偿、协商等关系不同。一般情况下，行政主体享有行政特权，可以对相对人采取直接的强制手段，实施单方面行政行为，要求行政相对人遵守和配合，无须征得相对人的同意。最后，行政法律关系权力处分的有限性。在行政法律关系中，行政主体行使的是国家行政权力，易滥用，易对私权利造成损害，因此需要受到法律的明确规定与约束。行政法律关系中行政主体的权力是法定的，必须要坚持“法无授权即禁止”的原则，要遵循国家依法行政原则，不能随意处置法律权力，更不能滥用或随意转让。与此同时，行政相对人对行政主体的监督权也不能随意处分，双方都需要受到法律的限制与约束。

教育行政法律关系是指国家教育行政机关以及教育法律授权的组织在行使其教育职权时与其他主体之间所形成的各种教育关系，它反映的是国家与教育之间的纵向关系，实质是国家如何领导、组织和管理教育活动。教育行政法律关系具有以下几个特点：第一，教育行政法律关系各主体之间地位不平等。教育行政法律关系是一种纵向的隶属关系，即教育行政机关中的上级与下级在法律地位上有管理与被管理、命令与服从、监督与被监督等方面的区别。教育行政法律关系与我国教育行政管理体制有着十分密切的联系。第二，教育行政法律关系的内容由教育行政机关单方面决定，教育行政管理相对人只能服从。在一定程度上，教育行政机关所做出的决定都是抽象行政行为，对于教育行政管理相对人来说，只有去遵守和执行，即使出现损害相对人权益的情况，也只能通过事后的救济措施来进行补偿。第三，教育行政法律关系是基于教育行政机关行使其行政权力而产生的。在教育行政法律关系中，教育行政法律关系主体之间是一种对立的状态，即权力与权利之间的对抗，行使权力必须要限制权利，要保障和实现权利必须要遏制权力。权力容易侵害权利。最后，教育行政法律关系主体之间的权利与义务具有强制性，既不能随意地更改和转让，也不能任意地放弃。国家通过颁布实施教育法律法规、政策以及对各级各类学校组织进行评估、督导等措施来指导教育改革与发展，教师在党和国家的教育方针政策以及学校章程的指导下实施教育教学。在这些教育法律关系中，教育行政机关通过单方面意思要求教育管理相对人绝对服从。

（三）教育刑事法律关系

教育刑事法律关系是指刑事法律规范所调整的因教育活动主体犯罪行为所引起的控罪主体与犯罪主体之间的一种特殊社会关系，即刑法上的权利义务关系。教育刑事法律关系是一种以刑事实体性权利义务关系为主要特征的法律关系。它是刑事法律所调整的国家与教育活动主体之间的一种社会关系，权利和义务的主体一方是以公安机关、检察机关和司法机关为代表的国家，另一方是触犯了刑事法律或为刑事侵害行为所侵害或依法参加刑事诉讼活动的公民。教育刑事法的关系是指具有犯罪行为的教育活动主体与国家司法机关之间因犯罪事实而产生的，由刑事法律规范调整的一种特殊社会关系。此外，教育刑事法律关系主体具有不可变更性。追究犯罪人承担刑事责任的权力归于国家检察机关，其他任何组织、机关和个人都无此权力。教育刑事法律关系也是以国家强制力保障实施的。虽然任何法律关系都是依据相应的法律规范而产生和实现的，也都需要国家强制力保障实现，但教育刑事法律关系是直接以国家强制力予以实现，只要行为人实施了犯罪行为，刑事法律关系就必然产生，不管犯罪人是否愿意，都不能改变其犯罪客观事实。而作为控罪主体，只要未超过追诉时效、未发生其他法定事由，检察机关必须依法追究犯罪人的刑事责任，不可以随意变更、解除，否则就是一种渎职行为。

四、教育法律关系的产生、变更与消灭

（一）教育法律关系产生、变更和消灭的含义

教育法律关系的产生是指教育法律关系主体之间形成了一定的权利义务关系。如果教育法律关系主体没有形成相应的权利义务关系，那么就说明主体之间没有产生教育法律关系。如某一位适龄儿童达到了义务教育法规的法定入学年龄进入某一所学校接受教育，那么该适龄儿童与该学校之间就产生了一定的教育权利义务关系，适龄儿童享有受教育权，学校有施教义务及管理义务、保护义务等。

教育法律关系的变更是指教育法律关系构成要素发生改变，教育主体、教育客体、教育内容的变更都会导致教育法律关系的变更。如一名学生通过普通高等学校招生全国统一考试考入某一所大学，在大学入学四年，他与该学校之间就形成教育法律关系，但是当学校授予其毕业证、学位证，办理离校手续后，其与学校之间的关系就不再属于原有的教育法律关系，学校也无需向其履行相应的安全保护、教育等义务。

教育法律关系的消灭是指教育法律关系主体之间的权利义务的终止，一般是由某种特定的法律事实而引发的。如某一位教师因人事调动，他与原有学校之间的权利义务关系也就随即不复存在；或学校与某一社会组织签订合作合同，随着合同的到期，原有的合同也就随之结束；等等。

（二）教育法律关系产生、变更和消灭的条件

众所周知，教育法律关系的产生、变更和消灭是一定的条件或客观情况所引起的，这些条件或客观情况被称为法律事实，它是教育法律关系产生、变更和消灭的根据。

法律事实依据是否以法律关系主体的意志为转移，可以分为法律事件和法律行为。法律事件是不以教育法律关系主体的意志为转移的客观现象，如年满六周岁的适龄儿童可以进入学校接受义务教育，这个年满六周岁的法律规定是一个既定的法律事实，不以任何人的意志为转移。法律行为是指以法律关系主体的意志为转移的法律事实。根据其与法律规范的要求是否一致可以将其分为合法行为与违法行为。合法行为是指与国家法律规范要求相一致的行为，受国家法律保护和提倡的行为。如某教师应聘到某一所学校，学校与该教师签订聘任合同，那么该教师与学校之间便发生了一定的教育法律关系。违法行为是指与国家法律规范要求不一致的行为，如某教师因学术不端、剽窃他人学术成果被学校开除，导致该教师与学校之间的教育法律关系消灭。

五、教育法律关系主体之间的法律关系

在教育活动中，有各种类型的教育主体参与，不同主体在参与教育法律关系过程中，基于其身份和地位的不同，相互之间也会产生不同的教育法律关系。本书主要介绍教育法律关系三大主体：学校、教师和学生之间的法律关系。

（一）学校与学生之间的法律关系

学校作为教育活动的主要载体，学生作为教育活动的主体，二者之间有着十分丰富的关系，不同类型和级别的学校与学生之间的关系不尽相同。基于学术界当前的研究，有以下几种观点：

1. 特别权力关系说

在行政法学上，特别权力关系是相对于一般权力关系而言的，它是基于公法上的特别原因和特定目的，在必要的限度内，以一方支配相对方，相对方服从为主要内容的一种关系。这种法律关系仅限于公办学校与学生之间，民办学校不存在特别权力关系的说法。特别权力关系理论认为，学校与学生的关系是学校行使强有力的公权力与学生之间产生的关系，出于学校内部管理和教育的需要，学校有权自行制定规章制度，行使教育惩戒权，对学生采取惩戒处分之类的教育措施，具有相当范围的自由裁量权，学校行使权力时学生必须要服从。当然，传统的教育领域特别权力关系说忽略了对学校公权力的限制，也无视学生权利受侵害以及权利救济，与现代教育法治理念是相背而行的。在依法治教的当下，尤其是随着人权理念的深入发展，特别权力关系理论需要补充现代法治理念才能适应教育实践的需求。

2. 教育契约关系说

这种理论认为，在现代社会，学校与学生之间的关系不再是公法意义上的特别权力关系，而是一种民法意义上的教育契约关系。学校与学生的关系建立是基于国家宪法原理，学校教

育的目的主要是保障适龄儿童学习权利的充分实现，而非施教者支配权能的实现。无论是公办学校还是民办学校，它们与学生之间是基于学生或监护人的基本合意而形成的教育自治关系，是一种教育契约关系。学生进入学校接受教育，学生与学校之间是基于契约合同而形成的教育法律关系，其根本依据就是学生所缴纳的相关教育费用。

3. 委托监护说

这种理论主要是针对未成年学生。监护原本是父母对未成年子女人身、财产以及其他合法权益进行监督与保护的一种民事法律制度，应用到教育领域中就是父母不可能时时刻刻对未成年人进行监督，因此当未成年子女进入学校进行教育时，父母就变相地通过委托的方式将监护权进行了转移，由学校代理家长行使监护权，通过监护人与受托人之间达成明示或默示的代为履行监护职责的合意来实现。委托监护不仅使学校与监护人之间形成一种委托合同关系，而且受委托人与被监护人之间也形成了一种特殊的关系，这种特殊关系使得受托人获得了对被监护人一定程度上的控制能力。在教育实践过程中，学校也的确在承担和履行这一职能和义务，代理家长管理和教育未成年受教育者。

（二）教师与学生之间的法律关系

教师和学生是教育法律关系的两大核心主体。二者之间的法律关系主要有平等的教育民事法律关系和不平等的教育行政法律关系。

1. 平等的教育民事法律关系

现代教育学普遍认为，教育活动是一个由教师的教和学生的学所组成的互动合作过程。在教育活动过程中，人们提倡平等、民主，尊重和保护学生的权利，使学生和其他社会成员一样享有独立的人格；在师生交往过程中，要培养一种民主、平等的教育氛围，形成尊师爱生的师生关系。教师在教育教学过程中，要充分尊重学生的主体、独立地位，尊重和保护学生的主体意识与个性需要；在日常学生管理过程中，教师要尊重学生的权利，对学生实行纪律约束与自我管理相结合的管理方式。总之，无论是从教育学角度还是从教育法角度，教师与学生之间都存在着相互尊重、相互合作、相互配合、相互监督以及相互制约的关系，具有典型的教育民事法律关系特点。

2. 不平等的教育行政法律关系

根据《中华人民共和国教育法》《中华人民共和国教师法》等教育法律、法规的规定，教师是履行教育教学职责的专业人员，承担教书育人、培养社会主义事业建设者与接班人、提高民族素质的使命。教师主要拥有教学和管理学生的权力，其实质是教师代表国家或学校履行对学生的教育教学与管理工作。在教育管理过程中，教师处于管理者的地位，在教育法律法规规定的权限范围内，有权根据教育规律和学生身心发展因材施教，有针对性地对学生进行指导，对学生进行客观公正评价，对做出不良或违纪行为的学生进行批评与教育。而处于被管理者地位的学生，有义务参加教师按照教育教学计划安排的各项教育活动，服从教师的管理与指导，遵守学校的规章制度，努力学习，完成各种学习任务。这种管理与被管理的关系具有典型的教育行政法律关系特点。

（三）学校与教师之间的法律关系

在教育实践过程中，学校与教师之间的法律关系主要体现在两个方面：一方面是任命制下的教育行政法律关系，另一方面是聘任制下的教育民事法律关系。

1. 教育行政法律关系

任命制是与我国计划经济体制相适应的，是我国一段时期内实行的教育人事制度，其基本特征为：学校（主要是公办学校）作为教育行政机关的附属物，执行国家教育行政指令，教师以国家干部身份来对待，教师岗位安排是按照计划调配的方式来进行，学校和教师双方的权利、义务与责任均由法律事先设定，双方没有自由选择的余地，二者在法律地位上是不平等的，学校以教育行政机关的名义和身份行使教育行政管理权，处于领导与管理者地位，而教师处于行政管理相对人的地位，要服务学校的各项管理工作与决定。《中华人民共和国教师法》第五条第三款规定，学校和其他的教育机构根据国家规定，自主进行管理工作。尽管学校并非教育行政机关，但是受国家法律授权或教育行政部门委托，学校拥有一系列的教育行政管理权力，代表国家、教育行政部门对教师进行管理，教师有义务服从学校的命令与管理。

2. 教育民事法律关系

随着市场经济的发展，教育领域逐渐引入了市场经济的一些基本理念，产生了教师聘任制。教师聘任制是指聘任双方在自愿、平等的基础上，由学校（代理国家、政府或教育行政部门）根据教育教学需要，设置相应的工作岗位，聘请有教师资格的公民担任相应教师职务的一项任用制度。《中华人民共和国教育法》第三十五条中规定，国家实行教师聘任制度。《中华人民共和国教师法》第十七条规定，学校和其他教育机构应当逐步实行教师聘任制。教师的聘任应当遵循双方地位平等的原则，由学校和教师签订聘任合同，明确规定双方的权利、义务和责任。教师聘任制度作为学校管理教师的一项重要制度，是教师与学校之间基于意见一致或相互同意而成立的平等自愿、双向选择的法律关系，将学校与教师的权利、义务和责任以合同的方式明确规定下来，有利于充分发挥教师的积极性和主动性，更好地保护教师权益和推进依法治教。

除此之外，在教育活动过程中还有教育行政机关与教师、教育行政机关与学校以及教育行政机关与学生之间的法律关系，这些关系都在一定程度上影响和制约着相关教育法律关系主体的权益。

思考练习题

1. 什么是教育法律关系？如何理解？
2. 教育法律关系的基本要素有哪些？
3. 结合我国教育法律实践，分析我国教育法律关系的类型。

第三章 学校法律制度

一、学校的法律地位

（一）学校的定义

对于学校，不同的学者站在不同的学科立场有着不一样的理解。从教育学这一学科层面来看，学校是有目的、有计划地对学生进行教育教学的重要场所，它是教育活动的主要载体，基本上日常所见到的各种教育活动都是在学校发生和完成的；从社会学这一学科层面来看，学校是人们日常生活中最常见、最普遍的一种社会组织，它是从事国家公共教育活动的事业单位；从法学这一学科层面来看，学校是教育法律法规所调整的对象，是经由教育主管部门、机关批准设立和登记注册的教育机构，是享有一定权利并承担相应义务的社会组织。

自近代以来，教育在个人生存与发展、民族和国家的繁荣昌盛中越来越凸显出其重要价值。现代教育活动的复杂化与有序化对学校及其他教育机构工作规范化、制度化发展提出了更高的要求。学校及其他教育机构必须要依准于法，体现党和国家的意志，学校的运行与发展必须要遵循一定的行为方式与程序，只有这样才能保证学校教育目标的实现、保持教育活动的稳定性与连续性。

因此，从教育法律层面来看，学校是指在学制系统内专门进行教育教学的组织机构，它是依法成立，拥有固定的场所和设备，有稳定的师资和经费来源，对内能够对教师学生进行管理，对外以独立方式参加各种社会活动并承担相应法律责任的法人组织。

（二）学校的基本特征

学校作为一种组织，与其他社会组织存在着根本性区别，尤其是企业组织。学校（主要是指公办学校）作为事业单位组织，在设置目的、经费来源以及管理手段等方面与企业组织存在差异。国家设立学校及其他教育机构的根本目的是培养德、智、体、美、劳全面发展的社会主义事业建设者与接班人，提高全民族素质，而企业组织是以营利为目的的生产与经营单位，追求最大利润是其发展的根本目标与动力；学校的经费来源主要是国家对教育事业的财政拨款，主要用于学校的公益性支出，而企业组织是通过直接从事经济活动投资与贷款筹资来获得经济来源；国家对学校的管理手段主要是从学校活动的本质出发，遵循教育办学规律，给予学校办学自主权，让学校在法律规定的范围内自主管理，而企业是通过授权其经营管理者，遵循市场经济规律，通过市场来进行调节与规范管理，拥有自主经营权。

除此之外，学校作为国家举办的教育组织，其还具有一些特征。

首先，学校具有典型的公益性。基于我国教育事业的性质，公益性是学校及其他教育机构有别于其他社会组织的根本性特征。教育关乎国计民生，教育事业的发展需要全社会共同努力才能完成，发展教育事业是全社会的共同责任，办学主体理应都具有公共性，不应以营利为目的，举办学校不得损害国家、人民和社会利益。《中华人民共和国教育法》第八条明确规定："教育活动必须符合国家和社会公共利益。"2018 年修正的《中华人民共和国民办教育促进法》第三条中规定："民办教育事业属于公益性事业，是社会主义教育事业的组成部分。国家对民办教育实施积极鼓励、大力支持、正确引导、依法管理的方针。"2021 年修订实施的《中华人民共和国民办教育促进法实施条例》第四条第一款明确规定："民办学校应当坚持中国共产党的领导，坚持社会主义办学方向，坚持教育公益性，对受教育者加强社会主义核心价值观教育，落实立德树人根本任务。"

其次，学校办学与宗教相分离。《中华人民共和国教育法》第八条中明确规定，国家实行教育与宗教相分离。任何组织和个人不得利用宗教进行妨碍国家教育制度的活动。尽管我国宪法规定公民有宗教信仰的权利与自由，国家保护正常的宗教活动，但是禁止任何人利用宗教进行破坏社会秩序、损害公民身心健康、妨碍国家教育制度的活动。学校办学与宗教相分离是体现教育公益性的重要表征，它在一定程度上排除宗教对学校办学活动的非法干预与渗透，维护学校正常办学秩序，保护学生身心健康。

再次，学校的公共性。学校作为一种依法成立的教育组织，面向全社会开放，无论是国家举办的学校还是其他社会组织举办的学校，都是如此。国家鼓励社会组织团体和个人举办学校，发展教育事业。学校举办者通过举办教育，为国家、民族、社会以及个人发展做贡献。学校在办学或向社会提供服务时都体现出公平、公开、公正的原则与理念，接受广大受教育者、社会人员以及教育行政机关的监督。《中华人民共和国教育法》第三十条第四、五项规定：学校应当以适当方式为受教育者及其监督人了解受教育者的学业成绩及其他有关情况提供便利，遵照国家有关规定收取费用并公开收费项目。

（三）学校教育制度

学校教育制度又称为学制，它是指一个国家规定的各级各类学校性质、任务、入学年限、修业年限以及它们之间的衔接与关系的总和，它是一个国家教育的主体，在整个国民教育体系中起着十分重要的作用。《中华人民共和国教育法》第十七条明确规定："国家实行学前教育、初等教育、中等教育、高等教育的学校教育制度。国家建立科学的学制系统。学制系统内的学校及其他机构的设置、教育形式、修业年限、招生对象、培养目标等，由国务院或者由国务院授权的教育行政部门规定。"基于此，各级各类学校及其他教育机构的设置要件、审批机构与办法、程序、教育形式的类型及确认、招生的指向与范围、培养目标与教育质量标准等等，只有国务院和由国务院授权的教育行政机关或部门才有权制定，其他任何组织机关和个人均无权制定。

基于我国教育发展的国情，现行学制从纵向层面来看主要包括四个阶段：学前教育、初等教育、中等教育和高等教育。其中，初等教育阶段与初级中等教育阶段统称为义务教育阶段。从横向层面来看，从中等教育阶段开始，基于教育性质与办学目标的差异，我国教育分为普通教育和职业教育两大教育系统。初等教育阶段实施的是普通教育，中等教育阶段及以上实施的既有普通教育也有职业教育。当然，职业教育需要以普通教育为基础。国家通过颁布一系列的教育法律来对不同教育形态进行规范。尽管当前我国学制系统还不尽完善，但是随着教育的改革与发展，未来我国学制将会日趋完善。

（四）学校设立的条件与程序

学校作为实施教育教学的专门组织机构，也是我国事业单位法人，其设立需要具备一定的条件。《中华人民共和国民法典》《中华人民共和国教育法》《中华人民共和国义务教育法》《中华人民共和国高等教育法》等法律法规对学校法人设立都规定了相应的条件，对学校设立的程序进行了相应规定。

1. 学校设立的条件

《中华人民共和国教育法》第三十二条第一款规定："学校及其他教育机构具备法人条件的，自批准设立或登记注册之日起取得法人资格。"学校的法人地位是根据学校及其他教育机构的条件与特点而赋予学校的一种与自然人相似的法律人格，它是一种享有权利和履行义务的主体资格。学校在《中华人民共和国民法典》中被定义为事业单位法人。《中华人民共和国教育法》第二十七条对学校成立规定了基本条件。

（1）必要的组织机构与章程

对于学校及其他教育机构而言，组织机构与章程是其成立的必要前提。学校的举办者申请设立学校的，应当组建一个权责明细、分工明确的管理机构，以保证学校的正常运转。公办中小学的组织机构由校长、副校长、教务主任、总务主任、年级组长、科任教师及其他工作人员组成。而章程是学校根据国家教育法律、法规和教育行政规章所制定的，对学校的办学宗旨、内部管理体制以及学校财产等重大问题做出的规定。它是一所学校的"宪法"，也是建立现代学校制度，加强对学校及其他教育机构监督、管理，保障其自主发展的重要保证。

（2）合格的教师

百年大计，教育为本。教育大计，教师为根。教师对于整个教育事业的发展至关重要。一般来说，学校由管理人员、教师、教学辅助人员等构成，其中教师是学校教育的主要承担者和重要构成部分。在我国，教师承担教书育人，培养社会主义事业建设者和接班人，提高民族素质的使命。基于教师的重要地位和作用，学校教师必须要由具备一定资格，并经由教育行政机构或主管部门认定的人员所构成。教师资格是国家对教师实行的一项法定的职业许可制度，它是国家对准备进入教师行业，从事学校教育教学工作人员的基本要求。申请设立学校及其他教育机构应当要有稳定、可靠的教师来源，通过聘任专、兼职教师，建立一支数量和质量都合格的教师队伍。特别强调的是，学校必须要保证其聘任的教师具有法定的教师资格，取得相应的教师资格证书，不具备相应教师资格的人员，不得从事学校教育教学活动，学校也不得聘请其担任教师职务。

（3）符合国家规定标准的教学场所及设施、设备等

学校教育活动不仅需要大量的人力和财力，也需要物质条件作为保障。学校教育活动离不开固定的教育教学场所和相应的设施、设备，否则一切教育教学活动就无从开展。学校的物质条件就是学校必备的固定资产，它根据学校的不同级类、培养目的以及活动要求而有所差异。我国教育法律、法规明确要求，申请设立学校及其他教育机构，必须要有符合国家规定标准的校舍、场地、教学仪器、教育教学设备、图书资料等物质条件。这些物质条件既有保证学校教育教学正常进行的必要物质标准，也涉及国家对学校安全、卫生等方面的具体要求。学校的教育教学场所及设备等物资条件可以是自有的，也可以通过租赁、借用等方式取得使用权，但必须要符合国家规定的教学要求与标准，且有合法的合同文件。

（4）必备的办学资金和稳定的经费来源

学校一旦经过批准设立，除了有必备的物质条件等硬件设施之外，还必须不断投入资金以保证教育教学的正常运转。因此，必备的办学资金和稳定的经费来源是学校设立与正常运行的必备条件。学校在申请设立之时，根据国家和各级部门的要求，必须要有明确稳定的经费来源说明，提交收支预算。学校举办者必须要保证通过合法渠道筹集到举办学校必备的启动资金和运转资金，而且要保证学校设立后有稳定的经费来源。

以上四个条件是举办学校时必备的一般要件。基于学校的类型与层级类别，学校的成立除了以上四个要件外，还必须符合国家相应的学校及其他教育机构设置标准。我国教育法律法规针对幼儿园、中小学、中等职业技术学校、技工学校、高等学校等分别都制定了相应的标准与要求。

2. 学校设立的程序

《中华人民共和国教育法》第二十八条规定：“学校及其他教育机构的设立、变更和终止，应当按照国家有关规定办理审核、批准、注册或备案手续。”该法律规定将学校办学活动纳入国家正常的教育教学管理秩序当中，使学校的设立、变更、终止等程序上的管理制度，具有了法定效力，从而防止擅自设立、变更和终止学校。《中华人民共和国教育法》的明确规定，也有利于保证学校举办者改善办学条件，引导办学者根据国家教育发展规划办学，进而使学校及其他教育机构布局趋于合理，避免低水平重复建设和教育资源的浪费，也有利于国家及其教育主管部门对学校及其他教育机构的管理监督，维护正常的教育教学秩序，保障受教育者的合法权益，促进整个教育事业的发展。

一般来说，我国中小学校的设立主要通过审批制度来进行，一般包括审核、批准和备案等环节。学校主管机关根据学校设置标准与审批办法，对申请学校的名称、章程、组织机构、经费来源、场所、师资等内容进行审核，决定是否准予其办学。只有通过教育主管机关和部门的批准，如给举办者发批准书或办学许可证，学校举办者的办学行为才是合法的。同理，学校及其他教育机构的变更或终止，也只有通过审批和批准才能有效。我国幼儿园等教育机

构实行登记注册制度。教育主管部门对申请者所提出的举办学校及其他教育机构申请应予以审核，如果没有发现举办者有违背国家教育法律、法规的事项，符合国家办学标准与要求，则必须予以登记注册，保障举办者的办学权利。

（五）学校的法律地位

1. 法人

法人作为民事法律领域中的一个非常重要的法律概念，在教育领域也适用。法人是与公民或自然人相对的另一类民事主体。根据《中华人民共和国民法典》及相关的法律，法人是指具有权利能力和行为能力，能依法独立享有法律权利和承担法律义务的组织。首先，法人是具有权利能力和行为能力的一种社会组织。法人作为一种重要的法律主体，其与自然人的根本区别在于法人是社会组织，它是人的集合体或财产的集合体，而自然人不是。只有具有法律权利能力和行为能力，具备构成法人条件的社会组织才能成为法人。其次，法人是依法独立享有权利和承担义务的社会组织。法人与其他社会组织的重要区别在于是否为完全享有法律权利和承担法律义务的组织，组织上、财产上和责任上均具有独立性是法人具有的重要特征。

2. 学校的法人地位

根据《中华人民共和国教育法》《中华人民共和国民法典》等法律的规定，我国绝大多数学校都具有法人的法律地位。一所学校要成为独立的法人，必须要具备法律所规定的基本条件：首先是依法成立。所有学校法人必须按照国家法律的规定而成立，学校法人设立的目的、宗旨、组织形式以及活动范围等都必须符合《中华人民共和国教育法》的规定，且其必须依照法律规定的程序成立。其次，有必要的财产与经费。学校要进行正常的教育教学及人才培养活动，必须要具有相应的硬件和软件条件，因而经费保障是学校法人进行一切活动的物质基础与承担法律责任的财产保障。再次，拥有自己的名称、场所和组织机构。学校法人的名称是其区别于其他教育组织机构的符号，这是学校能以自己名义进行一切法律活动的重要前提。最后，能够独立承担法律责任。能够独立承担法律责任是学校法人区别于其他教育组织机构的根本。学校法人能够以自己的名义承担法律责任，且是以自己独立的财产来承担相应的法律责任。《中华人民共和国教育法》明确规定，学校及其他教育机构具备法人条件的，自批准设立或登记注册之日起取得法人资格。学校及其他教育机构在民事活动中依法享有民事权利，承担民事义务。学校法人地位的确立，意味着任何组织和个人不得侵犯学校的权利，否则将会受到法律的制裁。

3. 学校的法律地位

法律地位是指相应主体在法律上的地位或定位，即在法律关系中所处的地位，其本质上是一个人格问题或资格问题。基于法律的规定，同一法律主体在不同的法律关系中享有的法律地位也是不同的。在民事法律关系，学校作为普通的民事主体，享有民事法律权利，履行民事法律义务；在行政法律关系中，学校作为教育机构，与教育行政主管部门、学生以及教师之间的关系并不能简单地用民事法律关系来概括，因为不同主体之间既可能涉及管理与被管理的关系，又可能涉及平等的人身、财产关系。因此，学校的法律地位是指学校作为独立法人或者法律主体所拥有的地位，是学校权力和责任的统一体。

从民事法律角度来说，学校是否拥有绝对的法人资格，能否独立地承担民事法律责任，是确定学校民事法律地位的重要依据；从行政法律角度来说，学校是否具备教育行政主体资格，也是确定学校教育行政法律地位的重要参考依据。因此可以说，学校的法律地位直接决定了学校同其他教育法律关系主体之间的法律关系、性质、内容及其法律纠纷的解决途径。学校法律地位具体体现在学校的权利和义务上，主要体现为学校在法律上所享有的权利能力、行为能力和责任能力。

二、学校的权利

学校权利是指《中华人民共和国教育法》规定的学校及其他教育机构所享有的权利，不同于民法和行政法上的权利，它是学校及其他教育机构在法律上所享有的、为实现其办学宗旨、独立自主地进行教育教学管理、实施教育活动的一种资格与能力。学校作为依法成立的实施教育教学的专门组织机构，为完成和实现其基本职能，必须依法享有不同于其他社会组织的特定权利。根据《中华人民共和国教育法》的规定，我国学校及其他教育机构享有以下几个方面的权利。

（一）教育教学权

教育教学是学校的基本活动。因此，组织和实施教育教学活动是学校最基本也是最重要的权利。学校有权根据国家教育法律、法规以及学校的办学宗旨和任务，依据国家教育主管部门的有关教学计划、教学大纲、课程标准等方面的规定，自主组织和实施学校的教育教学活动。教育教学权是学校作为以培养人、教育人为宗旨的法人而被国家教育法律法规明确规定的从事教育教学活动的权利能力，这也是学校及其他教育组织机构区别于其他社会性组织机构的根本标志。

（二）基于章程的自主管理权

学校章程是学校为保证其正常运行，对其内部管理进行规范而制定的基本制度。依据国家教育法律、法规制定学校章程，确立办学宗旨、管理体制以及各项重大事项及其原则，制定具体的学校管理制度和发展规划，自主地做出学校管理决策，建立和完善学校的管理系统，并组织实施学校管理活动，是建立现代学校制度与管理体制的重要前提，学校的主管部门或举办者对学校符合章程规定的管理行为无权干涉。早在20世纪末，教育部颁发的《关于加强教育法制建设的意见》就明确要求，各级各类学校要依据法律、法规的规定，尽快制定、完善学校章程，经主管教育行政部门审核后，学校按照章程依法自主办学。

需要注意的是，学校在制定章程时应注意以下几个方面：首先，学校的章程要与现行的教育法律法规一致，不得违背国家的教育法律法规；其次，学校章程要代表国家教育改革与发展的方向，要为学校的各项教育教学、管理工作提供制度上的保障；再次，学校应在章程的指导下，建立与学校章程相配套的各种规章管理制度，形成一整套学校管理的规范性文件；最后，学校制定的规章制度，用词必须准确，不得产生歧义。

（三）招生权

招生是教育领域当中的一种特殊的教育活动。招生权是学校及其他教育机构所享有的一项基本权利。学校作为教育法律、法规所确认的进行教育活动的法人组织，招生是其组织和实施教育教学活动的一个重要组成部分，是学校及其他教育机构所具有的特殊的法定权利。学校招生必须要符合国家法律法规和政策的相关规定。学校的招生简章与广告内容必须要真实、准确，不得虚假。义务教育阶段学校有权根据国家教育法律、法规的规定以及主管教育部门的招生管理规定，根据其所在学校的办学宗旨、培养目标、任务以及办学条件与能力，制定符合本校实际的招生办法。伴随经济社会以及教育的发展，学校招生权也在逐渐发生改变。在过去，民办学校基于其法律规定的招生自主权，可以自主确定招生范围、标准与方式，有的民办学校盲目扩大范围招生，扰乱了招生秩序，在一定程度上违背了教育公平。2019 年 6 月，中共中央、国务院印发的《关于深化教育教学改革全面提高义务教育质量的意见》针对各地中小学招生入学具体实施规定，明确提出民办义务教育学校招生纳入审批地统一管理，与公办学校同步招生，对报名人数超过招生计划的，实行电脑随机录取。公民同招强调了义务教育公办民办学校一视同仁，平等发展，弱化了家庭的择校动机，使区域教育资源分配更加均衡。

（四）对学生进行学籍管理和奖惩权

学籍管理是学校及其他教育机构针对受教育者的不同层次与类别，制定有关学生入学、报名注册、成绩考核、纪律考勤、留降级、转学与转专业、休学与复学等一系列学生管理办法，并对其实施具体的教育管理活动的总和。学生的奖惩包括奖励和处分两个方面。奖励是指学校及其他教育机构针对受教育者在德、智、体、美、劳等方面的突出表现，给予物质、精神方面的奖励，如给予奖学金和颁发荣誉证书等等；处分是指学校及其他教育机构对违反校纪校规的受教育者给予校内处分，包括警告、严重警告、记过、留校察看、开除学籍等形式。《中华人民共和国义务教育法》第二十七条规定：“对违反学校管理制度的学生，学校应当予以批评教育，不得开除。”在义务教育阶段，留校察看、开除学籍等学籍处分方式并不适用。

学校有权根据教育主管部门的学籍管理规定，针对受教育者的不同层次、类别，制定具体的学籍管理办法，实施学籍管理。学校有权根据国家有关学生奖励、处分的相关规定，结合学校的实际制定具体的学生奖励与处分办法。

（五）颁发证书权

学校依据国家有关学业证书的相关法律规定，根据自己的办学宗旨、培养目标以及教育教学任务要求，对受教育者进行考核，根据其类别颁发相应的结业证书、毕业证书和学位证书。学校是从事教育教学活动的事业单位法人，国家通过法律授权赋予学校对受教育者颁发学业证书、学位证书的权力，这也是学校代理国家行使学位、学历等方面的教育管理职权。学校向受教育者颁发相应的学业证书也是学校自主办学、实施教育教学所享有的必然权利。从受教育者权益保障层面来看，这也是学校应尽的基本义务。学校有权根据国家学业证书管理的相关规定，对经考核合格的受教育者，根据其类别、层次颁发相应的学业证书。学校向受教育者颁发学业证书要遵循公开、公平、公正的原则，接受主管教育机关、受教育者以及社会的监督，以保障受教育者的权益。

（六）聘任和管理教师权，实施奖惩权

学校可以根据学校的人员编制与岗位安排的具体情况，自主决定聘任、解聘相关教师和其他教职工。学校有权制定本校的教师及其他职工的聘任办法，签订和解除聘任合同，在国家法律法规和规章规定的条件下，根据学校聘任管理办法，对教职工进行聘任或解聘。学校还可以根据教职工的工作表现与业绩状况，对教职工进行相应的考核。对那些工作成绩优异的教职工进行奖励，对那些在教育教学与管理工作中出现严重问题与过失的教职工进行相应的处罚。

（七）管理和使用本单位的教育经费与设施权

根据我国教育法等相关法律的规定，学校对其所占有的场地、教室、宿舍、教学仪器设备、办学经费以及其他相关财产，享有财产管理权和使用权，必要时可对其所占用的财产进行处置或获得一定的收益。学校的财产所有权归国家所有，学校拥有一定的使用权和管理权。学校在行使管理和使用经费以及教育设施权时，要遵守国家有关国有资产管理、教育经费投入以及国家财务管理等的相关规定，符合国家和社会的公共利益，有利于学校发展和实现学校的办学宗旨，实现教育资源的有效配置，提高教育资源的利用率，不得侵害举办者、投资者等有关权利人的财产权。

（八）拒绝非法干涉权

非法干涉是指行为人违反国家法律、法规的相关规定，做出不利于学校教育教学活动的一系列行为。拒绝非法干涉权是为了维护学校正常的教育教学秩序，抵御非法干涉而确定的一项重要权利。学校对来自教育行政机关、企事业单位组织、社会团体以及公民个人等任何方面的非法干涉教育教学活动的行为，有权拒绝与抵御。国家机关、社会组织以及公民个人，如果越权干涉学校正常的教育教学，学校就有权予以拒绝。如果非法干涉严重地影响了学校的教育教学秩序与活动，学校可以向教育行政部门或其他政府部门反映，甚至可以通过诉讼的方式加以解决，以维护学校的正常教育教学秩序，保障受教育者的权益。

（九）法律、法规规定的其他权利

除以上八个方面的权利以外，学校还享有法律、法规所规定的其他权利。首先，学校还

享有法人组织所享有的一般权利。学校作为一个法人组织，理应享有《中华人民共和国民法典》所规定的法人组织享有的一切权利。其次，以上八个方面的权利并非详尽无遗，学校所享有的有些权利可能没有列举出来。再次，学校作为教育法律关系主体，其所享有的权利内容也会随着社会的发展和法治的深入不断发生变化，新的法律、法规又将赋予学校新的权利内容，学校的权利也会发生相应的变化。这一项规定不仅是对学校享有除前面八项权利以外的其他合法权利的概括，而且也有利于将来制定和完善相关教育法律、法规，丰富学校权利内容。

总之，学校在行使上述权利过程中，必须要符合国家和社会的公共利益，必须贯彻党和国家的教育方针、政策，遵守国家的法律、法规和教育行政主管部门的相关规定，不得违反规定、滥用权力，也不得放弃与转让。如果学校违背了国家法律、法规相关规定，滥用这些权利，有严重渎职行为，危害社会公共利益，侵害了学生、教师等相关主体的合法权益，应承担相应的法律责任。

三、学校的义务

学校义务是指学校作为教育法律关系主体，在实施教育教学活动过程中必须承担的责任或约束，包括必须做出一定行为或不得做出一定行为。学校义务根据我国教育法律产生，且以国家的强制力保障其履行。从法律上规定学校义务，一方面是为了保证学校实现育人宗旨、实施教育教学活动的客观需要；另一方面也是保障学校相对方权益的需要，尤其是学生的受教育权和教师的合法权益。从一定程度上来说，它也是学校权利义务一致的体现。根据《中华人民共和国教育法》等相关教育法律、法规的规定，学校必须履行以下几个方面的义务。

（一）遵守国家法律、法规的义务

遵守国家法律、法规的义务是《中华人民共和国宪法》规定的对所有人的义务。《中华人民共和国宪法》第五条中规定："一切国家机关和武装力量、各政党和社会团体、各企事业组织都必须遵守宪法和法律。一切违反宪法和法律的行为，必须予以追究。任何组织或者个人都不得有超越宪法和法律的特权。"学校作为培养人的社会组织，遵守法律、法规是其必须要履行的基本义务。学校遵守国家法律、法规的义务，既包括学校在一般意义上的守法，不得违背教育法律法规，也包括法律、法规中为学校及其他教育机构所规定的特定的义务。遵守国家法律、法规的义务与学校实施教育教学活动，实现其办学宗旨有着紧密的关系。

（二）贯彻教育方针政策，执行国家教学标准，保证教育教学质量的义务

学校在整个教育教学活动过程中，首先要坚持党的领导，坚持社会主义办学方向，贯彻落实国家教育方针，走教育教学与生产劳动和社会实践相结合的办学道路，使学生将学习科学文化知识与加强思想道德修养、学习书本知识与投身社会实践、实现自我价值与服务祖国人民、树立远大理想与进行艰苦奋斗相结合、相统一。学校要从德、智、体、美、劳等全方位教育和培养学生。其次，学校要执行国家教育教学标准，努力改善办学条件，加强育人环

节，保证教育教学活动和培养学生的质量。国家教育教学标准是国家对各级各类学校所规定的必须达到的一定水平与一般标准，它是国家评估和指导整个教育活动的基本依据，是一个国家教育水平的集中反映。一般而言，国家教育教学标准由国家组织编定或由国家审定批准，再由各级各类学校及其他教育机构具体落实。此外，学校还应当保证学生的课外活动时间，组织开展文化娱乐等一系列课外活动，纠正片面追求升学率、培养唯智育等不良倾向，以提高国民素质为根本宗旨，培养学生的创新精神和实践能力。2021 年 7 月，中共中央办公厅、国务院办公厅印发的《关于进一步减轻义务教育阶段学生作业负担和校外培训负担的意见》，针对义务教育阶段存在的负担重、违背教育规律等一系列问题，着实推行双减政策，其目的是全面贯彻党的教育方针，落实立德树人的根本任务，让教育回归本真，构建良好教育生态，促进学生全面发展、健康成长。

（三）维护受教育者、教职工合法权益的义务

学校应尊重和保障适龄儿童、少年享有的接受教育的权利，按时接纳其入学，在义务教育阶段不得开除学生学籍。实施义务教育的学校无权开除或勒令适龄儿童、少年退学，否则就是剥夺了适龄儿童、少年接受义务教育的权利，妨碍国家实施义务教育，不得拒收依法应入本校的适龄儿童、少年就学。普通学校应当接受具有接受普通教育能力的残疾儿童、少年随班就读，并为其学习、康复提供相应的帮助。学校应当建立和健全安全制度和应急机制，对学生进行安全教育，加强管理，预防安全事故发生。学校不得聘用曾经因故意犯罪被依法剥夺政治权利或其他不适合从事教育工作的人员担任教育教学管理工作。

学校的教育教学及管理工作，应当尊重教育规律和适应学生的身心健康发展需要。学校不得侵犯受教育者及其教职员工的合法权益，不得对学生实施体罚、变相体罚或者侮辱其人格的行为，对于那些有品行缺陷或学习困难的适龄儿童和少年，应当给予帮助，不得歧视。

当学校以外的其他社会组织机构和个人侵犯本校学生及教职员工合法权益时，学校要以合法的方式积极协助有关单位查处违法行为的当事人，以维护学生及教职员工的合法权益。这一义务的确定，有利于形成一种学校关爱学生、爱护教师的良好教育氛围，形成良好的教育教学关系，保持校园秩序与稳定。对学校侵犯教师、学生合法权益的，学生、教师有权依法提起申诉或诉讼，以维护其合法权益。

（四）提供知情保障的义务

知情保障义务是指以适当的方式为受教育者及其监护人了解受教育者在校期间的学业成绩以及相关情况提供便利的义务。这项义务的实质就是学校保障受教育者及其监护人了解受教育者在校期间学业成绩和其他在校表现的知情权。它既是家校合作的需要，也是保证受教育者在校学习期间学业受到公正评价的一种有力途径。学校在保障受教育者及其监护人知情权时可以采取适当的方式，如家长接待日、家长会、家访等合法方式。此外，学校在履行知情保障义务时不得侵犯受教育者的隐私权、名誉权等合法权益。

（五）合理收费的义务

学校合理收费义务是指学校按照国家相关教育法律规定收取费用并公开收费项目的义务。学校依据中央与地方各级政府以及相关部门的收费规定来确定自己的收费标准，禁止收取物价部门核准以外的收费项目，所有收费项目与标准应向全社会公开。针对学校收费，国家的基本精神是：在义务教育阶段，学校实行完全免费政策，非义务教育阶段的学校可以根据办学成本适当收取费用。高等学校及部分中等专业学校的收费标准一般由中央主管部门或省一级教育、物价主管部门具体确定；高级中学的收费项目与标准由省一级教育、物价主管部门根据本省实际情况确定；幼儿园收费项目与标准一般都由县、市教育、物价主管部门确定，凡未经相关部门核定的收费项目与标准，学校不得收取，否则就属于滥收费，将会受到相应的法律惩罚。

（六）接受监督的义务

接受监督义务是指学校针对各级政府及其教育行政部门、相关机关依法进行的检查、监督以及社会各界依法进行的监督，要积极予以配合，不得拒绝，更不得妨碍检查、监督工作正常进行的义务。这是学校作为教育行政管理相对人以及独立法人所必须履行的法定义务。这项义务也符合《中华人民共和国教育法》所规定的“教育活动必须要符合国家和社会公共利益”的基本要求，有利于促进学校自觉将教育教学与管理活动置于各级政府及教育行政部门以及社会的监督之下，全面贯彻党和国家的教育方针。学校一方面可以依照法律自主办学，享有办学自主权，另一方面也必须接受监督。面对政府及其社会组织的监督，学校应认真听取相关意见与建议，对所提出的问题要及时纠正，促进学校健康稳定发展。

（七）保障学校安全的义务

保障学校安全义务是指学校作为教育教学的组织机构，在办学过程中要切实做好自身各方面管理工作，切实保障广大师生以及学校财产安全的职责。学校安全是学校办学的基础与前提，它不仅直接关乎学生的安全、健康成长，还关系到千千万万个家庭的幸福与社会的稳定。保障学校师生人身、财产安全，防止意外事故发生已经成为中小学校教育与管理的重要内容。近些年来随着校园意外事故的频频发生，校园安全问题已经成为全社会关注的热点问题。学校安全不仅涉及师生的人身、财产安全，还涉及交通意外、外来人员的侵入以及其他不可抗力所带来的安全隐患，这些安全隐患对学校安全造成了极大的危害。因此，学校一方面应建立健全学校安全及防御机制，对学生进行安全教育与管理，另一方面还应联合地方政府及相关部门，切实做好学校的安全保障工作，为广大师生营造一个安全、稳定、和谐的校园环境，使其安心工作、安心学习。

总之，上述七个方面的义务对于规范学校办学行为，促进学校日常教育教学活动的开展以及教育教学质量的提高均具有十分重要的价值。部分学校不履行教育法律法规所规定的义务的，根据《中华人民共和国教育法》等法律法规的规定，需要承担相应的法律责任。

四、学校常见违法行为及其预防

学校违法行为是指学校及其他教育机构作为法人，在教育教学与管理活动过程中，违反国家法律法规规定，侵害相关主体权益，违背教育规律与原则的行为。在依法治教的今天，加强学校法治建设与管理，抵制违法行为是学校建设与发展、建立现代学校制度的核心问题。

（一）学校常见违法行为

1. 侵害学生受教育权

在我国，受教育权是宪法赋予公民的一项基本人权，是公民享有其他权利的前提与基础。《中华人民共和国宪法》第四十六条中规定，中华人民共和国公民有受教育的权利和义务。受教育权作为公民的生存与发展权，学校无权剥夺，在义务教育阶段更是如此。《中华人民共和国义务教育法》《中华人民共和国未成年人保护法》都规定，学校应当尊重和保护未成年学生受教育的权利，对品行有缺点、学习有困难的学生，应当耐心教育、帮助，不得歧视，不得违反国家法律规定开除未成年学生。对于违反学校管理制度的学生，学校应当予以批评教育，但不得开除。对于非义务教育阶段的学生，学校可以采取开除学籍的手段，但是必须要坚持法律保留和程序合法，给予学生充分的申诉和辩解机会。

2. 因疏于管理导致发生学生伤害事故

在学校教育教学与管理过程中，如果因管理上的过失导致学生受到意外伤害，那么学校就应承担相应的法律责任，根据自己的过失给予受伤害学生相应的赔偿。在校园伤害事故中，我国坚持过错责任原则，这个过错既包括故意也包括过失。学校在安全管理、人员设置以及相应的餐饮、卫生等方面，如果没有做好安全隐患的预防，那么出现校园安全事故，学校就必须要承担主要的法律责任。近些年来，因学校存在安全隐患而引发的校园安全事故时有发生。学校因此也背负着巨大的压力。《中华人民共和国刑法》第一百三十八规定：“明知校舍或者教育教学设施有危险，而不采取措施或不及时报告，致使发生重大伤亡事故的，对直接责任人员，处三年以下有期徒刑或者拘役；后果特别严重的，处三年以上七年以下有期徒刑。”这里的“直接负责人员”主要包括学校的校长、主管副校长、分管后勤的领导与职工以及政府主管部门的有关人员。

3. 因教育设施不合格导致学生伤害事故

《中华人民共和国教育法》和《中华人民共和国民法典》针对学校成立有着明确的规定，举办学校除了章程、稳定经费和师资保障之外，还必须要有符合国家规定标准的教育教学设施，这是学生接受教育、进行学习的硬性条件。学校作为专业的教育组织机构，应当确保教育教学和生活设施符合国家的安全标准。中小学校的校舍、场地、设施设备等都有明确的国家标准与地方标准，学校在设计相应的校舍、场地以及购买教育教学设备过程中，必须要符合国家相关的要求，否则一旦发生学生伤害事故，学校就需要承担相应的法律责任。因此，学校应当形成安全隐患排查制度，及时排查出安全隐患，保障全体师生的安全。

4. 管理不当引发的学生伤害事故

学校作为依法成立的教育组织机构与法人，规范管理不仅是保证其教育教学质量的需要，也是其作为办学主体必须要履行的义务。学校承担着对学生进行教育、管理和保护的责任。其中，保护学生的人身、财产安全是学校的一项重要职责，这不仅需要学校保证自己的教育设施、工作人员不对学生发生危害后果，而且还需要在自己的职责范围内防止第三方对学校学生造成伤害。如果学校因为管理不当引发学生伤害事故，学校必须要承担相应的法律责任。如有些学校领导和教师失职，门卫管理松懈，对校外人员干扰教学、侵害学生的行为没有予以及时制止，校内没有相应的安全保障机制等等，这些都极容易造成学生伤害事故，学校主要负责人及其相关管理者都需要承担相应的法律责任。

5. 侵犯学生的隐私权

隐私权是自然人所享有的，对与公共利益无关的个人信息、私人活动以及私有领域进行支配的一种人格权，它受我国宪法和相关法律保护。隐私权赋予权利人对其私人生活的控制权，它包括防御他人窃取个人隐私和是否向他人公开隐私及范围的决定权。隐私权包括隐瞒权、利用权、支配权和维护权等四个方面的内容。《中华人民共和国宪法》明确规定，中华人民共和国公民的人格尊严不受侵犯，公民的通信自由和通信秘密受法律保护。《中华人民共和国民法典》规定，公民享有生命权、身体权、肖像权、隐私权等权利，任何组织或个人不得以刺探、侵扰、泄漏、公开等方式侵害他人的隐私权。然而，受各方面因素的影响，在具体教育实践中，一些学校及教师存在侵犯学生的隐私权的情况，殊不知这都已经构成了违法。常见学校侵犯学生隐私权的情形主要有以下几种：① 未经学生允许，随意公开其姓名、肖像、家庭住址以及联系方式等；② 非法搜查学生的宿舍，检查学生的橱柜、抽屉，甚至搜身；③ 非法安装监控设备，将学生的私生活进行曝光与扩散；④ 私自拆封学生的信件，查阅学生的日记，并将其公开；⑤ 非法刺探学生财务状况或未经允许公布学生的家庭财产状况；⑥ 泄露学生的个人信息和家庭信息，并将之公布于众；⑦ 调查和刺探学生的家庭社会关系并将之非法公开；⑧ 收集学生不愿向公众公开的纯属私人的相关信息。

6. 向学生违规收费

关于学校违规收费问题，早在20世纪末，国家就已经出台过相关治理政策，但是在教育实践过程中仍然是屡禁不止，甚至个别学校违规收费还比较严重。2020年8月，教育部、发改委、财政部、国家市场监管总局等五部门印发了《关于进一步加强和规范教育收费管理的意见》，针对教育乱收费进行了规范，明确提出要落实教育收费监管责任制度，加大违规收费行为的查处力度。针对义务教育阶段学习收费问题，再次明确公办学校在义务教育阶段不得收取学杂费，不得强制购买书籍与资料，等等。针对教育收费，学校须按照国家和地方政府的相关规定与要求以及物价局核定的标准对学生收取相关费用，如果收取的教育费用没有合理依据以及标准，就会被追究相应的法律责任。此外，学校在对学生进行管理的过程中，不得滥用行政处罚权。学校在国家法律授权的情况下可以对学生和教师进行处分，但是不得行使罚款权。学校不是国家行政机关，不享有罚款权。如果学校对违纪学生进行处罚、罚款，那么也就涉嫌违法，必须要承担相应的法律责任。

（二）学校违法行为及安全事故预防

学校违法行为及安全事故发生的原因是多方面的，其中学校教育教学与管理上的过错占主要原因，另外还有学生本人乃至家长的过错。要想杜绝学校违法行为及安全事故的发生，一方面需要进一步完善国家的法律法规，改变原有的教育管理、法治观念；另一方面，学校还需要建章立制，明确学校教职员工及其管理人员的工作职责，切实做好学校的各项工作，将违法行为与安全事故发生概率降到最低。

1. 转变教育管理观念，提高法治意识

在法治社会，用法律来保障教育发展，规范教育管理，协调教育关系，解决教育纠纷，保护师生和学校的合法权益，是广大教育工作者和全社会的愿望与呼声。近些年来因学校教育管理不当所引发的教育法律纠纷层出不穷，其中一个非常重要的原因是学校教育管理者没有依法进行教育管理，缺乏正确的教育观念和法治观念。依法治教重在提高教育法治认识与健全教育法治制度。只有提高学校管理者及教职员工的法治意识，转变传统的教育观念，才能从根本上预防学校违法行为和校园安全事故的发生。学校及相关教育管理者要增强依法治教的法律意识，认真学习有关教育法律法规，努力营造一个学法、懂法、遵法和守法、用法的良好氛围，为依法治教奠定良好基础。因此，在国家普法大背景下，学校要坚决贯彻落实法治教育，通过各种渠道向广大教职工解读法律的实质内涵，更要在教育管理实践全过程中同国家、社会保持良性互动，让法治真正铭刻在广大教职员工的心中，树立办事依法、遇事找法、解决问题用法、化解矛盾靠法等法治意识，提升他们的法治获得感与幸福感。

2. 健全学校安全管理制度

学校安全工作是一项长期性工作，教育主管部门和各级各类学校必须充分认识到学校安全工作的重要性，将学校安全工作置于整个学校工作的首位，并将其落实到位。可以说，建立和健全学校安全管理制度是学校安全管理，保护广大师生人身、财产安全，维护教育教学秩序，预防和处理学校安全事故的根本保障。由于学校安全事故很多都是由学校疏忽大意所造成的，因此在学校安全管理过程中，预防是第一位的。它是校园安全事故和学校违法行为管理的第一阶段。有效的预防可以将安全事故遏制在萌芽状态，最大限度地减轻校园安全事故带来的危害。学校应建立安全隐患排查机制和安全事故风险评估机制，对学校安全事故有整体性把握与掌控，对校园周边各种安全隐患有明确的了解。《中华人民共和国义务教育法》明确提出，学校应建立健全安全制度与应急机制，加强对学生的管理，及时消除安全隐患，预防校园事故的发生。结合国家和地方政府的安全教育活动，开展各种类型的校园安全活动，对学生进行安全教育，组织教职员工与学生学习安全知识、自救以及救护他人的知识，增强教职工与学生的自我防护能力。学校还需要加强对日常教育教学设施、校舍以及场所的安全管理。《学生伤害事故处理办法》也明确规定，学校举办者应当提供符合安全标准的校舍、场所以及其他教育教学设施与生活设施，应当符合国家办学标准，确保教职员工与学生的安全。

3. 健全校园安全检查制度

学校安全检查制度是学校与地方政府相关部门定期对学校教育教学设施设备、校舍与场

所等进行安全检查，以消除校园安全隐患的一种制度。《中华人民共和国义务教育法》明确规定，县级以上地方人民政府应定期对学校校舍安全进行检查，对需要维修改造的，应及时予以维修和改造。这也从法律上强化了地方政府在学校安全管理工作上的职责。学校安全检查主要包括两个方面内容：第一方面是学校的主体教育教学建筑，第二方面是学校的附属教学设施设备。学校要对教育教学设施设备进行定期检查，如发现已损坏不能使用的，则一定要废弃，能马上维修的，则派人立即进行维修。

4.切实落实学校安保制度与值班制度

学校安保与值班制度是学校安全的入口关，需要坚持严格进入标准。对于各级各类学校而言，要根据国家和地方政府学校安全相关规定要求制定和落实保安制度与值班制度。学校保安要实行 24 小时值班制度，确保校园门口随时有人值班。安保人员要严格执行国家和学校安全的各种管理规章制度，不得迟到、早退，更严禁脱岗。严禁安保人员擅自让外来人员进入校园，外来人员因公来校联系工作需要妥善办理好登记手续。来客和来访人员车辆应停在指定停车区域。教职工亲友来校探视，必须联系教职工本人，认真履行登记手续。如遇紧急情况自身不能处理的，安保人员应第一时间向学校负责人报告，配合相关人员维持秩序，确保广大师生人身财产安全。在学校安保人员的遴选上，应坚持德与能相结合的原则，既要综合考虑保安人员的身体素质与业务能力，又要考虑其道德状况，不得出现侵犯学生和教师的失德行为或不法行为。《中华人民共和国义务教育法》也明确规定，学校不得聘用曾经因故意犯罪被依法剥夺政治权利或其他不适合从事义务教育工作的人担任工作人员。对于不符合学校安全管理工作要求的人员，学校应坚决予以辞退弃用。

5. 切实落实学校安全责任制度

在学校违法行为及安全事故活动中，由于涉及的人员比较多、杂，因而在出现安全活动解决纠纷时难以理顺各方关系。然而，在遇到学校安全及学校违法行为时，必须要强化和落实安全责任制度，即一旦学校出现安全事故或违法行为，必须要有人负责，切实做到“谁在岗谁警惕，谁出事谁负责”，学校校长是所有安全事故的第一负责人。因此，在处理校园安全事故时，应将其视为一个整体性工作，每一位教职员工都有义务出面处理，各岗位人员之间不得相互推诿。《中华人民共和国义务教育法》明确规定，县级以上地方人民政府有以下情形之一的，由上级人民政府责令限期改正，情节严重的，对直接负责的主管人员和其他直接责任人员依法给予行政处分：① 未按国家相关规定制定、调整学校设置规划的；② 学校建设不符合国家规定的办学标准、地址要求与建设标准的；③ 未定期对学校校舍、场所、教育设施设备进行安全检查的，并不及时维修与改造的；④ 未依照《中华人民共和国义务教育法》规定均衡安排义务教育经费的。对于学校而言，只有强化安全责任制度，才能切实预防校园安全事故的发生和学校违法行为的产生。

五、学校内部权力划分及其运行

学校作为一种承担教育教学的组织机构，其运行势必需要内部各机构相互配合，而内部组织机构在运行过程中需要运用相应的权力才能保障其职能的实现。在科层制下，任何一种组织都以某种形式的权力作为基础，否则其将难以实现其组织目标。学校作为一种社会组织，也不例外，其运行需要建立在有效的权力基础上。

（一）学校内部权力划分

学校内部权力的划分是学校领导管理体制需要解决的主要问题，它涉及整个学校的组织机构设置以及相关机构职能确定等一系列问题。因此，建立一套科学合理的学校领导体制，明晰学校内部各组织机构及其相关人员的权力、职责是学校健康运行与发展的必然追求。中华人民共和国成立以来，我国学校领导管理体制历经多次变更，其中中小学和高等学校都发生过七次变革。中小学校由中华人民共和国成立之初的校务委员会制到20世纪50年代初期的校长负责制，再到党支部领导下的校长负责制、当地党委和教育行政部门领导下的校长负责制、革命委员会制、党支部领导下的校长分工负责制，最后到现行的校长负责制。高等学校由中华人民共和国成立之初的校长（院长）负责制到党委领导下的校务委员会负责制，再到党委领导下的以校长为首的校务委员会负责制、革命委员会制、校长分工负责制、部分学校实行校长负责制，最后到现行党委领导下的校长负责制。

自20世纪80年代开始，伴随着《关于教育体制改革的决定》《中国教育改革和发展纲要》《中华人民共和国教育法》等一系列教育政策法律的颁布出台，学校内部领导管理体制也相继进行了改革。目前我国各级各类学校实行的内部领导管理体制主要有校长负责制（中小学校）和党委领导下的校长负责制（公办高等学校）、校董会领导下的校长负责制（民办学校）等等。在学校内部领导管理体制中，校长、党委以及学校教职工是学校内部权力的三大重要权力主体，各自有其独特的职责与地位。

1. 校长的地位与职责

校长，一般是指由政府依据国家有关政策与法律的精神，通过一定的程序认定和委托，对外代表学校，对内主持教育教学、科学研究以及包括人事、财务在内的各项经常性管理工作，实施全面统筹与调控的学校行政最高领导者、组织者和指挥者。目前，我国中小学校的校长是由政府、上级人事部门或教育机关任命，受党和国家的委托，对学校行政工作全面负责的领导，是学校的法人代表。校长对内向全体教职工和学生负责，对外代表学校，向上一级教育行政部门负责。在高等学校实行的党委领导下的校长负责制中，校长是学校的法定代表人，全面负责学校的教学和科研以及其他行政工作。在民办学校董事会领导下的校长负责制中，董事会是学校的决策者，校董会聘任校长，由校长全面负责学校的日常行政工作。校长在一所学校发展过程当中起到非常重要的作用。在我国教育实践中流行这样一句俗语，有什么样的校长，就有什么样的学校。

校长作为学校的最高行政领导者，它的主要职责包括：① 贯彻和执行党和国家的教育方针政策，执行教育法律法规和教育行政部门的指示与规定，遵循教育规律，提高教育质量；② 制定学校的发展规划和学年学期工作计划，并认真组织实施；③ 遵循国家有关教育法律与政策，注重教职工队伍建设，依靠教职工办好学校，维护教职工合法权益；④ 全面主持学校的德育工作、教学工作、体育卫生工作和其他行政工作；⑤ 发挥学校教育的主导作用，努力促进学校教育、家庭教育和社会教育的协调一致，互相配合，形成良好的育人环境；等等。

2. 党委的地位与职责

党委是指党的各级委员会的简称。在中等及中等以下学校实行校长负责制，使党政职能分开，使党从繁琐的行政工作中摆脱出来，集中精力加强党的建设，发挥政治核心作用。在高等学校实行党委领导下的校长负责制，中国共产党高等学校基层委员会按照《中国共产党章程》和有关规定，统一领导学校工作，支持校长独立负责地行使职权。《中共中央关于加强党的建设几个重大问题的决定》明确指出，党的基层组织是党的全部工作和战斗力的基础，担负着直接联系宣传群众、组织群众、团结群众，把党的路线方针政策落实到基层的重要责任。基层党组织要结合各自特点做好工作，努力成为团结带领群众进行改革和建设的战斗堡垒①。为了保证基层学校各项工作坚持教育的社会主义方向，必须要充分发挥学校基层党组织的政治核心作用。

党在学校的基层组织的职责主要体现在以下几个方面：第一，以主要的精力加强自身的思想建设、组织建设和作风建设，使共产党员真正在学校工作中发挥模范、骨干、带头作用；第二，全面领导学校思想政治工作，包括经常的马克思主义教育，加强时事政策教育；第三，在学校开展经常的、深入细致的思想工作，有针对性地解决群众的思想认识问题；第四，支持校长的工作。思想政治工作由党在学校的基层组织领导，同时还要充分发挥校长参与领导思想政治工作的作用；第五，参与并监督学校的重要决策，主动参与学校的发展规划、工作计划、工作总结、重大教育改革方案、职工福利等重大事件的讨论，对学校的行政工作起保证监督作用，以保证党的方针、政策的贯彻；第六，对学校干部的选拔、任免、晋升、培训、考核进行监督；第七，加强对工会、共青团、少先队、学生会等群众组织的领导，根据各组织的特点，领导它们独立自主、生动活泼地开展活动。

3. 教职工的地位与职责

《中华人民共和国宪法》第二条第三款规定：“人民依照法律规定，通过各种途径和形式，管理国家事务，管理经济和文化事业，管理社会事务。”学校教职工既是管理的对象，也是管理的主体。对此，《中华人民共和国教育法》第三十一条第三款规定：“学校及其他教育机构应当按照国家有关规定，通过以教师为主体的教职工代表大会等组织形式，保障教职工参与民主管理和监督。”学校民主管理的形式之一体现在教职工代表大会上，除校长和党在学校的基层组织外，学校内部还设有教职工（代表）大会。校长要定期向教职工（代表）大会报告工作，并主动听取教职工（代表）大会的意见。这是学校决策民主化、科学化的重要途径。

学校教职工的职责主要体现在以下几个方面：第一，通过教职工代表大会等组织形式听取校长的工作报告，审议学校办校方针、发展规划、教育改革方案和经费使用等有关建设和改革的重大问题，提出意见和建议；第二，团结全校教职工支持校长正确使用职权；第三，关心教职工切身利益，决定有关教职工福利的重要事项；第四，监督评议校长和其他学校负责人的工作业绩，建立定期的会议制度；第五，通过学校工会承担教职工代表大会工作机构的任务。

---

① 陈澄才、卢先福：《党的建设新的伟大工程 学习中共十四届四中全会决定》，中共中央党校出版社，1994 年，第 12 页。

总之，在学校内部，各组织机构职能的确定与运行需要相应的权力予以保证和规范。在学校内部权力运行过程中，需要做到各司其职，确保各组织机构权力职责明确化，划分各自的权力界限，做好本职工作，使各权力主体对自己运用权力的全部行为进行自我约束，通过学校章程等制度来对权力进行规范并在各种权力运行过程中进行监控，及时纠正权力运行中的偏差，切实维护广大师生的合法权益。

（二）学校内部权力运行

学校作为一种特殊的社会组织，其内部有着一种非常复杂的权力关系。在学校内部，学校权力基本上有三种形式：一是学校行政权力，二是学校的党政权力，三是学校的学术权力。

1. 学校的行政权力

学校作为一种社会组织，在当下我国教育行政体制下，是一种具有复杂的科层机构的行政组织。在现代管理中，科层制作为一种可以实现高效率与合理化的组织模型，在现代社会发展过程中产生了巨大的效用。因此，学校在办学与发展过程中，需要通过教育行政管理才能维系它的各种职权以及目标的实现。学校的行政权力来自政府的授权与让渡。公有制作为我国现阶段的基本经济制度，对政治制度也产生了决定性作用。国家总揽一切教育事务。学校成为政府的下属机构与部门，代理国家和政府来进行教育事业管理。校长作为学校最高行政管理人员，行使教育行政权，负责学校教育行政管理工作，执行学校党委决定，尊重支持党委对学校重大事务的指挥权。在学校内部，基于业务内容的差异，学校被分成不同的行政职能部门，共同为学校办学与改革发展服务。

2. 学校党政权力

学校这种社会组织除了人才培养、社会服务等职能之外，还需要承担起传播和复制统治阶级的文化与思想意识形态的责任。新中国成立后，党的政治权力在基层的实现是通过学校这一组织来予以实现的。坚持党对教育事业的领导是我国教育事业能够健康发展的根本保证。党对学校的领导主要体现在坚持社会主义办学方向、学校领导班子建设、学校党总支以及支部建设、学校中广大师生的思想政治工作等各方面。中国共产党学校基层委员会根据《中国共产党章程》以及相关规定，统一对学校工作进行领导，执行党的方针、政策、路线，坚持社会主义办学方向，讨论学校改革发展等重大事项，以保证学校人才培养这一中心工作任务完成。学校党政权力是通过基层学校党委来实现的，通过建立党委会和支委会，将权力影响扩展到学校的各个角落。学校党政权力主要包括领导决策权、监督权、干部管理权等内容。

3. 学校的学术权力

学校的学术权力主要是由从事教育教学和科学研究的老师、研究员等人员所组成的学术团体所拥有的一种权力，它是与党政权力、行政权力相并行的一种权力形态，对于学校（尤其是大学）来说具有十分重要的意义。学校的学术权力一般是由学校中的教师、学者们所组成的学术委员会来予以体现。学校的学术权力是由学校组织的学术性质所决定的，它是学术资源获得的前提和学者们学术利益实现的有力保障。在学校内部，涉及学术上的事务应当由学者们自己来决定，其他权力不应干预。学术权力是学校内在逻辑的客观要求，是学校本质性的外化，主要通过学者自身的学术权威来予以实现，是通过一种自下而上的方式来实现的。

总之，在学校内部，党政权力、行政权力和学术权力三者之间处于一种相互博弈的状态。作为学校领导层，一方面要坚持党组织对学校办学改革各方面的领导，另一当面需要充分运用好行政权力和学术权力，使学校行政权力与学术权力能够根据学校办学目标与使命各得其所，各尽其能，各司其职，最终达到学校内部各权力相互协调，共同促进学校健康稳定发展。

思考练习题

1. 什么是学校？
2. 举办学校需要哪些条件？
3. 学校的权利是什么？学校的义务是什么？
4. 学校内部有哪些权力？这些权力是如何运行的？

第四章
教师法律制度

一、教师的法律地位

（一）教师的定义

关于教师的定义，学术界意见尚未完全统一。从广义层面来说，教师与教育者是同义语，是对求教者产生影响的人，包括学校的教师、教育管理人员以及参与整个教育活动的其他人员。在社会生活中，所有的生命个体都可以成为教育者。从狭义层面来说，教师是专指在学校中从事教育教学工作的专职人员。从这个意义上来说，教师具有法律规定性和专业性，只有通过国家正规的教师资格考试，取得教师资格并在学校中从事教育教学的专职人员才能称为教师。《中华人民共和国教师法》第三条中从法律角度对教师进行了规定，“教师是履行教育教学职责的专业人员，承担教书育人，培养社会主义事业建设者和接班人、提高民族素质的使命”。

（二）教师的身份及地位

1. 教师的身份

“身份”原本是指个体的出生与社会地位。自人类社会产生以来，身份就以各种形式在社会发展过程中发挥着不同的功能，成为一套与特定身份相适应的关系定位与行为规则系统。从法律层面来讲，身份是社会个体基于法律赋予所形成的法律关系主体的社会归属及其地位，体现为该主体的社会阶层属性、在社会关系结构中所处的位置以及与该身份相应的权利义务等。身份概念的产生旨在解决社会发展过程中反复出现的基本问题，形成一定的行为制约准则，维持稳定的社会关系结构。就教师身份而言，它是指教师在职业系统中特定的时空位置以及由此所带来的地位、职责、功能等方面的认识，它包括两个方面的内容：一方面内容是外在赋予教师的规定性，另一方面内容是教师本身对该外在赋予规定性的认识。

从法律层面来看，教师具有两种身份：第一种身份是作为普通公民而存在；第二种身份是作为从事教育教学工作的专业人员而存在。《中华人民共和国教师法》第三条明确规定：“教师是履行教育教学职责的专业人员，承担教书育人、培养社会主义事业建设者和接班人、提高民族素质的使命。教师应当忠诚于人民的教育事业。”不同的身份会导致教师在不同的社会关系中拥有不同的角色以及享有不同的权利和履行不同的义务。

2. 教师的地位

教师的地位，根据联合国教科文组织的定义，它是指教师的身份或受到的尊重，是通过对教师工作的重要性和所表现的能力，工作条件、报酬，以及其他物质利益与其他专业团体比较后得出的受尊重的程度。教师地位主要体现在社会地位和法律地位两个方面，而社会地位主要包括政治地位和经济待遇两个方面内容。教师法律地位通过权利和义务的对等性来对教师的社会地位进行法律确认和保障。1966 年联合国教科文组织《关于教师地位的建议》中指出，教学工作应该被看作一项专门职业；它是一种公共服务，要求教师通过长期的、严格的学习获得，并保持专业知识与专业技能；它还要求教师对学生的教育与福祉具有个人和团体的责任感。

根据当前我国教育法律政策的规定，教师的法律地位主要体现在以下几个方面：

首先，教师在身份上的法律规定确立了教师的政治地位。《中华人民共和国教师法》第三条中明确规定：“教师是履行教育教学职责的专业人员。”这一法律规定确立了教师在国家政治生活中的地位。教师既不同于传统的自由职业者，也不同于国家公务员，它是对国家和社会公共利益负责的专业人员。其次，教师权利义务的法律规定赋予了教师主体资格。教师的法律地位需要通过其权利义务予以体现。《中华人民共和国教师法》对教师权利义务的规定，是教师法律地位的具体表征。教师除了享有作为一般公民所享有的权利之外，还享有教师职业特有的权利，这些权利有效地保证教师教育教学的顺利进行，提升了教师对教育事业的神圣感和自我认同感；教师义务主体体现在教师对国家教育事业的忠诚和对学生的关爱上。再次，教师待遇的法律规定彰显出教师的经济地位。教师经济地位是指国家为教师工作、生活提供必要的物质条件，这也体现出教师法律地位的实际价值。教师作为社会人，其生存与发展都需要一定的经济条件来予以保障，这就需要国家给予一定的保障。《中华人民共和国教育法》和《中华人民共和国教师法》等法律中对教师待遇的规定，保证了教师的工资、住房、医疗、退休金等各种待遇，使教师的地位建立在切实可靠的经济基础上。这对于吸引高素质人才从事教育事业，保证教育教学质量提高均起着重要作用。最后，尊师重教的法律规定凸显出教师的社会地位。自古以来我国便是一个尊师重教的国家，尊师重教是中华民族的优良传统美德。《中华人民共和国教师法》第四条第二款明确规定：“全社会都应当尊重教师。”这一法律规定不仅体现出国家意志，也反映了全社会的共同意愿。此外，依法建立教师节也是教师政治地位和社会地位凸显的标志。全社会都应当树立尊师重教的良好传统，支持教师工作，关心教师生活，为教师合法权益保障创造各种条件。

（三）教师的分类

按照不同的标准，教师可以分为不同的类别。

根据《中华人民共和国教师法》和《教师资格条例》对教师所获教师资格之不同，可以将教师分为以下几类：（1）幼儿园教师；（2）小学教师；（3）初级中学教师；（4）高级中学教师；（5）中等职业学校教师；（6）中等职业学校实习指导教师；（7）高等学校教师。

根据教师所任职学校的性质来进行划分，教师可以分为公立（公办）学校教师和民办学校教师。公办学校教师纳入国家事业单位编制，享受国家教育财政补贴，其身份是国家公职人员，是国民教育的主体力量。在法律地位上，民办学校教师与公办学校教师具有同等的地位，这在《中华人民共和国民办教育促进法》第二十八条予以规定。

根据教师与学校之间所形成的人身法律关系标准来划分，教师可以分为：（1）具有事业单位编制的教师；（2）与学校签订聘用合同的教师；（3）无事业单位编制、与学校签订劳动合同的教师。

二、教师的权利

教师权利是指教师依照《中华人民共和国教师法》的规定，基于其教师身份所享有的一定权利的总和，它表现为教师有权做出一定的行为或要求他人做出相应的行为，在必要时要求国家机关以强制力保障其权利的实现。教师的权利是基于教师的法律身份而获得的。一方面，是教师基于其公民身份而享有的普通公民权利，另一方面是教师基于其职业身份而享有的权利。

（一）基于公民身份的基本权利

教师作为中华人民共和国公民，享有我国宪法和其他法律规定的公民所享有的各种权利，具体体现在以下几个方面。

1. 人身自由权

人身自由权是指公民在国家法律规定的范围内享有一切行为举止的自由，它在公民基本权利中占据一个十分重要的地位，是公民参加社会活动和享有其他权利的基础与前提。根据《中华人民共和国宪法》和《中华人民共和国民法典》的规定，公民享有的人身自由权包括人身自由不受侵犯以及与人身自由相联系的住宅不受侵犯、通信自由以及通信秘密受法律保护等内容。人身自由是指公民在国家法律规定的范围内享有其人身活动不受非法限制与剥夺的权利，它包括公民人身自主权不受他人支配与控制、公民有举止行动的自由和保护自己身体免受非法侵害的权利。住宅不受侵犯是指任何组织机构、机关和个人非依法律规定，不得随意侵入、搜查或查封公民住宅。公民住宅是公民起居生活、养育子女和保存私有财产的场所，是公民进行社会活动不可缺少的条件，是公民人身自由权利的合理延伸。通信自由和通信秘密不受侵犯是指公民可以自由地与自己的亲朋好友，其他组织、机关、单位与个人通信，除因国家安全或追查刑事犯罪需要，任何组织、机关和个人都不得以任何理由加以非法妨碍与阻止，不得隐匿、毁弃、扣押和私自开拆公民来往的信函与电报，不得偷听公民的电话，等等。

2. 人格权

“人格”问题原本是心理学、哲学等学科研究和关注的对象，但是随着社会的发展，人格问题逐渐被引用到法学、社会学等学科当中来。一般而言，法律意义上的人格，包括三种不同的含义：第一是具有独立的法律地位的组织和个人，主要包括法人和自然人；第二是指作为法律主体的必备条件的权利能力；第三是指一种应当受国家法律所保护的利益，即人格权。

因此，人格权是指权利主体依据国家法律所享有的、以自身人格利益为客体的各种权利，包括权利主体的姓名权、肖像权和名誉权等各方面内容。姓名权是指公民依法享有决定、使用和改变自己的姓名，并要求他人尊重其姓名的权利，它是一项重要的人格权，包括姓名决定权、姓名使用权和姓名变更权三方面的内容。肖像权是指公民对于自己的肖像在制作和使用上所依法享有的专有权，它反映肖像者的真实形象与特征，与特定公民的人格不可分离。名誉权是指公民对自己在社会生活中所获得的社会评价依法享有的不受他人侵犯的权利。

3. 财产权

财产权是指公民依法享有的具有经济利益内容的各项权利，它包括财产所有权、债权、继承权和知识产权等方面的内容。财产所有权是指财产的所有人依照国家法律对自己所有财产所享有的占有、使用、收益和处分的权利。债权是指按照合同约定或依照法律规定，在当事人之间产生的特定的权利与义务关系。在债权中，享有权利的人为债权人，负有义务的人为债务人，债权人所享有的权利被称为债权，债务人所承担的义务为债务。继承权是继承人依法取得被继承人遗产的权利。《中华人民共和国宪法》第十三条中明确规定，国家依法保护公民的私有财产权和继承权。继承权包含两个要义：第一要义是必须是公民死亡时所遗留下来的财产，第二要义是必须是公民个人所有的合法财产，不能是非法获得。因此，继承权是自然人基于某种特定关系所享有的权利，是依照国家法律的直接规定或合法有效的遗嘱而享有的权利，其标的是遗产，不可转让。

4. 言论与出版自由权

言论自由是指公民对于国家政治和社会领域中的各种问题，有通过语言的方式表达自己思想与见解的自由。言论是公民表达自己思想与见解的基本方式，也是形成人民意志的重要手段。因此，言论自由在公民自由权利中占据首要地位。当然，公民的言论自由不是绝对的，其行使必须要在法律规定的范围之内。《中华人民共和国宪法》和《中华人民共和国民法典》等法律明确规定，公民不得利用言论自由危害国家安全与社会稳定，不得利用言论自由对他人的人格进行侮辱和诽谤。出版自由是指公民有根据国家法律规定，通过公开发行出版物表达自己思想与见解的自由。出版自由与言论自由紧密相关，它是言论自由的一种具体表现形式与自然延伸。任何机关组织和个人不得非法干涉、阻止和破坏出版物的发行。当然，公民在行使出版自由权时必须要遵守国家宪法和法律，遵守公序良俗，不得反对宪法所确定的四项基本原则，不得损害国家的、社会的、集体的和其他公民个人的合法权利与自由。

5. 选举权和被选举权

选举权是指公民依据宪法和法律的规定，依法享有选举和罢免国家机关代表和某些机关领导人的权利，包括参加提名代表候选人，参加讨论、酝酿、协商代表候选人名单，参加投票选举等内容。被选举权是指公民依据宪法和法律的规定，依法享有被选为国家机关代表或某些机关领导人及其他公职人员的权利。选举权和被选举权是公民参与国家事务管理的一项最基本、最重要的权利，它是人民当家作主的最直接体现。它主要包括三个方面的内容：第一是选举人民代表的权利，具体包括公民有权按照自己的意愿选举人民代表、有权被选举为人民代表和有权罢免不称职的人民代表；第二是选举行政首长的权利，即各级人民政府是同级人民代表大会的执行机关，其全体组成人员的人选由同级人民代表大会决定；第三是选举人民法院院长、人民检察院检察长的权利，即各级人民法院院长、人民检察院检察长由同级人民代表大会选举和罢免。《中华人民共和国全国人民代表大会和地方各级人民代表大会选举法》第四条明确规定：“中华人民共和国年满十八周岁的公民，不分民族、种族、性别、职业、家庭出身、宗教信仰、教育程度、财产状况和居住期限，都有选举权和被选举权。依照法律被剥夺政治权利的人没有选举权和被选举权。”

6. 监督权

监督权是指公民依法监督国家机关及其工作人员活动的权利。监督权是我国宪法所确立的公民的一项基本权利。我国是社会主义国家，国家的性质决定了国家机关都是为人民的利益而工作的机关，国家工作人员是人民的公仆，全心全意为人民服务是其应遵循的根本宗旨。国家机关及工作人员必须接受人民群众的监督，倾听人民群众的意见和建议，以改进自己的工作。《中华人民共和国宪法》第四十一条第一款明确规定：“中华人民共和国公民对于任何国家机关和国家工作人员，有提出批评和建议的权利，对于任何国家机关和国家工作人员的违法失职行为，有向有关国家机关提出申诉、控告或者检举的权利，但是不得捏造或者歪曲事实进行诬告陷害。”公民的监督权主要包括批评权、建议权、申诉权、控告权和检举权等几个方面的内容。批评权是指公民对国家机关和工作人员的缺点和错误，有提出批评意见的权利；建议权是指公民对国家机关及工作人员的工作，有提出自己的主张和建议以帮助其改进工作的权利；申诉权是指公民对国家机关的处分或处罚不服，或者受到不公正待遇时，有向有关国家机关申明理由要求重新处理的权利；控告权是指公民有指控或者告发任何国家机关及工作人员的违法失职行为，要求有关机关予以处理或制裁的权利；检举权是指公民对于违法失职的国家机关及工作人员，有向有关机关揭发事实，请求依法处理的权利。

7. 权利救济权

权利救济权是指公民基本权利遭受侵害后，有要求国家积极采取措施加以保护的权利，它属于权利主体所享有的每项基本权利必然包含的内容。基于此，权利救济权并非一项独立的权利。它在权利主体的原权利遭受侵害时得以发生。法谚有云：无救济则无权利。如果公民的权利受到侵害难以获得救济，那么这项权利也将毫无意义。如果权利未受到侵害，那么救济权也就无从发生和谈起。在这个意义上来说，权利救济权是第二性权利，但又是公民的一项非常重要的权利。在具体司法实践过程中，当权利主体的实体权利遭受侵害时，由有关机关或个人在法律允许的范围内采取一定的措施来补救或消除侵害，使得权利主体获得一定的补偿或赔偿，以保护权利主体合法权益。人作为社会关系的综合，在社会活动过程中难免会与其他组织和个体之间发生矛盾和利益冲突，也可能会面临权力机关及其相关主体对其权益的侵害，在这种情况下，需要国家建立相应的权利救济制度以保障权利主体的权益。

一般而言，公民在其原权利遭受侵害时，可依据法律规定采取司法救济、仲裁救济和行政救济等。司法救济是指权利主体在其原权利遭受侵害时依法向人民法院提起诉讼，人民法院依其职权并按照一定的程序对权利主体的权利进行补救的一种权利救济制度，它凸显出国家强制性和法律的严肃性以及效力终局性等特征。在现代社会，司法救济是法律救济的核心，也被称为权利保障的最后一道屏障，是现代权利救济体系的重要支柱。仲裁救济是指根据当事人之间的合意，将基于一定法律关系而发生或将来可能发生的纠纷委托给法院以外的第三方组织和机构进行裁决的权利救济制度，它具有程序简便、成本低下，结案速度快等特点，有利于减轻国家司法机关的司法压力，提高办案效率。行政救济是指公民因国家行政机关的违法或失职行为而使其权利、权益遭受侵害时，依法向有关行政机关请求重新处理或变更其违法行政行为，从而使其受到侵害的权利或利益得到恢复和补救的权利救济制度。行政救济包括行政复议和行政裁决两种主要形式。

（二）基于教师职业身份所享有的权利

具体而言，我国教师享有以下权利。

1. 教育教学权

教育教学权是教师最基本的权利。《中华人民共和国教师法》规定：教师有权“进行教育教学活动，开展教育教学改革和实验”。这一权利包括：

（1）教师可以依据其所在学校的教学计划、教学工作量等具体要求，结合自身的教学特点自主地组织课题教学；

（2）按照课程标准的要求确定其教学内容和进度，并不断完善教学内容；

（3）针对不同的教育对象，在教育教学形式、方法、具体内容等方面进行改革、实验与完善。教师的这一专业自主权应得到相应的尊重和保护，任何组织和个人不得非法干涉与剥夺。教师在行使这一基本权利时应保证履行相应的义务和职责。

2. 科学研究权

科学研究权是指教师在从事科学研究、学术交流以及参加专业的学术团体和学术活动中充分发表意见的权利。《中华人民共和国教师法》明确规定教师享有“从事科学研究、学术交流，参加专业的学术团体，在学术活动中充分发表意见”的权利。教师的这项权利是指教师在完成规定教育教学任务的前提下，有权根据其自身兴趣、爱好进行科学研究、技术开发以及教育理论研究等创造性劳动。科学研究权是教师作为专业技术人员的一项基本权利。教师的科学研究权包括以下几个方面的内容：

（1）教师可以自己确定科研课题和科研方法；

（2）教师有权自己决定是否参加学术团体；

（3）教师在学术活动中有权发表自己的观点，并决定是否出版论文著作；

（4）教师的科研学术活动应围绕提高学校的教育教学质量进行。

3. 管理学生权

管理学生权是教师履行自己职责的主要权利。《中华人民共和国教师法》规定：教师有权“指导学生的学习和发展，评定学生的品行和学业成绩”。这是与教师在教育过程中的主导地位相适应的基本权利。教师有权根据学生的身心发展状况和特点，有针对性地指导学生的学习，并在学生的特长、就业、升学方面给予指导。教师有权对学生的品德学习、社会活动、劳动文体活动、师生及同学关系等方面的表现做出公正的评价。教师有权利严格要求学生，对好的行为进行表扬，对不良行为提出批评，并根据学生的个性指导学生的发展方向。

4. 获得报酬待遇权

教师获得报酬待遇权是指教师根据法律的规定，有权获取工资报酬、享受国家法律规定的福利待遇以及带薪休假的权利。《中华人民共和国教师法》明确规定，教师享有“按时获取工资报酬，享受国家规定的福利待遇以及寒暑假的带薪休假”的权利，这也是《中华人民共和国宪法》规定的公民享有的劳动权利和劳动者有休息的权利的具体化。教师报酬待遇权包括以下几个方面的内容：

（1）教师有权要求所在学校及主管部门根据教育法律、教师聘用合同的规定，按时足额支付工资报酬；

（2）教师有权享受国家规定的福利待遇。虽然教师待遇还未达到相应的水平，但是，自党的十一届三中全会以来，中央政府多次在政策性文件中重申了提高教师地位和待遇的政策，这对稳定教师队伍、促进教育事业的发展起到了积极的作用。然而，在某些地方，随意挪用教育资金，拖欠教师工资的事件还时有发生，从而导致了优秀教师外流，教师队伍出现危机，这不仅直接侵害了教师的合法权益，也危害了教育事业的发展。教师劳动具有较高的价值，教师获取的报酬待遇应与其劳动的性质与形式相适应。教师的待遇亟需一套有效的制度予以保障。《中华人民共和国教师法》第二十五条中明确规定了教师工资水平的原则，即教师的平均工资水平应当不低于或者高于国家公务员的平均工资水平，并逐步提高。国家建立和健全教师晋级增薪制度。此外，《中华人民共和国教师法》还对教师工龄津贴、边远地区教师补贴、特殊教育教师津贴等做出了相关规定，彰显出党和国家对教师职业的尊重与保护。

5. 民主管理权

教师的民主管理权是指教师享有“对学校教育教学、管理工作和教育行政部门的工作提出意见和建议，通过教职工代表大会或者其他形式，参与学校的民主管理”的权利。教师行使民主管理权主要体现在以下几个方面：

（1）听取校长工作报告，讨论学校年度工作计划、发展规划、学校改革方案、教职工队伍建设等重大问题，并提出意见和建议；

（2）讨论通过岗位责任制、教职工奖惩管理办法及其他有关规章制度；

（3）讨论教职工福利费管理使用原则、办法及其他有关教职工的集体福利事项；

（4）学校领导在教师参与民主管理的过程中要充分尊重和相信教师，不要干预教师行使民主管理权。

6. 进修培训权

《中华人民共和国教师法》规定：教师享有“参加进修或者其他方式的培训”的权利。教师的这一权利同时也是政府和学校的义务，要落实好教师的培训工作。教师享有的这一权利，是为了提高教师自身的素养，也是为了更好地促进教学质量和人才培养质量的提高。现代社会的急剧变化，要求教师能够从容迎接新的挑战，在整个任职期间应该接受继续教育，扩大和提高自身的专业知识和教育能力。

教师进行培训，一方面是教师的权利，另一方面也是基于教育专业化程度的提高和教育改革的需要。教育专业化程度的提高对教师知识和能力的要求越来越高。教育改革的需要是指教育改革没有教师的支持和参与难以成功。同时，如果教师素质不提高，任何教育改革也难以奏效。

7. 教育惩戒权

（1）教育惩戒的概念

教育惩戒这一行为自古以来就存在于教育活动当中，只是在过去法治意识和水平尚未到达当前社会的水准，因而未将其以法治形式彰显出来。近些年来，随着我国社会转型和法治发展，教育领域中所发生的一系列师生矛盾、家校矛盾事件，促使了《中小学教育惩戒规则（试行）》的产生。《中小学教育惩戒规则（试行）》第一次以部门规章的形式对教育惩戒做出了详细规定，对教育惩戒的属性、适用范围以及实施规则、措施和要求等各方面都进行了规定，以更好地推动学校全面贯彻落实党的教育方针和立德树人根本任务。教育惩戒是学校、教师基于教育目的，对违规违纪学生进行管理、训导或者以规定方式予以矫治，促使学生引以为戒、认识和改正错误的教育行为，它是学校、教师行使教育权、管理权、评价权的具体方式。

而教育惩戒权是指教师作为教育活动主体，为维护学生利益、实现教育目的，在平常的教学管理中对不合范学生施予负面评价，从而达到促进合范行为的产生的一种教学管理方式。从法理层面来讲，职责与权力是相辅相成的，赋予某个主体履行一定的职责，就必须同时赋予其履行该职责的相应权力。教师对学生具有教育、管理、保护的职责，为了履行这一职责，必须赋予教师一定的强制性管理学生的权力。因此，教育惩戒权是一种职业权力，是权力而非权利。权力意味着不可放弃，必须行使，否则就是不作为，就是失职。同时，教育惩戒权还是教师的一种专业权力，教育是一种专业活动，教师是专业人员，教师必须具有保证教育活动顺利进行的专业自主权。

（2）教育惩戒权的特点

教育惩戒权具有以下特点：第一，它具有明显的教育性。教育惩戒的教育性是一切与教育有关的惩戒之前提。因为教师的终极目的是培育、引导学生，当学生的行为产生偏差时，应当以教育为首要原则。即使是惩戒也不应当偏离教育目的。第二，它具有典型的否定性。教育惩戒的否定性强调教师对学生偏差行为给予负面评价，当然此评价包括言语上的，也包括其他方面的措施。第三，它具有事先性。教育惩戒的事先性主要体现在通过对前一行为的否定，从而达到事先的防止以后同类事件的发生的目的，其与教育性有相同的效果。第四，它具有根本的保护性。在教育教学和管理过程中，教育惩戒只是一个工具而非目的，其目的在于保护学生。当存在一定的制度规制该权力的行使时，对教师和学生均能达到保护效果。教师因有明确的规范而产生对行为后果的可预见性，学生因教育者规范行使该权力而享有更多的权利保护。

（3）教育惩戒权的主要表现形式

2021 年 3 月 1 日开始实施的《中小学教育惩戒规则（试行）》第八条明确规定，教师在课堂教学、日常管理中，对违规违纪情节较为轻微的学生，可以当场实施以下教育惩戒：① 点名批评；② 责令赔礼道歉、做口头或者书面检讨；③ 适当增加额外的教学或者班级公益服务任务；④ 一节课堂教学时间内的教室内站立；⑤ 课后教导；⑥ 学校校规校纪或者班规、班级公约规定的其他适当措施。教师对学生实施上述措施后，可以以适当方式告知学生家长。具体而言，教育惩戒权主要体现在以下几个方面：

① 言语训诫。言语训诫是最为常见的教师惩戒，也是所需条件限制最少、造成后果最轻的惩戒方式。② 收回奖励。此处的奖励本就是教师赋予的，而后，由于学生的一些不良表现而收回。通常在教师对学生的管理过程中，有权对一些学习情况良好、思想觉悟高和其他综合素质发展较好的学生给予奖励。而当学生违反一定的纪律时，教师也有权剥夺其给予的精神奖励。③ 收管学生物品。这里主要指当学生自带的某些物品有一定的危险性，使用不当会造成学校人员伤亡时，作为学校教学管理人员的教师有权将这些物品暂时收管。尽管学生作为所有权人，在法律意义上，享有对其财产占有、使用、收益等的权利，但学校和教师出于学校正常的教学秩序和安全考虑，应当有权对学生的财产进行一点合理的限制。④ 暂时隔离措施。这是指当发生纠纷或学生情绪激动不服管教之时，暂时将该生从当前的环境中隔离，从而有利于其自我反思。⑤ 书面检讨，即要求违纪学生以书面形式作出检讨。⑥额外义务劳动。实践中教师对学生之违纪行为有罚扫地、擦窗户之类的额外的劳动。⑦其他。对学生的惩戒行为还有罚作业、留校教育等措施。

4. 教育惩戒与教育处分、体罚的区别

一般而言，教育惩戒不会产生法律上的效果，尽管可能会对学生基本权利产生影响，但是这些影响基本上可以忽略不计。但是，教育处分则不同，教育处分则一般由学校单方作出，并且通常会对学生权利产生重大影响。如现行法规、规章中规定的警告、严重警告、记过、留校察看、开除学籍等，均会对学生的法律地位产生一定影响，甚至会使学生丧失身份和资格。具体而言，教育惩戒与教育处分的区别主要体现在以下几个方面：

第一，实施主体不同。教育惩戒一般是由个别教师来实施，不用借助外在力量，其实施依据可以是校规校纪、班规班纪等。当教师严格按照规则行使惩戒权时，其代表的是学校管理者，而当其超越规则范围、过度惩戒时，其仅代表自身，也就是他应对自己的侵权行为承担责任。而教育处分归属于学校，即处分不可由个别教师做出，而必须以学校的名义形成处分决定。第二，形式不同。由于教育处分会对学生权益造成较大损害，为确保学生能得到充分救济的权利，一般要求其必须以书面形式做出。而教师惩戒行为则恰好与之相反。第三，程序不同，教育惩戒行为之实施往往无须按照程序进行。而教育处分则一般须按照严格的程序进行。同时，与 20 世纪相比，现今的学校处分程序更加完善，充分表现了国家、社会对个人权利的保障。

而教育惩戒与体罚的区别主要体现在以下几个方面：第一，性质不同。教育惩戒是一种教育行为，而体罚是一种侵权行为。《中小学教育惩戒规则（试行）》第十二条明确规定了教师禁止实施的七类不当教育行为，包括：以击打、刺扎等方式直接造成身体痛苦的体罚；超过正常限度的罚站、反复抄写，强制做不适的动作或者姿势，以及刻意孤立等间接伤害身体、心理的变相体罚；辱骂或者以歧视性、侮辱性的言行侵犯学生人格尊严；因个人或者少数人违规违纪行为而惩罚全体学生；因学业成绩而教育惩戒学生；因个人情绪、好恶实施或者选择性实施教育惩戒；指派学生对其他学生实施教育惩戒。这些禁止行为划定了教师行为红线，

方便各方监督。

第二是目的性不同。行使教育惩戒权首要的是其教育性，基本前提是不伤害学生身心健康。而体罚恰恰相反，其通常会对学生身体或是心理产生伤害。体罚的种类有很多，包括体罚和变相体罚，体罚是违法的，应当严格禁止。《中华人民共和国义务教育法》《中华人民共和国教师法》《中华人民共和国未成年人保护法》等法律，都严格地规定了教师不得体罚。而变相体罚相对于体罚而言则较为隐蔽，但对学生的伤害却与体罚相同，有时甚至更加严重。如侮辱、罚劳动（对学生负担较重的劳动）、罚作业（严重影响学生休息的额外作业）等，这些方式有的会使学生心理上遭受折磨，有的会使学生身体负担加重。教育惩戒更加侧重于对学生的教育性，即总体而言是对学生有益而无害的一种方式。而体罚和变相体罚虽也存在对学生的教育性，但其具体的方式却不适当，由此产生的结果往往不尽如人意。更有甚者，有些教师纯粹是为发泄自身的怒气或压力，对学生进行体罚。

第三是实施内容的不同。教育惩戒的先决条件便是尊重学生人格，且不伤害学生身心健康。而体罚和变相体罚则恰好相反，其一般会使学生在身体上或心理上达到痛苦或极度疲劳，因此是一种侵权行为。体罚作为一种极端的教育惩戒方式，注定不能存在于现代文明社会当中。

三、教师的义务

与教师的权利一样，教师的义务也是基于教师的双重身份而规定的。一方面，教师基于其公民身份须履行一定的义务，另一方面教师基于其教师职业属性须履行一定的义务。

（一）基于普通公民应履行的义务

教师作为一名普通公民，与其他公民一样，需要履行宪法和法律规定的义务。

（1）维护祖国统一与民族团结的义务；

（2）遵守宪法和法律，保守国家秘密，爱护公共财产，遵守劳动纪律，遵守公共秩序，尊重社会公德等义务；

（3）维护国家安全、荣誉和利益的义务；

（4）保护祖国，依法服兵役和参加民兵组织的义务；

（5）依法纳税的义务；

（6）其他义务，包括抚养教育未成年子女的义务、赡养和扶助父母的义务、劳动和受教育的义务等等。

（二）基于教师身份应履行的义务

教师的义务主要涉及各种教育教学活动，它以教育、保护、管理学生，促进学生的健康发展，维护国家的统一与民族团结为主要目的。根据《中华人民共和国教师法》第八条的规定，教师应当履行以下义务。

（1）遵守宪法、法律和教师职业道德，为人师表的义务；

（2）贯彻党和国家的教育方针、政策，遵守规章制度，执行学校的教学计划，履行教师聘约，完成教育教学工作任务的义务；

（3）对学生进行宪法所确定的基本原则的教育和爱国主义、民族团结的教育，法制教育以及思想品德、文化、科学技术教育，组织、带领学生开展有益的社会活动的义务；

（4）关心、爱护全体学生，尊重学生人格，促进学生在品德、智力、体质等方面全面发展的义务；

（5）制止有害于学生的行为或者其他侵犯学生合法权益的行为，批评和抵制有害于学生健康成长的现象的义务；

（6）不断提高思想政治觉悟和提高教育教学业务水平的义务。

四、教师资格制度

《中华人民共和国教师法》第三条中规定：“教师是履行教育教学职责的专业人员，承担教书育人，培养社会主义事业建设者与接班人，提高民族素质的使命。”我国对教师实行资格制度，即只有具有教师资格的人，才能被学校等教育教学机构聘任，担任教育教学工作。

（一）教师资格的定义

教师资格制度指管理部门依照教师所需具备的知识与技能，对教师实行的一套法定的职业许可和规范体系，它规定了教师资格的分类与适用、教师资格的认定（其中包括认定机构、资格条件和资格考试等）和教师资格的管理（包括考核与更新）。《中华人民共和国教师法》第十条规定：“国家实行教师资格制度。”教师资格制度是国家对教师实行的一种特定的职业许可制度。其法律依据主要有《中华人民共和国教师法》《教师资格条例》以及《〈教师资格条例〉实施办法》。实行教师资格制度是因为教师与其他职业一样，具有专业性很强的特征。实行教师资格制度既可以保证教师队伍的高素质发展，又可以保证国家整体教育质量的提升。教师资格一经获取，即不受地域和时间的限制，在全国范围内被普遍认可，非法定特殊情况和程序不得撤销。

根据当前我国教育法律相关规定。教师资格根据任教学校的等级不同而分为：幼儿园教师资格，小学教师资格，初级中学教师和初级职业学校文化课、专业课教师资格（统称为初级中学教师资格），高级中学教师资格，中等专业学校、技工学校、职业高级中学文化课、专业课教师资格（统称为中等职业学校教师资格），中等专业学校、技工学校，职业高级中学实习指导教师资格（统称为中等职业学校实习指导教师资格），高等学校教师资格。此外，成人教育的教师资格，按照成人教育的层次，依照国家教师法律规定确定相应的类别。

（二）教师资格的取得条件

教师资格的取得需要具备积极要件和消极要件两个方面的要求。

1. 积极要件

积极要件是指申请人申请教师资格所必须具备的条件。《中华人民共和国教师法》第十条规定：“国家实行教师资格制度。中国公民凡遵守宪法和法律，热爱教育事业，具有良好的思想品德，具备本法规定的学历或者经国家教师资格考试合格，有教育教学能力，经认定合格的，可以取得教师资格。”

教师资格取得要件体现在以下几个方面：

第一，国籍要求。必须是中华人民共和国公民，这是成为教师的先决条件。

第二，思想道德要求。良好的政治思想水平和道德修养是取得教师资格的重要条件。

一个教师首先要热爱教育事业。只有热爱自己的职业，才能全身心地投入到工作中去，为教育事业的发展贡献力量。此外，教师作为人类灵魂的工程师，自己应当具有高尚的灵魂、高尚的情操，才能为人师表，才能施教于人。教师的一言一行总在潜移默化地影响学生。教师良好的思想品德应该以师德为核心。师德是教师从事教育职业的行为准则，是教师职业道德的具体体现。由于教育工作者职业的特殊性，所以师德应该比其他的职业道德具有更高的要求。2008 年修订的《中小学教师职业道德规范》对教师的职业道德原则规定为六条：（1）爱国守法；（2）爱岗敬业；（3）关爱学生；（4）教书育人；（5）为人师表；（6）终身学习。

第三，业务要求。具有教育教学能力是完成教育教学任务的必备条件。对教师的业务要求主要包括三个方面的内容：其一，具备承担教育教学工作所必需的基本素质和能力；其二，普通话水平应当达到国家语言文字工作委员会颁布的《普通话水平测试等级标准》二级乙等以上标准。少数民族地区的普通话水平应当达到三级甲等以上标准，使用汉语和当地民族语言教学的少数民族自治地区的普通话水平，由省级人民政府教育行政部门规定；其三，要具有良好的身体素质和心理素质，适应教育教学工作的需要。在教师资格证认定机构指定的县级以上医院体检合格。

第四，学历要求或资格考试要求。要达到规定的学历标准或通过教师资格考试。对于学历标准，《中华人民共和国教师法》第十一条做了明确规定：取得幼儿园教师资格，应当具备幼儿师范学校毕业及以上学历；取得小学教师资格，应当具备中等师范学校毕业及其以上学历；取得初级中学教师、初级职业学校文化、专业课教师资格，应当具备高等师范专科学校或者其他大学专科毕业及其以上学历；取得高级中学教师资格和中等专业学校、技工学校、职业高中文化课、专业课教师资格，应当具备高等师范院校本科或者其他大学本科毕业及其以上学历；取得高等学校教师资格，应当具备研究生或者大学本科毕业学历；取得成人教育教师资格，应当按照成人教育的层次、类别，分别具备高等、中等学校毕业及其以上学历。不具备《中华人民共和国教师法》规定的教师资格学历的公民，申请获取教师资格，必须通过国家教师资格考试。教师资格考试的科目、标准和考试大纲由国务院教育行政部门审定。

2. 消极要件

我国教育法律法规除了对教师资格积极要件的规定之外，还有消极要件的规定，即哪些情况下不得取得教师资格。具体而言主要有两种情况：

第一种情况是刑事犯罪。《中华人民共和国教师法》第十四条明确规定，“受到剥夺政治权利，或者故意犯罪受到有期徒刑以上刑事处罚的，不能取得教师资格；已经取得教师资格的，丧失教师资格。”

第二种情况是传染性疾病和精神病。因为教师要和众多学生在一起活动，所以申请教师资格者不能患有传染病，如果其传染病已经痊愈，则可以申请。但精神病不同，因为精神疾病的复发概率很大，所以申请教师资格的人不仅现在不能有精神疾病，而且还不能有精神病病史。

（三）教师资格的认定与申请

1. 教师资格的认定

认定教师资格，应当由本人提出申请。教育行政部门和受委托的高等学校每年春季、秋季各受理一次教师资格认定申请。具体受理期限由教育行政部门或者受委托的高等学校规定，并以适当形式公布。申请人应当在规定的受理期限内提出申请。

幼儿园、小学和初级中学教师资格认定，由申请人户籍所在地或者申请人任教学校所在地的县级人民政府教育行政部门进行认定。高级中学教师资格，由申请人户籍所在地或者申请人任教学校所在地的县级人民政府教育行政部门审查后，报上一级教育行政部门认定。中等职业学校教师资格和中等职业学校实习指导教师资格，由申请人户籍所在地或者申请人任教学校所在地的县级人民政府教育行政部门审查后，报上一级教育行政部门认定或者组织有关部门认定。受国务院教育行政部门或者省、自治区、直辖市人民政府教育行政部门委托的高等学校，负责认定在本校任职的人员和拟聘人员的高等学校教师资格。在未受国务院教育行政部门或者省、自治区、直辖市人民政府教育行政部门委托的高等学校任职的人员和拟聘人员的高等学校教师资格，按照学校行政隶属关系，由国务院教育行政部门认定或者由学校所在地的省、自治区、直辖市人民政府教育行政部门认定。

2. 教师资格的申请

《教师资格条例》第十五条明确规定：申请认定教师资格，应当提交教师资格认定申请表和下列证明或者材料：（1）身份证明；（2）学历证书或者教师资格考试合格证明；（3）教育行政部门或者受委托的高等学校指定的医院出具的体格检查证明；（4）户籍所在地的街道办事处、乡人民政府或者工作单位、所毕业的学校对其思想品德、有无犯罪记录等方面情况的鉴定及证明材料。

申请人提交的证明或者材料不全的，教育行政部门或者受委托的高等学校应当及时通知申请人于受理期限终止前补齐。教师资格认定申请表由国务院教育行政部门统一格式。

教育行政部门或者受委托的高等学校在接到公民的教师资格认定申请后，应当对申请人的条件进行审查；对符合认定条件的，应当在受理期限终止之日起 30 日内颁发相应的教师资格证书；对不符合认定条件的，应当在受理期限终止之日起 30 日内将认定结论通知本人。

非师范院校毕业或者教师资格考试合格的公民申请认定幼儿园、小学或者其他教师资格的，应当进行面试和试讲，考察其教育教学能力；根据实际情况和需要，教育行政部门或者受委托的高等学校可以要求申请人补修教育学、心理学等课程。

教师资格证书在全国范围内适用。教师资格证书由国务院教育行政部门统一印制。

（四）教师资格的撤销

《教师资格条例》对具体的教师资格的禁止取得作出了详细规定。对有下列行为的，由县级人民政府教育行政部门撤销其教师资格：

（1）弄虚作假、骗取教师资格的；

（2）品行不良、侮辱学生，影响恶劣的。

被撤销教师资格的，自撤销之日起 5 年内不得重新申请认定教师资格。对于在教师资格考试中有作弊行为的，其考试成绩作废，3 年内不得再次参加教师资格考试。

对按照《教师资格条例》规定，丧失或撤销教师资格者，其工作单位或户籍所在地的县级以上教育行政部门应按照教师资格认定权限会同原发证机关办理撤销、注销教师手续，通知当事人，收缴其证书，并将教师资格注销或撤销决定存入当事人档案，在教师资格管理信息系统中做相应的记录。被撤销教师资格的当事人 5 年后再次申请教师资格时，需提供相关证明。取得教师资格的人员首次任教时，应当有试用期。在此期间没有履行教师应尽的责任，有关教育部门可以取消其教师资格。

五、教师职务制度

（一）教师职务制度的概念

教师职务制度是一项基本的教育管理制度，它是指根据各级各类学校教育教学、科研等实际工作需要而设置的，有明确职责、任职条件与任期，由具有专门业务知识和相应学术技术水平才能担负的专业技术工作岗位而形成的一项教师管理制度总称。《中华人民共和国教师法》第十六条明确规定："国家实行教师职务制度，具体办法由国务院规定。"作为教师任用的一项制度，教师职务制度涉及教师的聘用、职责、待遇、考核等多方面内容。

教师职务制度具有以下几个方面内涵：首先，教师职务依附于岗位设立，没有岗位，教师职务也就不复存在；其次，教师职务不是终身享有的，它与教师工资待遇直接挂钩，但有数额限制，如果教师不能完成教育教学工作任务，达不到其任职要求或不能履行其职务职责，就会被学校解聘、低聘或缓聘。再次，教师任职条件的考核，需要参考结合教师的师德、思想政治表现、教学水平、工作业绩等各方面因素进行综合考核；最后，教师的职务随着岗位消失而停止，如教师退休时，其原有的职务也就相应地解除。

（二）教师职务的系列与等级

基于教育的类别和学校的层次，我国教师职务也跟随学校类别与层次发生相应的变化。总体来说，我国教师职务主要包括中小学教师职务系列和高等学校教师职务系列。其中，中小学教师职务主要包括幼儿园教师职务、小学教师职务、中学教师职务和中等专业学校教师职务等内容。其中每一个系列又包括若干种职务。具体如下：

（1）普通中小学教师职务设为四级：三级教师、二级教师、一级教师和高级教师。其中，中学三级和二级与小学一级教师为初级职务，中学一级与小学高级为中级职务，中学高级教师为高级职务，幼儿园参照中小学教师职务执行。

（2）中等专业学校设教员、助教、讲师和高级讲师四级。其中中等专业学校、职业学校文化、技术理论课教师职务设教员、助理讲师、讲师和高级讲师；生产实习课教师职务设三级实习指导教师、二级实习指导教师、一级实习指导教师和高级实习指导教师四级。

（3）高等学校教师职务设助教、讲师、副教授和教授四级。

（4）各级成人学校结合成人教育自身的特点与层次，分别参照普通高等学校、中等专业学校和普通中小学教师职务执行。

（三）教师的任职条件

教师任职条件是指受聘教师职务应该达到国家有关教育法律、法规规定的，各级各类教师应具备的标准。一般而言，教师任职条件包括以下几个方面的内容。

（1）各级各类教师应具备相应的教师资格条件，这是教师任职的基础与前提，没有教师资格证书，不具备相应的教师资格条件，教师聘任、任职就无从谈起；

（2）遵守国家宪法和法律、法规，具有良好的思想政治素质和职业道德，教书育人，为人师表；

（3）具备相应的教育教学水平与学术水平，具有教育科学理论的基础知识，能够全面熟练地履行现任的职务职责；

（4）能够在做好本职工作的前提下，结合工作需要，努力学习与进修，不断提高自身的教育教学与学术研究水平；

（5）具备相应的学历与学位要求；

（6）身体素质健康，能够正常地从事教育工作。

（四）教师职务的评审

教师职务评审是师资队伍建设的一项重要内容，是落实党和国家重视知识分子政策的具体体现，它关乎每一位教师的切身利益。因此，如何客观、公正、合理地评定教师职称是每一所学校和每一位教师都十分关心的问题。各级各类教师职务，一般都是由同行专家所组成的教师职业评审组，根据现行各教师职务试行条例规定的任职条件来进行评定，其评审的程序、权限以及评审组织的组成办法等，都是由教师职务试行条例进行明确规定的。

六、教师聘任制度

（一）教师聘任制度的概念

教师聘任制度是指聘任双方在平等、自愿的基础上，由学校或主管学校的教育行政部门根据学校教育教学需要设置的工作岗位，通过学校或主管教育行政部门与教师签订聘任合同，聘请具有教师资格的公民担任相应教师职务的一项制度，通过聘任合同来确定教师受聘职务以及双方权利和义务内容。《中华人民共和国教师法》第十七条第一款明确规定："学校和其他教育机构应当逐步实行教师聘任制。教师的聘任应当遵循双方地位平等原则，由学校与教师签订聘任合同，明确规定双方的权利、义务和责任。"

教师聘任制度具有四个基本的特征：其一，教师聘任是教师与学校或学校主管的教育行政部门之间的法律行为。双方通过聘任制度来确定双方之间的权利义务关系，基于双方互利的原则在平等地位上签订聘任合同。其二，教师聘任制度以双方的双向选择为基本依据。作为聘任主体，学校或主管学校的教育行政部门可以依据国家规定以及学校教育教学需求，自主聘任教师；作为客体，教师有权根据自身知识水平与能力选择适宜自己发展的岗位工作。其三，聘任合同具有法律效力。教师与学校或主管学校的教育行政部门签订的聘任合同对于双方都具有约束力，以聘任书的方式规定了双方之间的权利、义务与责任。其四，教师聘任具有严格程序规范。首先学校根据教育教学需要确立岗位，然后在定岗定编基础上确定职务结构，最后通过招聘环节来聘任相关申请人员并颁发相应的聘书。

总之，教师聘用合同与其他合同一样，是教师在平等、自愿的基础上，与学校或主管学校的教育行政部门签订的劳动关系合同，在很大程度上具有民事契约的性质。只不过与一般劳动合同不同的是，公办学校的教师聘任合同往往与人事关系、单位编制等行政事务联系比较紧密，且需要通过教育行政部门的审核，带有一定的行政合同特性。

（二）教师聘任制度的程序及其形式

教师评审是一个系统的过程，它包括招聘、续聘、解聘和辞聘等一系列内容。

1. 教师的招聘

教师招聘是指学校或主管学校的教育行政部门，通过各种途径公开选拔学校教育教学所需要的教师，并与之签订聘任合同的过程。教师的招聘应具有公开、公正、自愿、平等等特征。学校或主管学校的教育行政部门与受聘教师签订的聘任合同，应当包括以下具体内容：教师聘任合同的期限、教师工作的内容、教师工作保护以及报酬、教师工作的工作纪律、教师聘用合同终止的条件以及违反聘用合同的双方责任等等。学校或主管学校的教育行政部门与教师签订的聘任合同可以约定试用期，但试用期不得超过 6 个月。教师在签订聘任合同时，应仔细审查合同文本内容，以免自身的合法权益遭到侵害。

2. 教师的续聘

教师续聘是指教师的聘期届满后，教师与学校或主管学校的教育行政部门继续签订聘任合同。需要注意的是，如果教师在同一学校或单位连续工作满 10 年以上，双方同意延续聘任合同的，如果教师提出签订无固定期限的聘任合同，那么学校或主管学校的教育行政部门应当与教师签订无固定期限的聘任合同。

3. 教师的解聘

教师解聘是指学校单方面解除教师聘用合同的行为。一般而言，根据我国教育法律、法规的规定，学校不得单方面解除与教师的聘用合同。但如果教师存在严重违反学校纪律或因严重失职给学校造成重大损失等特定情况下，学校可以单方面解除教师聘用合同。根据《中华人民共和国劳动合同法》第三十九条的规定，劳动者有以下情形之一，用人单位可以解除劳动合同。

（1）劳动者在试用期间被证明不符合录用条件；

（2）劳动者严重违反用人单位的规章制度；

（3）劳动者严重失职，营私舞弊，给用人单位造成重大损害；

（4）劳动者同时与其他用人单位签订劳动关系，对完成本单位的工作任务造成严重影响，或经用人单位提出，拒不改正的；

（5）劳动者被依法追究刑事责任。

学校等用人单位不得解除教师的聘任合同主要有以下几种情况：（1）劳动者患职业病或因工负伤并被确认丧失或部分丧失劳动能力的；（2）工作期间患病或负伤，且在规定的医疗期内的；（3）女教职工在孕期、产期和哺乳期内的。

4. 教师的辞聘

教师辞聘是指教师单方面解除与学校等用人单位的聘任合同的行为。当学校等用人单位未按照教师聘任合同约定支付教师劳动报酬或者提供劳动条件时，教师可以随时解除与学校等用人单位的聘用合同。在其他情况下，教师如果单方面进行辞聘，需要提前30天通知用人单位。《事业单位人事管理条例》第十六条规定："事业单位工作人员年度考核不合格且不同意调整工作岗位，或者连续两年年度考核不合格的，事业单位提前30日书面通知，可以解除聘用合同。"第十七条规定："事业单位工作人员提前30日书面通知事业单位，可以解除聘用合同。但是，双方对解除聘用合同另有约定的除外。"根据《中华人民共和国劳动合同法》第四十条的规定，有下列情形之一的用人单位提前30天以书面形式的通知告知劳动者本人或者额外支付劳动者一个月工资后，可以解除与劳动者之间的聘用合同：（1）劳动者患病或者非因工负伤，在规定的医疗期满后不能从事原工作，也不能从事由用人单位另行安排的工作的；（2）劳动者不能胜任工作，经过培训或者调整工作岗位，仍不能胜任工作的；（3）劳动合同订立时所依据的客观情况发生重大变化，致使劳动合同无法履行，经用人单位与劳动者协商，未能就变更劳动合同内容达成协议的。

（三）教师聘任争议的解决

一段时期，受传统教育体制等因素的影响，我国公立中小学校的法律地位不明确，导致我国公立学校教师的聘任问题一直得不到国家的司法保护，处于弱势地位的教师只能通过申诉等途径来解决教师聘任过程中所产生的各种争议。2003年，《最高人民法院关于人民法院审理事业单位人事争议案件若干问题的规定》，明确将事业单位与其工作人员之间因辞职、辞退以及履行聘用合同所发生的各种争议纳入《中华人民共和国劳动法》调整范围。自此之后，教师聘任相关争议被纳入《中华人民共和国劳动法》的保护范围，解决了教师聘任无法可依、无门诉讼等问题。

根据《中华人民共和国劳动法》和我国《事业单位人事管理条例》的相关规定，教师与学校之间的聘任合同争议，可以首先提交当地人事仲裁部门进行仲裁。如果教师对于仲裁部门的仲裁结果不服，自收到仲裁裁决之日起15日内向人民法院提起诉讼，地方人民法院应当依法受理。如果一方当事人在法定期限内不起诉且又不履行仲裁裁决，另一方当事人向人民法院申请执行的，地方人民法院应当依法执行。

七、教师违法行为及其预防

教师违法行为是指教师在教育教学活动和管理过程中，因违反国家的教育法规所做出的侵害学生权益、违背教师职业道德和教师职责的行为。

（一）常见教师违法行为

1. 侵害学生的人身权

人身权是我国宪法、法律规定的民事权利主体依法所享有的，与其自身不可分离也不可转让的，没有直接财产内容的法定民事权利，它是公民所享有的一项最基本的人权。《中华人民共和国刑法》第二百三十八条规定：“非法拘禁他人或者以其他方法非法剥夺他人人身自由的，处三年以下有期徒刑、拘役、管制或剥夺政治权利　　致人重伤的，处三年以上十年以下有期徒刑；致人死亡的，处十年以上有期徒刑　　”在教育实践过程中，一些教师出于教育教学管理的考虑，将学生留在教室、办公室，不让其回家，甚至不让其吃饭等，这就属于限制学生人身自由，侵犯学生自由权。当然，禁止对学生进行非法拘禁并不意味着学校或教师对学生的人身自由不能进行任何限制，学校或教师可以对违纪的学生采取隔离、阻止等措施，防止学生继续违纪。总之，学校或教师对学生进行管制时，需要注意对学生的教育与保护。

2. 侵害学生的财产权

财产权是与人身权相对应的一种权利，它是指以财产利益为主要内容，直接体现公民个人或法人组织财产利益的民事权利。《中华人民共和国宪法》明确规定，公民的合法私有财产不受侵犯，国家依照法律规定保护公民的私有财产。在教育领域，为了保证学校正常教育教学秩序，保障学生的学习质量，学校一般都会禁止学生将与学习无关的物品带入学校，一旦发现学生违反学校规定，将可能“没收”该物品，这从教育的角度来讲是合情合理的。但是需要注意的是，这里的“没收”并非严格法律意义上的没收，学校或教师只是对学生的物品代为保管，除法律法规禁止的物品外，在合适的时机需要返还给学生。然而，仍然有一部分学校和教师在没收学生的物品之后，没有返还给学生，这就产生了侵犯学生财产权的嫌疑。甚至有些学校和教师为了较好地进行教学管理，私自对学生进行罚款，这种罚款行为肯定是违法的。在我国，只有国家法律授权的机关和组织才拥有罚款权，其他任何公民和组织无权对他人进行罚款。

3. 侵犯学生的隐私权

隐私权是指公民依法所享有的私人生活安宁与私人信息受到保护，不被他人非法侵扰、知悉、搜集、利用和公开的一种人格权，它是公民人格权的重要内容，《中华人民共和国宪法》《中华人民共和国民法典》《中华人民共和国刑法》《中华人民共和国未成年人保护法》等法律中都有明确规定。隐私权作为人的基本权利，它也是儿童权利的重要组成部分，它彰显出对自由、秩序和尊严等价值的追崇。《中华人民共和国宪法》第四十条明确规定：“中华人民共和国公民的通信自由和通信秘密受法律保护　　任何组织或者个人不得以任何理由侵犯公民的通信自由和通信秘密。”《中华人民共和国未成年人保护法》第六十三条中规定，对未成年人的信件、日记、电子邮件，任何组织或个人不得隐匿、毁弃。在教育教学实践过程中，部分教师出于各种理由，隐匿、销毁、私拆学生的私人信件。尽管绝大部分教师的出发点是好的，都是为了了解学生的思想动态、外界是否对学生有不良影响等等，但是教师应当注意，好的动机并不一定能够带来好的效果。教师不能采取非法手段对学生进行教育与管理，教师需要尊重和保护学生的隐私。

4. 体罚学生

所谓体罚是指对违规违纪的学生给予身体上感到痛苦或极度疲劳的一种惩戒方法，从性质上来说是一种人身侵权行为，它对学生的人身权和人格尊严权都产生了负面的影响。在教育实践中，教师体罚学生主要有三种类型：第一种类型是以直接伤害学生身体为主的体罚，如罚站、罚跑、揪耳朵、扇耳光、用脚踹、威胁、呵斥等等，这些行为都会不同程度地损害学生的身心健康发展，甚至造成学生的残疾和死亡。第二种类型是变相体罚。如罚学生抄写单词、做习题等。第三种类型是以侮辱学生人格为主的体罚方式，这种体罚其实对学生的伤害更大、更长久。体罚在世界各国法律中都被明确禁止。《联合国儿童权利公约》明确规定，任何儿童不受酷刑或其他形式的残忍、不人道或有辱人格的待遇或处罚。《中华人民共和国未成年人保护法》第二十七条规定："学校、幼儿园的教职员工应当尊重未成年人人格尊严，不得对未成年人实施体罚、变相体罚或者其他侮辱人格尊严的行为。"教师员工对未成年学生和儿童实施体罚或变相体罚，情节严重的，由其所在单位或上级机关给予行政处分。《中华人民共和国教育法》《中华人民共和国教师法》《中华人民共和国义务教育法》等教育法律法规也对体罚做出明确规定，教师不得体罚和变相体罚学生，学生人身权利不受侵害。近些年来，尽管各级教育行政部门一直强调禁止体罚，但是在具体的教育实践过程中仍然有体罚现象和行为存在。

5. 侮辱学生

侮辱学生是一种侵犯学生名誉权和人格权的行为，主要表现为讽刺、挖苦、侮辱、谩骂学生，使学生的人格尊严和心理健康受到伤害。如有些教师用侮辱性极强的语言批评学生，还对学生的亲属进行侮辱。人格尊严受我国宪法、法律的保护。《中华人民共和国宪法》第三十八条规定："中华人民共和国公民的人格尊严不受侵犯。禁止用任何方式对公民进行侮辱、诽谤和诬告陷害。《中华人民共和国民法典》第一千零二十四条第一款规定："民事主体享有名誉权。任何组织或者个人不得以侮辱、诽谤等方式侵害他人的名誉权。"《中华人民共和国义务教育法》第二十九第二款规定："教师应当尊重学生的人格，不得歧视学生，不得对学生实施体罚、变相体罚或者其他侮辱人格尊严的行为，不得侵犯学生合法权益。"在教育教学管理过程中，有些教师为了使学生意识到自己的缺点与问题，会对学生使用一些过激的言辞。应当说，正常的批评教育是应该的，有利于学生认识到自身的错误，但是如果教师批评学生时使用一些侮辱性的言辞，那就不恰当了。有些学生心理比较脆弱，在教师侮辱性言辞批评下会出现心理问题，以致产生一些过激行为。在教育教学过程中侮辱学生是一种违法行为，情节严重的会构成刑法上的侮辱罪。

6. 非法搜查

搜查原本是刑事诉讼活动中的一种侦查手段，其目的是发现犯罪证据而有效地查获犯罪嫌疑人。基于我国的司法实践，只有公安机关和人民检察院才具有搜查权，且必须要依法行使，其他任何机关、组织和个人均无权对公民的人身、住宅进行搜查。因此，非法搜查是指不具有搜查权的人或组织对未成年人进行搜查和检查的行为。在我国教育实践中，一些教师出于对学生管教的需要，对学生人身或书包等进行搜查，侵犯了学生的人身权，情节严重的会构成非法搜查罪。在这种情况下，被搜查的学生及其监护人可以依法向人民法院提起申诉，要求检察机关追究教师的责任，并可以要求教师向学生赔礼道歉、消除影响、恢复名誉、赔偿相应的精神损失费等等。《中华人民共和国刑法》第二百四十五条第一款规定："非法搜查他人身体、住宅，或者非法侵入他人住宅的，处三年以下有期徒刑或拘役。"

7. 性侵害学生

性侵害学生是指教师或其他教育工作者在教育教学管理过程中，利用自己的特定的身份和地位，对学生进行强奸、猥亵的行为。教师性侵害学生是当前我国教育实践领域里一种影响严重的犯罪类型。近些年来，随着教育的发展和法治的深入，教师性侵害学生的事件频频曝光，引起了整个社会的极大关注。根据《中华人民共和国刑法》的相关规定，教师性侵害学生极有可能构成强奸罪，强制猥亵、侮辱妇女罪，猥亵儿童罪等罪，要承担刑事法律责任。

8. 不作为或过失的失职行为

不作为是指教师不实施其依照教育法律、法规或岗位职责有义务实施的行为。我国教育法规明确规定，教师对学生的危险行为有告诫和支持的义务，教师对发现外界侵害学生人身财产权益的行为应当进行阻止。如果教师没有尽到以上职责而造成学生权益受到侵害，教师一般都难辞其咎。过失是指教师在教育教学与管理过程中基于其疏忽大意或过于自信所造成的错误。疏忽大意是指教师本应该意识到自己的行为会对学生产生危害后果而不去作为，最后导致危害后果的发生。过于自信是指教师已经预见到自己的行为会对学生产生危害后果，但由于其过于自信而轻信能够避免，最后导致危害后果的发生。以上两种情况的产生，教师都需要承担相应的法律责任。

9. 学术不端，剽窃他人学术成果

国有国法，行有行规。任何一个行业或者领域都有其属于自身的行业规定或要求，学术领域和学者学术研究也是如此，也必须要遵守学术基本道德与法律规范。学术不端行为是指在学术上的故意欺骗及违反学术规范、学术道德等行为，它包括抄袭、剽窃、伪造、篡改数据与资料或结果、隐瞒相关证据或资料、歪曲资料来源，以及将他人成果或资料强行拿来说是自己的的行为。在当前我国学术界，存在剽窃他人成果并将其据为己有的情况，存在引用他人见解或观点而未注明出处的情况，存在伪造实验数据、弄虚作假的情况。这一系列的违反学术道德甚至侵犯知识产权的不端行为，引起了全社会的极大关注。学术不端首先是一种违背教师职业道德、学术道德的行为，它有悖于教师在社会中的形象；其次，学术不端行为也是对知识产权的侵犯。《中华人民共和国著作权法》明确规定，作者享有发表权、修改权、保护作品完整权等等一系列权利，他人无法替代作者享有这些权利，抄袭、剽窃是对作者知识产权的侵害。

（二）教师违法行为的原因分析及其预防对策

1. 学校传统管理观念的错位

受教育体制和整个教育传统的影响，学校在办学过程中，往往重视升学，将分数作为评价教师的唯一标准。学校过多地关注学生管理以及教师的教学业绩，对于教师教育教学以外的相关情况缺乏相应的制度约束。不少学校的领导在思想上过于麻痹大意，缺乏对教师的思想状况、心理状况等的全面的把握和引导。有些学校在教师违法乱纪事件发生后，为了顾及学校和教师的声誉，企图大事化小、小事化了，将事件掩盖下来。这些错误的教育管理理念导致了教师违法行为案件的发生。在这种情况下，从各级政府到基层学校，需要深入开展社会主义法治理念教育，使各级教育行政管理领导干部和学校管理人员，牢固树立并自觉践行依法治国、依法治教、公平正义等理念，切实提高全体教师和管理人员的政治意识和法律意识。

2. 法治教育的缺位

近些年来，随着我国依法治国和依法治教进程的推进，教育法治建设也如火如荼地开展着，取得了一定成绩。但是，从整个教育实践来看，我国教育领域，尤其是教师领域中的法治教育仍然存在一些问题。教育法治实践领域中发生的教师体罚学生、殴打学生等事件，在很大程度上都可以归结为教师领域中的法治教育缺失。在 2013 年我国教师资格考试改革未开始之前，广大中小学教师资格证都是通过申请获得的，而在当时的高等师范专业课程设置中，仅仅设置了思想道德修养与法律基础等公共基础课程，学生除了能够记住几个法律概念之外，很难掌握一些实用的教育法律知识。在这种法律意识比较淡薄的社会环境下，不少教师因缺乏法律知识而导致出现违法行为，学生也因缺乏法律知识而对自身权益保护不够。自 2013 年我国教师资格考试改革以来，在所有师范类专业课程中都增加了“教育政策法规与教师职业道德”这门课程，这对在师范生中普及相应的法律知识和培养他们的法律素养均起着一定的作用。因此，在当前师范教育过程中，师范院校应尽快为广大中小学培养一些合格的、高素质的法律专业教师，让法治教育从最基础阶段融入学生的日常学习生活。

3. 学校教学管理制度的疏漏

学校在教学管理制度上的疏漏，极容易给实施违法行为的教师创造违法的机会。纵观近些年教育法治实践领域中的法律事件，大部分都可以从学校教学管理制度上找到一定的归因，如果学校能够在法治框架下，利用学校教学管理制度对这些疏漏进行防范，那么很多教育法律案件就可以被扼杀在摇篮当中。有些学校没有建立严格的进出入制度，甚至对不适合进入教师职业的人员采取宽松的方式让其进入；有些学校也没有建立完善的防范制度，让部分法律素质不高、教师职业道德水平较低的教师有可乘之机。教师的考核应该包括教师日常的教育教学纪律和师德表现，学校应当将不法分子排除在学校教育系统之外。因此，在当前法治框架下，学校要建立和健全用人制度和管理制度，对于不符合教师要求的人员坚决不予以聘用，对于没有取得教师资格证书的人员坚决不予以聘用。

4. 学生自身防范意识缺失

教育实践中发生的诸多教师违法事件，大都反映出一个基本的事实，即作为法律事件当事人之一的学生在自我权益保护方面存在不足，对自身权益缺乏正确的认识与了解，在面对教师的非法侵害时不知所措。在中小学教育实践中，许多学生将教师视为绝对的权威，对于教师言听计从，这也间接反映出学校和家长对学生在预防违法犯罪方面的教育存在问题。不少学生在面对教师的违法行为时难以及时预见其危害性，无所适从。因此，家长和学校需要加强合作，共同筑成一道防止未成年学生受到伤害的城墙，教会未成年学生对于教师的不合理、不合范行为说“不”。学生要多学习相关法律知识，如《中华人民共和国宪法》《中华人民共和国义务教育法》《中华人民共和国未成年人保护法》《中华人民共和国预防未成年人犯罪法》等等，知晓教师的哪些行为是违法的，哪些行为是需要遵从的。

此外，对于学校而言，还需要建立和完善学生伤害保障机制，让学生在自身权益受到教师侵害后可以采取合理的手段进行维权。建立和完善规范性学生申诉制度，对反映情况的学生予以保护，严禁对学生进行打击报复或泄漏学生的隐私。对于那些已经触及刑事法律的教师，学校应当立即将其移送给司法机关，绝不包庇纵容。

思考练习题

1. 如何理解教师？
2. 教师的权利和义务是什么？
3. 什么是教师资格制度？
4. 什么是教师职务制度？
5. 什么是教师聘任制度？
6. 如何看待教师违法行为？

第五章
学生法律制度

在传统的教育模式中，教师往往居于整个教育的中心，学生只是扮演接受知识灌输、服从学校管理的被动角色。然而从教育的逻辑本真出发，教育归根结底是一项培养人的社会活动。这决定了现代教育必须对教育的对象即学生展开充分的理论与实践关怀。随着教育改革的深入和法治建设的开展，学生的主体地位、独立性越来越受到社会的认可与尊重。《国家中长期教育改革和发展规划纲要（2010—2020年）》明确提出，要以学生为主体，充分发挥学生的主动性，把促进学生健康成长作为学校一切工作的出发点和落脚点。当前全国各地、各领域的教育实践表明，秉持着落实学生主体地位、培养学生的主体意识的理念，才能使教育改革继续深化。

一、学生的法律地位

学生的法律地位是教育政策与法规研究中的基本问题，也是我国教育法治进程中的关键问题，它决定着学生这一教育法律关系主体的权利和义务，也决定着学生这一教育法律关系主体的法律性质以及权利救济的方式。

（一）学生的概念

什么是学生？它是一个极其宽泛的社会群体。在不同的学科视角下，人们对学生的认识不同。从社会学角度出发，学生是一个处于学习过程当中的人，无论年龄、性别、学习场所、学习内容如何，都可以被视作学生。从教育学视角来看，学生是指在学校或者其他教育机构接受教育的人，无论他的年龄、性别以及是否为学历学习，都被视为接受教育的人。然而，从法学视角来看，学生是指根据教育法律、法规的相关规定，在其法定学龄期间，满足学校等正规教育机构设定的入学制度，并取得相应学籍的受教育者。在这里，学生的身份取得必须是在教育法律、法规的规定前提下，且在年龄上也必须符合国家的标准，满足各级各类正规学校的入学标准，而且还需要取得学籍。因此，学生的法律地位是指学生基于其权利能力和行为能力，在具体的教育法律关系当中所取得的一种法律资格。

（二）学生法律地位的双重界定

1. 公民——宪法层面的学生法律地位

《中华人民共和国宪法》第三十三条第一款规定：“凡具有中华人民共和国国籍的人都是中华人民共和国公民。”《中华人民共和国宪法》的明确规定表明，任何具有中国国籍的学生必然都具有一个共同的法律身份——中国公民。《中华人民共和国宪法》第三十三条第二款规定：“中华人民共和国公民在法律面前一律平等。”平等地享有宪法和法律规定的权利，同时也必须履行宪法和法律所规定的义务。从宪法层面强调学生的公民身份具有非常重要的价值。一方面，它是对于国家机关及其他各类组织在适用法律上所构成的宪法限制，适用于全体公民，以禁止歧视为基本内容，高度凸显出了学生的公民主体性，有助于在教育实践领域中抵制各种歧视学生的行为。另一方面，公民概念的内涵也会随着社会的发展而不断深化，并推动着公民基本权利的发展，尤其在当前依法治国的大背景下，强调学生公民地位的宪法认可，有助于学生更早、更明确地树立知法、守法、懂法的主体意识和规范意识。

2. 受教育者——教育法层面的学生法律地位

《中华人民共和国宪法》四十六条第一款和《中华人民共和国教育法》第九条第一款明确规定：“中华人民共和国公民有受教育的权利和义务。”《中华人民共和国义务教育法》和《中华人民共和国高等教育法》分别规定了公民依法接受义务教育和高等教育的权利。《中华人民共和国教育法》第五章专门以受教育者为主题对受教育者所享有的权利和义务进行了明确规定。从教育法层面对于学生的法律地位进行明确规定，一方面反映出学生所享有的受教育者主体地位，另一方面也凸显出受教育者与受教育权二者之间相互统一、不可分割的独特性。

关于受教育权的基本性质，当前学术界有权利说、义务说和权利义务复合说三种不同的观点。权利说和义务说在一定程度上，片面强调权利或义务等单方面的重要性，但是无法否定另一个维度的存在。我国现行的教育法律法规明确了受教权既是一种权利，也是一种义务，从实质上来说，它肯定了受教育权的双重复合属性。《中华人民共和国教育法》第九条第二款明确规定：“公民不分民族、种族、性别、职业、财产状况、宗教信仰等，依法享有平等的受教育机会。总之，对于学生而言，其享有的受教育者这一法律地位已经得到了法律的明确认可，但是其在教育实践中实现程度如何，取决于现有的法律条件与支持。

（三）不同法律关系下的学生法律地位

学生作为一个法律主体，在不同的法律关系下所体现出的法律地位是存在差异的。基于学生的多重法律身份，学生的法律地位也是存在差异的。

1. 自然人——教育民事法律关系下的学生法律地位

学生的民事法律地位是指由民事法律规范所确认的学生的民事主体资格。根据《中华人民共和国民法典》相关规定，民事主体主要包括自然人、法人和非法人组织，而学生作为自然人，享有《中华人民共和国宪法》和《中华人民共和国民法典》所规定的一切自然人的权利，如生命权、身体权、健康权、姓名权、肖像权、隐私权、名誉权、婚姻自主权等民事权利。只不过在不同的民事法律关系下，不同的学生主体所享有的民事法律地位也会存在差异。

《中华人民共和国民法典》对于自然人民事法律地位的界定，主要体现在民事权利能力和民事行为能力上。根据《中华人民共和国民法典》的相关规定，自然人从出生之时起到死亡之日止，均享有完全平等的民事权利能力，但是会因其年龄和认知能力的差异，被分为完全民事行为能力人，限制民事行为能力人和无民事行为能力人三种类型。《中华人民共和国民法典》以 8 周岁、18 周岁作为划分无民事行为能力人、限制民事行为能力人、完全民事行为能力人的年龄基准，不同的行为能力直接决定了行为人所实施的民事法律行为的法律效力。具体而言，未满 8 周岁的婴幼儿或低年级小学生，被视为无民事行为能力的人，其所实施的民事法律行为无效，必须由其法定代理人代理实施；年满 8 周岁的未成年人，被视为限制民事行为能力人，必须经其法定代理人同意，才可以独立实施民事法律行为，也可实施与其年龄认知相适应的民事法律行为；年满 18 周岁，若不存在无法辨认自身行为的特殊事由，则被视为完全民事行为能力人，可以独立实施民事法律行为。

2. 行政相对人——教育行政法律关系下的学生法律地位

行政相对人原本是行政法学中的一个重要概念，它是指参与行政法律关系，对行政主体享有权利或承担义务的公民、法人或其他组织。在我国当前行政法领域中，行政相对人主要包括以下几个方面的主体：一是行政执法活动所直接针对的人；二是行政执法活动中的申请人以及与申请获得相关的人；三是接受行政执法主体行政指导的人；四是权利义务受行政程序影响的人。借用行政法中的概念和理念，在教育行政管理过程中，有权享有管理的一方被称为教育行政主体，接受教育行政管理的另一方就被称为教育行政相对人。基于教育行政相对人的特点，它包括学校、教师、学生和家长等四个方面的主体内容。

学生作为教育行政相对人，是从行政法学角度来进行界定的。当代社会，国家或政府是国家教育的主体，学校是相对独立的组织教育教学活动的法人实体。学校与学生之间的关系就是教育行政主体与教育行政相对人的关系。尽管学生作为教育法律关系的主体，享有宪法、教育法等法律法规所规定的一系列权利，但是当学生作为教育行政相对人身份出现时，他们则处于被政府或学校进行管理的状态，须在国家或学校的要求以及教师的帮助下，养成良好的生活学习习惯、提升自我学习和生活能力。受我国法律传统以及教育管理体制的影响，我国公立学校一般被视为国家法律授权的组织或公务法人，在国家法律的授权下对学生进行教育管理，并能够独立承担法律责任的主体。因此，我国公立学校一般都享有招生、学籍管理、学生处分等权力，彰显单方意志性和强制性，符合行政机关权力所具有的基本特征。然而，在对学生进行教育管理的同时，但凡涉及学生受教育权，涉及学生学籍的产生、变更及消灭，涉及学校的管理、处分以及由此连带的涉及学历和学位等决定行为时，必须要坚持法律保留。换言之，在学生与学校所产生的教育行政法律关系中，学校一般是以教育行政主体的法律地位自居，而学生则一般处于教育行政相对人的法律地位。

学生作为教育行政相对人的法律地位主要体现在以下三个方面：第一，学生是教育行政机关、学校管理的对象。学生作为在国家既定的学制体系下，在学校及其相应教育机构中接受教育的受教育者，势必要接受国家以及国家授权组织和机构的教育与管理。第二，学生也是教育行政管理活动的参与人。国家为提高国民素质和促进经济社会发展，大力发展教育事业。国家在对教育事业进行管理的过程中，势必会对教育活动主体——学生进行相应的规范，离开了学生这一教育活动主体，教育管理活动也将不复存在。第三，学生作为教育行政相对人，在教育行政法律关系中可以转化为教育救济对象以及监督主体。作为教育行政管理组织或机构，在行使国家教育管理权时，难免会对教育行政相对人的权益造成侵害，在这种情况下，要想确保教育行政相对人的权益得到保障，必须要坚持无救济无权利的原则和理念，构建教育行政相对人权利救济途径或机制。

3. 被害人或被告人——刑事法律关系下的学生法律地位

刑事法律关系是指刑事法律规范所调整的因犯罪行为而引起的控罪主体与犯罪主体之间的一种特殊社会关系，即刑法上的权利义务关系。学生作为社会活动主体，一般都会在民事法律关系和教育行政法律关系调整之中，但是偶尔还是会涉及刑事法律关系调整。刑事法律关系下学生的法律地位主要体现在两个方面：受害人与被告人。

学生作为被害人，主要存在于未成年人阶段。由于其年龄较小、安全意识和自我保护能力较弱，容易遭到犯罪行为的侵害。遭受犯罪行为侵害的未成年人被称为被害人。《中华人民共和国刑事诉讼法》明确规定，被害人具有独立的诉讼当事人地位，享有广泛的诉讼权利，与此同时也必须承担某些法定的特殊义务。由于未成年学生的脆弱性以及犯罪行为的恶性，我国的刑法格外注意加强对未成年被害人的特殊保护。《最高人民法院、最高人民检察院、公安部、司法部关于依法惩治性侵害未成年人犯罪的意见》《国务院办公厅关于加强中小学幼儿园安全风险防控体系建设的意见》《教育部办公厅关于进一步加强中小学（幼儿园）预防性侵害学生工作的通知》等政策法规，明确要求严厉打击涉及侵害未成年学生的违法犯罪行为，依法保护未成年学生的合法权益。在具体的司法实践过程当中，国家坚持最大限度保护未成年人原则。

学生作为被告人是针对青少年犯罪这一个问题而言的。未成年学生违法犯罪是全世界各国均面临的棘手难题，也是教育和法律事业共同面临的重大考验。近些年来尽管随着我国法治教育的深入开展，我国未成年犯罪数量逐年下降，但是犯罪的现状仍旧不容乐观，日益呈现出犯罪主体低龄化、犯罪手段多样化、犯罪结果严重化等特征。当前我国刑法对刑事责任年龄的规定，体现出了国家对未成年人的特殊保护。具体而言，《中华人民共和国刑法》规定，满 16 周岁的人犯罪应当负刑事责任；年满 14 周岁不满 16 周岁的人犯故意杀人、故意伤害致人重伤或者死亡、强奸、抢劫、贩卖毒品、放火、爆炸、投毒罪的，应当负刑事责任；年满 14 周岁未满 18 周岁的人犯罪，应当从轻或者减轻处罚。从刑事法律的角度来看，如果学生因涉嫌犯罪行为而被追诉，其在检察机关向法院提起诉讼以前被称为犯罪嫌疑人，在被提起公诉以后，则被称为被告人。作为被追诉者、犯罪嫌疑人、被告人，学生是拥有一系列诉讼权利的诉讼主体，居于当事人的地位。然而，基于未成年学生的不成熟性和强可塑性，我国刑事诉讼法规定了未成年刑事案件诉讼程序。此外《中华人民共和国未成年人保护法》和《中华人民共和国预防未成年人犯罪法》以及相关司法解释也对此作出了专门规定。总体而言，未成年人刑事诉讼案以教育、感化和挽救为主要方针，遵循教育为主、惩罚为辅的原则，坚持诉讼权利特殊保护、全面调查备案处理、不公开审理等基本制度，切实保护未成年学生的权益，增强其法治观念，促使其尽早改过自新，重新回归社会。

二、学生的权利

学生权利是指作为一个学生所享有的学生资格和与学生资格相关的一系列政治、经济和文化权利，它是基于学生的身份而取得的。学生作为一个个体，其不同的法律身份决定了其权利的不同。

（一）基于公民身份的学生权利

学生作为公民，享有与其他普通公民一样的宪法规定的基本权利。具体而言有以下权利：

1. 平等权

学生作为公民，平等地享有《中华人民共和国宪法》规定的基本权利并应履行相应的义务。《中华人民共和国宪法》第三十三条中规定："中华人民共和国公民在法律面前一律平等。国家尊重和保障人权。任何公民享有宪法和法律规定的权利，同时必须履行宪法和法律规定的义务。"公民的合法权益都平等地受到宪法和法律的保护，任何公民都不享有法律以外的特权，任何公民都不得强迫其他公民承担法律以外的义务。简言之，就是法律面前人人平等。这是我国公民的一项基本权利，也是社会主义法治的一个基本原则。

2. 人身自由权

公民的人身自由是公民正常地生活、学习和工作的保障，是参加各种社会活动、参加国家政治生活、享受其他权利和自由的前提条件，也是公民最基本的人身权利。我国公民的人身自由包括任何公民的人身不受非法侵犯，人格尊严不受侵犯，住宅不受侵犯，通信自由和通信秘密受法律保护等。学生作为公民享有人身自由权，其人身自由不受非法侵害，学校及其管理部门要尊重和保障学生的人格尊严，保护学生的隐私。

3. 政治权利与自由

《中华人民共和国宪法》和法律规定，公民有参加国家政治生活的民主权利，及政治上表达个人见解和意见的自由，其包括选举权和被选举权，言论、出版、集会、结社、游行、示威的自由。学生作为公民，也同样享有参与国家、学校等政治生活的权利，可以针对学校改革与发展提出自己的见解与意见。不过，基于学生的年龄与认知以及其行为能力的差异，对不同年龄阶段学生的政治权利与自由是有一定的限制的。

4. 宗教信仰自由

《中华人民共和国宪法》规定，公民有宗教信仰自由。任何国家机关、社会团体和个人不得强制公民信仰宗教或者不信仰宗教，不得歧视信仰宗教的公民和不信仰宗教的公民。正常的宗教活动受国家保护。但任何人不得利用宗教进行破坏社会秩序、损害公民身体健康、妨碍国家教育制度的活动。学生作为公民享有宗教信仰的自由，但是学生不得利用宗教做违背法律和社会公序良俗的事情。

5. 批评、建议、申诉、控告、检举权和取得赔偿权

《中华人民共和国宪法》规定，公民对于任何国家机关和国家工作人员，有提出批评和建议的权利；对于任何国家机关和国家工作人员的违法失职行为，有向有关国家机关提出申诉、控告或者检举的权利，但是不得捏造或歪曲事实进行诬告陷害。为了保障公民的批评、建议和申诉、控告或者检举权利的行使，《中华人民共和国宪法》还规定，对于公民的申诉、控告或者检举，有关国家机关必须查清事实，负责处理。任何人不得压制和打击报复。《中华人民共和国宪法》《中华人民共和国刑法》对国家工作人员侵害公民行使上述权利的行为也作了惩罚性规定。《中华人民共和国宪法》和《中华人民共和国国家赔偿法》同时规定，由于国家机关和国家机关工作人员违法行使职权侵犯公民、法人和其他组织的合法权益造成损害的，受害人有依法取得赔偿的权利。学生作为普通公民同样享有这些权利。

6. 社会经济权利

公民的社会经济权利是公民参与国家政治生活的物质保障，《中华人民共和国宪法》对公民享有的社会经济权利作了具体的规定。在我国，公民享有广泛的社会经济权利，这些权利包括公民的劳动权、休息权，以及退休人员生活保障权和物质帮助权。《中华人民共和国宪法》规定公民享有劳动就业和获得相应劳动报酬的权利，以及为保护身体健康和提高劳动效率而休息和休养的权利。值得一提的是，劳动也是公民的一项光荣义务，有劳动能力的公民，必须通过积极参加劳动，为社会贡献自己的力量。《中华人民共和国宪法》还规定了公民在退休后，有获得生活保障的权利；公民在年老、疾病或者丧失劳动能力后，有权从国家和社会获得帮助。

7. 教育、科学、文化权利和自由

《中华人民共和国宪法》规定了公民有受教育的权利和义务。公民接受教育，既是权利，又是义务。作为权利，公民只要达到一定的年龄，就有权进入各类学校或通过其他教育设施和途径学习科学文化知识；任何人包括其监护人在内都无权剥夺公民的受教育权；国家要重视发展教育事业，以保证公民受教育权的充分实现。同时，受教育作为一项义务，公民又必须按照国家的有关规定，在一定形式的教育设施中，接受科学文化知识的教育；其监护人也有责任帮助公民接受教育。另外，《中华人民共和国宪法》还规定了公民有进行科学研究、文学艺术创作和其他文化活动的自由，国家对有益于人民的创造性工作，要给予鼓励和帮助。学生尤其是高等教育阶段的学生，在其接受教育的过程中有进行科学研究与其他相应的文化活动的权利，国家和学校都应提供各种相应条件予以保障。

8. 其他方面的权利

《中华人民共和国宪法》除对所有公民应普遍享有的权利和自由做出规定外，还对特定群体的公民做了专门规定，给予特别保护，主要是指保护妇女、未成年人、老年人、残疾人以及华侨、归侨、侨眷的合法权益等。

（二）作为受教育者身份而享有的学生权利

根据《中华人民共和国宪法》《中华人民共和国教育法》以及其他教育法律法规关于对学

生权利的规定，学生的基本权利主要有以下几个方面。

1. 受教育机会平等权

《中华人民共和国宪法》《中华人民共和国教育法》等法律均涉及对公民享有无差别受教育机会的确认，明确规定了学生受教育权的平等性。在义务教育阶段，适龄儿童享有平等的入学机会权；在非义务教育阶段，根据教育机会均等原则，通过国家统一的入学考试，为公民获得受教育机会提供了公平竞争的环境和公正选拔的途径，为受教育权的分配提供了一种较为客观的尺度，最大限度地保护了公民受教育机会的平等。国家通过举办各种水平考试、自学考试，对公民所达到的教育水平提供具有法律效力的认定。无论公民以何种形式参加学习或接受教育，只要通过了规定的国家教育考试，不论性别、种族、社会经济基础、家庭出身，其学业都应获得国家和社会的认可，都可以获得入学权。

2. 教育资源权

享有教育资源权是保障学生参加学习、接受教育、享有实质性受教育权的前提和基础，是学生受教育权的具体体现。《中华人民共和国教育法》针对学生参与教育教学、享有物质资源等进行了规定。学生有权"参加教育教学计划安排的各种活动"，如本年级本班的授课活动、围绕课堂教学所安排的课外活动等。活动的开展离不开物质条件，学生有"使用教育教学设施、设备、图书资料"的权利，如使用教室和课桌椅、查询和借阅图书资料、使用实验室及实验室内的仪器设备。随着社会的发展和科技的进步，教育教学设施和设备将会不断更新、完善和现代化，图书资料也会越来越多样化，学生使用教育教学设施、设备、图书资料的权利的具体内容也会随之增多和扩大。学校必须组织好各种教育教学活动，保证所有学生都有权且能够平等地享有学校教育资源。

3. 获得物质帮助权

获得物质帮助权体现了国家、政府为帮助学生完成学业所提供的物质性帮助，是学生的一项实质性权利。《中华人民共和国义务教育法》《中华人民共和国高等教育法》《中华人民共和国民办教育促进法》等教育法律法规中都有国家应当为学生提供物质帮助，确保其完成学业的要求，其中发放奖助学金和贷学金是最为普遍的帮助形式。奖学金和贷学金主要适用于中等专业学校和高等学校的学生，奖学金用于奖励勤奋学习、品学兼优的学生，贷学金用于贷款给经济困难的学生，以帮助其完成学业；助学金主要适用于义务教育阶段的学生。通过物质赋予，为学生排除实现受教育权的客观障碍，使保障学生受教育权成为一种国家担当和社会责任。

4. 公正评价权

公正评价权是指学生在教育教学过程中，享有要求教师、学校对自己的学业成绩、道德品质等进行公正的评价，并客观真实地记录在学生成绩档案中，在毕业时获得相应的学业成绩证明和学业证书的权利。在中小学教育阶段，学生的学业成绩评价和道德品质评价将会对他们的一生产生重大影响。《中华人民共和国教育法》《中华人民共和国民办教育促进法》等对学生应获得的公正评价予以明确，并强调了接受不同性质教育的学生的权利一致性。这要求学校和教师在评价学生的过程中一视同仁、不偏不倚，按照规定的标准进行评价。在中小学生及其监护人对学生的档案和成绩记录产生疑问时，学校有义务为他们提供适当形式的便利，以澄清事实和纠正失误。

5. 获得学业证书与学位证书权

获得学业证书与学位证书权，是在校学习的学生获得某一阶段学业成绩等状况的评定结果的权利。学业证书包括毕业证书、结业证书和肄业证书等，《中华人民共和国教育法》第四十三条第三项规定，受教育者享有“　　完成规定的学业后获得相应的学业证书、学位证书”的权利。《中华人民共和国高等教育法》《中华人民共和国职业教育法》《中华人民共和国民办教育促进法》等教育法律则明确了不同教育阶段和教育类型的学生在教育教学活动中享有的证书获得权，使获得学业证书与学位证书权更加细化。学生在思想品德等方面合格的前提下，学完或提前学完教育教学计划所规定的全部课程，经考核（考查、考试）及格或修满学分，在该教育阶段结束时均有获得相应学业证书以及学位证书的权利。从本质上看，学业证书、学位证书是对学生某一受教育阶段的学业成绩、学术水平和品行的终结性评定，它对学生升学、就业和今后的发展具有重要的作用。

6. 权利救济权

没有救济就没有权利。权利救济是权利的核心要素。权利体现了人的某种要求，而救济则是这种要求得以实现的手段。当实体权利受到侵害时，法律关系主体可以从法律上获得自行解决或请求司法机关及其他机关给予解决的权利。一般来说，权利救济必须要以原有的实体权利受到侵害为前提，相反，当权利受到侵害，也必然需要通过救济使得权利或利益得到恢复或实现。权利救济符合正义的要求，正义是权利救济过程当中所追求的重要价值。一方面社会正义是建立和完善权利救济机制的目标或取向，是人们评价救济机制的价值标准；另一方面，正义又引导和约束权利救济的整个过程，它也是权利人启动救济程序的重要动力。《中华人民共和国教育法》第四十三条明确规定，受教育者享有的权利包括“对学校给予的处分不服向有关部门提出申诉，对学校、教师侵犯其人身权、财产权等合法权益，提出申诉或者依法提起诉讼”。申诉是指学生在受到学校处分或认为学校、教师侵犯其人身权、财产权时，向学校或主管部门申诉，请求处理的一种自我保护方式和权利，当学生所受侵权严重时可以对侵权者提起诉讼，诉讼包括民事诉讼、行政诉讼和刑事诉讼。学生对学校、教师侵犯其人身权、财产权等合法权益的诉讼，主要属于民事诉讼的范围。《中华人民共和国教育法》作为我国教育领域的基本法，尽管对于学生的受教育申诉与诉讼权进行了权利赋予，但是却没有限定具体权利内容，预留了较大的权利救济空间，因而也就造成了学生权利维护实践中的疑惑。因此，学生权利救济仍然是我国教育法治未来发展的重要方向。

三、学生的义务

学生义务是指学生作为权利主体应当作出或不作出一定行为的约束。与学生的权利一样，学生的义务也是基于其不同身份而应履行不同的义务。作为普通公民，学生应该履行与其他公民一样的法律义务；作为学生，学生应该履行学生的义务。

（一）公民身份下的学生义务

1. 遵守宪法和法律的义务

学生作为公民，必须遵守国家的宪法和法律。宪法是国家的根本大法，它规定了国家的基本政治、经济制度和公民的基本权利与义务，以及国家机构等根本问题，具有最高的法律地位与法律效力。法律是由国家制定或认可，体现统治阶级意志，以国家强制力保证实施的行为规范的总和。遵守宪法和法律是公民其他义务得以履行的基础与保障。

2. 维护国家统一和全国各民族团结的义务

《中华人民共和国宪法》第五十二条规定："中华人民共和国公民有维护国家统一和全国各民族团结的义务。"我国是一个统一的多民族国家，祖国统一与民族团结不仅是我国革命与建设事业取得胜利的基本保证，也是全国各族人民的根本利益所在。只有维护祖国统一和各民族团结，才能营造一个安定团结的局面，团结全国各族人民，进行社会主义现代化建设。维护国家领土的完整，维护国家主权不被分割，反对一切形式的分裂祖国行为与活动；保障和促进民族平等，认真落实党和国家的民族政策与方针，促进各民族的共同繁荣与发展。

3. 保守国家秘密的义务

《中华人民共和国宪法》第五十三条规定：公民有保守国家秘密的义务。保守国家秘密，事关国家安全与利益，是关系到改革与社会主义现代化建设事业顺利进行的大事。所谓国家秘密，是指关系到国家的安全与利益，依照法定程序确定，在一定时期内只限于一定范围的人员知悉的事项。这些事项在《中华人民共和国保守国家秘密法》中有明确的规定与说明。《中华人民共和国保守国家秘密法》第三条中规定，一切国家机关、武装力量、政党、社会团体、企事业单位和公民都有保守国家秘密的义务。每个公民都应该了解保密法，遵守保密法。对违反保密法的行为人要依法追究法律责任。

4. 尊重社会公德的义务

社会公德也称为公共生活准则，它是指在一个社会中全体居民为了维护正常的生活秩序，所必须共同遵守的、最起码的道德准则。社会公德是在人类公共生活中的实践中所产生的，它反映了人类共同生活的要求，对协调和完善公共生活起着非常重要的作用。在现代社会，社会公德主要包括以下几个方面的内容：① 文明礼貌。社会公共生活当中，人与人之间应该和睦相处，举止文明，以礼相待。这也是做人处世的最基本的要求。② 助人为乐。爱人者人恒爱之，信人者人恒信之。在公共生活领域，人与人之间应该团结友爱，相互关心，互相帮助。每一位公民都应该分辨是非，见义勇为，都有责任与义务维护良好的社会治安。③ 爱护公物。爱护公共财物是社会公德当中极为重要的一项内容。不随意乱涂、乱刻、乱画，不随意损坏公物；国家及公共财产不能侵犯。④ 遵纪守法。自觉遵守法律法规是社会公德最基本的要求。在公共生活中，人民要想顺利进行社会活动，必须要有规矩可循，遵守一定的行为规则。法律是对公民行为的必要约束与规范，是对道德的一种补充。只有遵守法律法规及纪律的相关规定，才不妨碍他人的正常活动，才不会给他人和社会造成损害，保持社会公共生活相对稳定与和谐。每一位公民都应该自觉树立法治观念，增强法律意识，自觉用法律来指导和约束自己的行为，自觉履行法律所规定的义务，并能正确运用法律手段保护自己的合法权益不受侵犯，真正做到知法懂法，遵纪守法。⑤ 遵守公共秩序。公共秩序是社会生活保持相对稳定与和谐不可或缺的条件。人是社会关系的总和，人与人之间的影响与关系形成了社会，社会是各种人生活在一起的共同体，没有一套稳定的秩序，人们就不能正常顺利地生活。

5. 劳动的义务

劳动既是个人谋生的手段，也是一个国家和社会积累财富的基本方式。公民在享受国家提供的物质保障的同时，也应当为国家和社会履行相应的劳动义务。《中华人民共和国宪法》和《中华人民共和国劳动法》均明确规定，劳动者在工作过程中必须履行完成自己劳动任务的义务。劳动义务是指劳动者必须要履行的责任。这些责任包括：完成劳动任务、提高职业技能、执行劳动卫生安全卫生规程、遵守劳动纪律和职业道德。

6. 爱护公共财产的义务

公共财产是进行社会主义现代化建设和提高人民物质文化生活水平的基础，也是公民享受权利自由的物质保证。《中华人民共和国宪法》明确规定，公民必须爱护公共财产。社会主义公共财产神圣不可侵犯，国家保护社会主义公共财产，禁止任何组织或个人以任何手段侵占或者破坏国家和集体的财产。保护公共财产不仅指公民不得侵占公共财产，不得浪费公共财产，而且还包括公民应积极地同侵害和破坏公共财产的行为做斗争。公共财产包括所有国家机关、国营企事业单位组织的所有财产，国营和集体组织的全部生产资料和产品、公用设施以及国家和集体所有的自然资源。

7. 依法纳税的义务

税收是国家为了实现其职能，按照宪法和法律的规定，向企事业单位组织和公民个人无偿取得财政收入的一种手段，它是国家参与国民收入分配和再分配的一种方式。我国是社会主义国家，税收取之于民，用之于民，是国家财政收入的重要组成部分，也是国家调节生产、流通、分配和消费的重要经济来源。《中华人民共和国宪法》第五十六条规定：“中华人民共和国公民有依照法律纳税的义务。”公民依法纳税，既是履行自己应尽的义务，也是对国家和社会的一种贡献。

（二）学生身份下的学生义务

学生作为教育法律关系的主要参与者，在享受国家教育法律规定的权利的同时，也需要承担相应的法定义务。学生的义务是指学生作为教育活动的主体，依照《中华人民共和国宪法》《中华人民共和国教育法》以及其他教育法律法规，在整个教育活动过程当中必须履行的义务。基于对学生接受教育的类别、自身年龄和认知状态等因素的考量，学生的具体义务也有差异。根据《中华人民共和国宪法》《中华人民共和国教育法》以及其他教育法律法规关于对学生义务的规定，学生应履行以下几个方面的义务。

1. 遵守国家法律、法规的义务

遵守法律、法规是《中华人民共和国宪法》规定的每一位公民都应该尽的义务，它也是一个国家合格公民的基本素养。这里的法律法规是指国家的宪法、法律、行政法规和依据法律、法规所制定的行政规章，以及地方立法机构定制的地方性教育法规等。

2. 遵守学生行为规范的义务

学生行为规范是指国家教育行政管理部门制定、颁发的，关于学生行为的统一性规定。学生行为规范对学生良好行为习惯的养成、正确的理想信念的树立以及良好的身心健康发展都起着十分重要的作用。学生行为规范包括《小学生日常行为规范》《中学生日常行为规范》《高等学校学生行为准则》以及《中小学生守则》《普通高等学校学生守则》等。这些规章体现了国家在不同时期、不同阶段对学生政治、思想、品德等方面的基本要求，各级各类学校学生应当遵循相应的行为规范，其他教育机构的学生也应当参照这些学生行为规范，自觉养成良好的思想品德和行为习惯。以《中学生日常行为规范》为例，它包括以下几个方面的内容：热爱祖国，热爱人民；遵守法律法规，增强法律意识，遵守校规校纪，遵守社会公德；热爱科学，努力学习，勤思好问，乐于探究，积极参加社会实践和有益的活动；珍爱生命，注意安全，锻炼身体，讲究卫生；自尊自爱，自信自强，生活习惯文明健康；积极参加劳动，勤俭朴素，自己能做的事自己做；孝敬父母，尊敬师长，礼貌待人；热爱集体，团结同学，互相帮助，关心他人；诚实守信，言行一致，知错就改，有责任心；热爱大自然，爱护生活环境。

3. 尊敬师长的义务

尊敬师长是学生遵守学生行为规范的具体要求，也是学生良好思想品德和行为修养的具体体现。尊师是中华民族的传统美德，也是社会文明进步的重要标志。教育是一项十分神圣的事业，教师理应受到全社会的尊重。在教育教学活动中，教师是一个国家文明、文化知识的传播者，承担着教书育人、培养社会主义事业建设者与接班人、提高全民族素质的使命。唐代著名文学家韩愈曾说过：“师者，传道授业解惑也。”教师教会学生做人、教给学生知识、解答学生疑惑，在学生的成长与发展过程中，起着非常重要的作用。尊敬师长，首先要尊重教师的劳动，这既是尊敬教师的最好行动，也是对教师最大的安慰。其次，尊敬师长还应该体现在日常学习生活中，讲究礼貌礼节。遇见老师要主动行礼问好，与老师交谈时应主动让座，到老师办公室应先敲门，待老师允许后方可进入。学生要想养成良好的思想品德与行为习惯，提高自身的各方面素养，就理当继承和发扬这一传统美德。

4. 接受教育，完成规定学习任务的义务

学习科学文化知识、完成规定的学业，使自己成为德、智、体、美、劳全面发展的人，是学生的首要任务和本职工作，这也是学生区别于其他公民的一项主要义务。《中华人民共和国宪法》第四十六条第一款规定：“中华人民共和国公民有受教育的权利和义务。”受教育既是公民的权利，也是公民应履行的义务，尤其在义务教育阶段。《中华人民共和国教育法》第四十四条第三项规定受教育者应当履行“努力学习，完成规定的学习任务”的义务，这是对学生学业任务的直接规定。学生进入学校就意味着其主要任务或本职工作就是学习。当然，在任何一个教育阶段，学习任务都包括结果性的学习任务和过程性的学习任务两个方面的内

容。结果性的学习任务是指在某一教育阶段，由教育计划规定的学生在该阶段结束时应该完成的学习任务；过程性的学习任务是指学生为完成某个教育阶段学业或总的学习任务而要完成的日常的、大量的、具体的学习任务。作为学生而言，就是要认真对待学习任务，努力完成和实现既定的学习目标。

5. 遵守所在学校或教育机构管理制度的义务

没有规矩不成方圆。学校作为一种社会组织机构，必须要制定一套属于自身的管理制度以保证学校的正常运行。学校的管理制度是国家教育管理制度的重要组成部分，它是学校这一组织有序进行教育教学的基本制度保障，也是为实现国家教育权而赋予学校的办学自主方面的权利。一般而言，学校或其他教育机构的管理制度主要包括以下几方面：学校宏观管理制度如学校章程，学校的教学管理制度，学校的教师管理制度，学校的学籍管理制度，学校的校园安全管理制度，学校的校舍以及其他仪器设备管理制度，等等。在制定学校管理制度时，必须要保证管理制度的合法性和合理性，要遵守国家法律规定的原则，不能超越教育法律法规所限定的权限。

6. 养成良好的思想品德与行为习惯的义务

人的一生离不开家庭、学校和社会。无论哪种形式的教育，个体良好的思想品德与健康的身心，是其取得幸福人生的基础。教育作为塑造人的精神世界的伟大事业，其思想品质的高低与优劣，有赖于个体所接受的各种思想品德教育。良好的思想品德与行为习惯是学生未来立足于社会的根本，也是学生作为国家公民应该尽的责任。要养成良好的思想品德与行为习惯，学生须自觉遵守学生行为规范。习惯决定命运，人一旦养成一个良好的习惯，他就会不自觉地在这个轨道上运行，最终会受益终身。学生从生物性向社会性转化的过程，通过家庭、学校对其人生观、价值观和世界观的逐步改造与完善，逐渐走向社会。而人在社会化的过程当中，其所接收的各种认知与评价在很大程度上都是思想品德教育的内容。而思想品德的健康与否，在一定程度上直接关乎一个人生活质量和综合素质的高低。

四、特殊人群受教育权利的保护

特殊人群是指那些由于自身或社会因素所导致的、处于不利地位的社会群体。从受教育层面来定位特殊人群，一般是指那些由于生理、经济或者其他客观原因所导致的，在享有和行使受教育权时处于不利境地，需要特别保护的人群，主要包括残疾人、未成年人、女性、家庭经济困难以及少数民族地区和偏远地区的受教育者。本书主要分析未成年人和残疾人的受教育权利。

（一）未成年人受教育权

未成年人作为一个法律概念，是指未满 18 周岁的公民。相比成年人，未成年人在权利的享有以及行为能力的限制等方面存在差异。有些权利只能由成年人享有，而未成年人不能享有。未成年人的认知和年龄等特点决定了他们尚未具有完全行为能力，必须由其监护人代理、监督其行为。未成年人作为国家和民族未来发展的希望，他们应当享有公平而平等的受教育权。但是由于其身心尚未发展成熟，行为能力受限，他们的受教育权容易遭到侵害，需要获得法律保护。根据《中华人民共和国未成年人保护法》的规定，未成年人受教育权保护主要分为家庭保护、学校保护、社会保护和司法保护等四个层面。

1. 未成年人受教育权的家庭保护

家庭作为社会的细胞和基本单位，它是未成年人成长和发展的重要场所。抚养和教育未成年人是家庭的重要职责。《中华人民共和国教育法》规定，适龄儿童、少年的父母及其监护人有义务使适龄儿童、少年接受并完成规定年限的义务教育。未成年人的父母或其监护人应为未成年人接受教育提供必要条件，应当配合学校及其他教育机构对其未成年子女进行教育。父母保证适龄未成年子女接受义务教育是《中华人民共和国教育法》《中华人民共和国义务教育法》规定的责任。《中华人民共和国未成年人保护法》第一百零八条第一款规定："未成年人的父母或者其他监护人不依法履行监护职责或者严重侵犯被监护的未成年人合法权益的，人民法院可以根据有关人员或者单位的申请，依法作出人身安全保护令或者撤销监护人资格。"《中华人民共和国家庭教育促进法》第五条中明确规定，家庭教育应当"尊重未成年人人格尊严，保护未成年人隐私权和个人信息，保障未成年人合法权益"。

2. 未成年人受教育权的学校保护

学校作为有计划、有组织地进行教育教学活动的组织场所，主要通过系统的学校教育活动来帮助少年儿童知识、技能的学习和良好品德的形成。学校对未成年人保护主要体现在学校的各种教育活动当中。相比其他未成年人受教育权保护的方式，学校保护有其自身的特点：① 学校保护的实施主体是各级各类学校及其教师和其他学校工作人员；② 学校保护的对象是在校进行学习的未成年人；③ 学校保护的内容是教育性保护以及在实施教育过程中与教育相关的未成年人合法权益和身心健康保护。根据《中华人民共和国教育法》的规定，学校有维护受教育者合法权益的义务，应当积极创造条件，改善办学条件，为受教育者提供教育服务。学校应当全面贯彻党和国家的教育方针、政策，对未成年学生进行德育、智育、体育、美育、劳动教育以及社会生活指导与青春期教育。根据《中华人民共和国未成年人保护法》的相关规定，学校应当全面贯彻党和国家的教育方针、政策，实施素质教育，提高教育质量，注重培养未成年学生独立思考能力、创新能力和实践能力，促进未成年学生全面发展。学校应当尊重未成年学生受教育的权利，关心、爱护学生，对品行有缺点、学习有困难的学生，应当耐心教育、帮助，不得歧视，不得违反法律和国家规定开除未成年学生。学校及其教育机构侵害未成年人合法权益的，由教育行政部门或其他有关部门责令改正，情节严重的对直接负责的主管人员和其他直接负责人员给予依法处分。学校、幼儿园以及其他教育机构对未成年人实施体罚、变相体罚或者侮辱人格行为的，由其所在单位或上级机关部门责令改正，情节严重的，依法给予处分。

3. 未成年学生受教育权的社会保护

社会作为未成年人接受教育、成长和发展的大环境，对未成年人有着十分重要的作用。未成年人的社会保护是指在社会生活环境中对未成年人所实施的保护。在社会转型大背景下，社会生活各个方面环境纷繁复杂，未成年人面临诸多风险，需要社会从多方面、多角度对未成年人进行保护。根据《中华人民共和国未成年人保护法》和《中华人民共和国预防未成年人犯罪法》的相关规定，保护未成年人的社会责任主体主要有中央和地方各级国家机关及部门、企事业单位组织和个人、家庭和学校等等。

社会对未成年人权益保护是通过禁止性规范和授权性规范来完成的。《中华人民共和国未成年人保护法》中明确规定，中小学校园周边不得设置营业性歌舞娱乐场所、网吧等不适宜未成年人活动的场所；任何人不得在中小学、幼儿园和其他未成年人集中活动的场所吸烟、饮酒；任何组织和个人不得扰乱教学秩序，不得破坏学校、幼儿园的场地、房屋和设施，切实保障未成年人权益。各级人民政府应当保障未成年人受教育的权利，并采取措施保障家庭经济困难、残疾和流动人口的未成年人接受义务教育；县级以上人民政府及其教育行政部门应当采取措施，鼓励和支持中小学在节假日将文化体育设施对未成年人免费或者优惠开放；当学校、幼儿园和公共场所发生突发事件时，应当优先救护未成年人；地方各级人民政府应当积极发展教育事业，采取各种措施培养和训练教育工作人员，提高其职业道德素质和业务能力；等等。

4. 未成年人受教育权的司法保护

司法保护是指公安机关、法院、检察院以及监狱、未成年人犯罪管教所等劳动改造执行机关，依照法律的规定行使其职权，履行其职责，对未成年人实施的专门保护活动。司法保护对未成年人成长和发展具有十分重要的意义。一方面，它对侵害未成年人合法权益的行为进行法律制裁，通过惩戒行为人和教育其他公民，减少和预防新的侵害行为的发生，保护未成年人合法权益；另一方面，对那些违法犯罪的未成年人依法进行惩罚改造和教育挽救，使之改邪归正，重新做人。《中华人民共和国教育法》明确规定，国家、社会、家庭、学校及其他教育机构应当为有违法犯罪行为的未成年人接受教育创造条件。《中华人民共和国未成年人保护法》也明确规定，公安机关、司法机关、检察机关以及相关司法行政部门，应当依法履行职责，在司法活动中切实保护未成年人合法权益。对羁押、服刑的未成年人应当与成年人分别关押，对于未成年人没有完成义务教育的，应当对其进行义务教育；解除羁押、服刑期满的未成年人，在复学、升学和就业方面，任何组织单位和个人不得歧视。《中华人民共和国监狱法》也明确规定，对未成年犯执行刑罚应当以教育改造为主，未成年犯的劳动应当符合未成年人的特点，以学习文化和生产技能为主，监狱应当配合国家、社会、学校和教育机构，切实为未成年犯接受义务教育提供必要的条件。

尽管未成年人是无民事行为能力人或限制民事行为能力人，但是他们作为公民，却同样享有宪法、法律规定的权利和应当履行的义务。为此，在保护未成年人权益时应坚持尊重未成年人人格尊严、适应未成年人身心发展特点和教育与保护相结合等基本原则。未成年人作为我国公民，具有法律赋予的人格权，其人格尊严应当得到尊重，尤其是未成年人正处于成长与发展的重要阶段，是培养和树立自尊、自信、自立和自强品格的关键期，要培养他们的人格尊严，教会他们如何做人。基于未成年人正处于从不成熟向成熟发展阶段这一基本特征，应当根据他们的年龄、接收知识的能力因材施教，不能用成人的标准去要求他们，也必须坚持教育与保护相结合，进行教育、感化和挽救。

（二）残疾人受教育权利

1. 残疾人受教育权的法理

首先，残疾人受教育权利保障是人道主义的主要体现。人道主义是一种弘扬人的价值、维护人的尊严与权利的理论或思潮，它主张人格平等、相互尊重、提倡关怀和尊重人、以人为中心。孔子的仁者爱人、孟子的恻隐之心，都传达了关注社会、体察世情、关怀人生不幸的中国式人道主义情怀。残疾人作为人类社会的一分子，理应拥有与正常人一样的权利。

其次，残疾人受教育权利保障是人的发展平等和自由的重要体现。人人生来平等，无高低贵贱之分，都应该在社会中占有一席之地；人的平等发展，除需发掘个人潜质、施展个人抱负之外，也需要社会为个人的发展提供均等的机会和条件。基于人的发展平等和自由，残疾人享有与健全人相同的平等发展的权利与机会。

2. 残疾人受教育权保障的国际标准

（1）残疾人教育的目标和模式

《世界人权宣言》第二十六条指出，教育的目的在于充分发展人的个性并加强对人权和基本自由的尊重。教育应促进各国、各种族或各宗教集团间的了解、容忍和友谊，并应促进联合国维护和平的各项活动;《残疾人权利公约》把残疾人教育目标确立为开发潜力、培养自尊自重精神、加强对人权基本自由的尊重、发挥个性、提高才华和创造力以及智力和体能，使所有残疾人能切实参与自由社会。

随着社会的发展，人类社逐渐认识到残疾是社会发展的一种客观现象与实在，在任何时代、任何国家都有残疾产生，而需要改变的是我们对待残疾人的态度与方式。因此，在现代人权理念和社会发展理念下，逐步形成了残疾人教育新模式——全纳教育。全纳教育坚持“包容、接纳、自由、多样化以及平等”的价值理念。每个儿童都有独一无二的个人特点、兴趣、能力和学习需要，保证教育体系的设计和教育方案的实施应充分考虑到这些特点与需要的广泛差异，学校的教育活动应该能够满足残疾儿童的需要，使残疾儿童在教育活动中不受歧视，与其他儿童一样能够成为教育活动的中心。

（2）残疾人受教育权保障的国家具体义务

首先，尊重和保障残疾人受教育的可提供性。教育的可提供性意味着各国应该在管辖范围内设置足够的能够运作的教育机构和设施，要使这些机构和设施能够有效运作，需要一些配套设施和措施。

其次，保护残疾人教育的可获得性。残疾人教育的可获得性意味着国家应该保护人人能够不受歧视地利用国家教育机构和设施，它包括免于歧视性、实际可获取性以及经济上的可获取性三个方面。

再次，落实（便利）残疾人教育的可接受性。残疾人教育的可接受性意味着教育的形式和内容必须得到残疾学生接受，适当情况下，也应得到残疾儿童家长接受。

最后，提供残疾人教育的可调适性。残疾人教育的可调适性要求教育必须灵活适应变动中社会和社区的需求。对残疾人教育而言，提供教育的可调适性是尊重个体差异以及接受残疾人是人的多样性的一部分和人类一分子的体现。

3. 残疾人受教育权保障存在的问题

尽管自中华人民共和国成立以来我国积极踊跃参加并加入了涉及残疾人受教育权保护的国际性条约，也制定和出台了一系列的特殊教育政策法律，但不可否认的是，我国残疾人受教育权保障仍然任重道远，具体体现在以下几个方面。

首先，立法层级较低，体系不够完备。关于残疾人受教育权保障的法律条文散见于各个法律法规中，呈碎片化状态，并且关乎残疾人教育的很多细节并没有规定，导致实际操作比较困难。尽管 1994 年国务院出台了《残疾人教育条例》，但由于缺少与普通教育立法相并列的特殊教育法，不仅使整个残疾人教育法律体系处于群龙无首的境地，而且还缺乏与普通教育法相对的法律地位和效力层次。此外，残疾人教育立法上还存在理念上的偏差。对残疾人受教育权保护立法视角仍停留在医学模式而非社会模式，对残疾人教育的理念虽有进步但仍未以全纳教育为核心。

其次，特殊教育的适用对象存在一定的歧义。当前世界各国的残疾人教育立法体现出残疾人分类细化的趋势，不仅有传统的残疾类型还有学习障碍、情绪障碍等多种类型。我国目前的法律法规在阐述特殊教育的适用对象时存在歧义。如《中华人民共和国宪法》中对残疾的定义是“盲、聋、哑和其他有残疾的”，在《中华人民共和国义务教育法》中列举的残疾范围是“视力残疾、听力语言残疾和智力残疾”，《中华人民共和国教育法》中则直接使用了词语“残疾人”，《中华人民共和国残疾人保障法》中采用列举式规定了残疾人的范围，有视力、听力、言语、肢体、智力、精神、多重残疾和其他残疾，而实践中教育对象已经扩展到脑瘫、自闭症等多重残疾类型。很明显，这些法律法规在残疾人教育适用对象上规定的不同会导致法律适用上的不明确。

再次，我国残疾人鉴定评估制度还存在一定的缺位。迄今为止，我国对于残疾人鉴定评估的法律规定几乎处于空白状态。虽然教育部颁布的《特殊教育学校暂行规程》第九条中规定“学校应对入学残疾儿童、少年的残疾类别、原因、程度和身心发展状况等进行必要的了解和测评”，但是这个规定不仅效力等级低，而且实际上执行效果不佳。

最后，残疾人受教育权保障在一定程度上缺乏家长参与机制。目前我国的残疾人受教育权保护还缺乏家长参与机制。残疾人相对而言处于弱势地位，其各项权益要得到维护必须依赖于家长。残疾人群体具有类别多、差异大的特点，只有让家长参与到残疾人鉴定、安置、学习、辅导和就业的决策过程中，才能确保残疾人接受适当的教育，使他们的终身发展与社会融合。

思考练习题

1. 什么是学生？如何理解？
2. 学生的权利有哪些？义务有哪些？
3. 如何保障学生的权益？

第六章
教育法律责任与权利救济

一、教育法律责任

（一）教育法律责任的概念及其功能

1. 教育法律责任的概念

法律是国家调整社会主体行为的一种规范，法律责任不仅是法学领域的基本概念和要素，而且是一个国家法制体系中最重要的组成部分。在教育法治现代化的今天，无论是从法制体系建设与完善的实践出发，还是从法学基本理论基础研究的需要，都应对法律责任进行相关研究。要研究法律责任，首先需要对责任进行把握。在现代汉语中，责任有两层含义：第一层含义是分内应做的事情；第二层含义是没有做好分内的事而应当承担的不利后果。根据责任的含义以及责任在法律中的适用，法律责任可以分为狭义层面的法律责任和广义层面的法律责任。广义层面的法律责任是指任何组织与公民都有遵守法律的义务，并应自觉维护法律的尊严，从这个意义上来说法律责任与法律义务是同义的；狭义层面的法律责任是指人们对违法行为所应当承担的、带有强制性的法律后果。

基于此，教育法律责任是指人们因其教育违法行为所应当承担的带有强制性后果的法律责任。教育法律责任具有以下三个方面的特点：第一，教育法律责任与教育违法行为有着不可分割的关系，教育违法行为是承担教育法律责任的根据，即教育行为不构成违法，不需要承担教育法律责任；第二，教育法律责任体现了违法者与国家之间的关系，它所呈现的是国家对于教育违法行为的否定性反应；第三，教育法律责任是国家司法机关代表国家对于教育违法行为实施法律制裁的根据。教育法律责任是由特定的教育法律事实所引起的，对损害予以赔偿、补偿或者接受惩罚的特殊义务。

2. 教育法律责任的功能

作为教育立法的重要内容之一，教育法律责任更明确地反映了教育立法者的意图，以及其保障权利和敦促义务的决心。在教育法律实践当中，教育法律责任是连接教育司法和教育执法的中间，是连接应然法律与实然法律的基本桥梁，也是国家强制力在社会领域的具体体现。第一，教育法律责任是现代立法理念和技术发展的具体体现。在教育立法中，它所体现的是对现代教育法律主体的建构与定性。在过去的教育立法中，决定教育法律主体的主要依据是其身份与性质等，身份的差异成为界定不同教育法律责任的重要依据。然而随着现代法治理念的深入和发展，各国大都依据承担法律责任的能力来限定法律责任，较过去立法传统更加符合人性和社会发展。第二，教育法律责任对于国家政府公权力的规范与限制已经成为教育立法民主化和法治化的直接体现。教育法律责任直接规定和制约着国家公权力的面向与界限，国家和政府的公权力运行不再是无序和随意的，法律责任规定的程序、程度及方式等诸多要求在制约着国家公权力的同时也保证了国家教育行为的正当性和合法性。第三，教育法律责任也是教育立法质量提高的关键和体现。在现代法治社会中，教育法律责任作为教育立法作用于现实最直接的一种体现，可以用来检验教育立法质量的高低以及效果的好坏。尽管教育法律责任并不是所有教育法律法规都有的内容，但是，教育法律责任规定的整体完善却是整个教育体制中教育立法质量提高的关键。

（二）教育法律责任的构成要件

法律责任的构成要件是指法律责任必须具备的条件或者必须符合的标准，它是国家机关要求行为人承担法律责任时进行分析判断的标准。一般情况下，违法行为是法律责任的前提。一般而言，教育法律责任的构成要件主要包括责任主体、违法行为、损害事实、因果关系和主观过错等五个方面的内容。

1. 责任主体

责任主体是指因违反国家法律、法规的事项而承担法律责任的人，包括自然人、法人和其他社会组织。责任主体与法律责任的有无、种类以及大小有着紧密的关系。不同行为主体面对同一违法行为，可能结果是不同的。责任主体可以解释一些特殊的情况，如法人犯罪的理论性问题、未成年人犯罪问题等等。

2. 违法行为

违法或违约行为在法律责任的构成当中具有十分重要的地位，它也是法律责任的核心构成要素。违法行为与法律责任承担的关系主要有两种情况：第一种，违法行为是法律责任产生的前提，没有违法或违约行为就没有法律责任，这是二者关系的最普遍情形；第二种，法律责任的承担不以违法行为为条件，而是以法律的明确规定为条件，这是法律责任与违法行为之间的一种特殊情况。如在民法领域中的无因管理者应当承担返回原物的法律责任，但是无因管理者管理他人财物不是因为违法占有财产，所以其管理行为不能被视为违法行为。

3. 损害事实

损害事实是指违法行为或违约行为侵犯他人或社会的权利和利益所造成的损失和伤害的具体情况，它包括实际损害、丧失所得利益以及预期可得利益。损害事实可以是对人身的、财产的、精神的损害，也可以是其他方面的损害。损害应当具有确定性，即损害结果必须是一个确定的事实，是业已发生的；损害必须根据一定的社会观念和公众意识予以认定。

4. 因果关系

有因才有果。因果关系是指违法或违约行为与损害事实之间的一种必然的联系，它是一种引起与被引起的关系，某一种现象或行为的出现是由于先前存在的另一种现象或行为而引起的，这二者之间就具有因果关系。因果关系是教育法律责任归责的前提与基础，是认定法律责任的基本依据。因果关系应是教育法律法规规定的因果关系，须具有法定性。

5. 主观过错

主观过错是指行为人实施违法或违约行为时的一种主观心理状态。现代法治国家大多都将主观过错作为法律责任过错的要件之一，不同的主观心理状态对认定某一行为是否有责以及承担何种法律责任有着直接的关系。从刑法角度来看，主观过错是犯罪构成的必要条件之一，它对于认定和衡量刑事法律责任具有十分重要的作用。如抢劫与盗窃都属于违法行为，但是盗窃与抢劫的区别之一在于违法人在实施违法行为时主观动机的差异，因而二者的法律责任也是不一样的。在民事法律责任领域，司法机关一般都要考虑当事人主观上是否有过错，采用过错责任原则， 即有过错才承担责任。主观过错包括故意和过失两种情况。

因此，对于教育法律责任而言，其法律构成要件主要也包括：教育法律责任主体、教育主体的违法行为、损害的教育事实、损害的教育事实与违法行为之间的因果关系以及违法主体的主观过错。

（三）教育法律责任的分类及实现方式

1. 教育法律责任的分类

根据法律责任的类型进行分类，教育法律责任可以分为教育民事法律责任、教育行政法律责任、教育刑事法律责任和违宪责任。

第一，教育民事法律责任。教育民事法律责任是指公民或法人因违反教育法律、违反约定，或因教育法律法规规定的其他事由而承担的不利后果。教育民事法律责任是现代教育法律实践中常见的一种法律责任形态，其主要为补偿性的财产责任。教育民事法律责任是一种救济责任，其功能主要在于救济当事人的权利，赔偿或补偿当事人的损失。因此，承担教育民事责任的主要方式有停止侵害、排除妨碍、恢复原状、恢复名誉、赔礼道歉、赔偿损失、返回财产、支付违约金等。此外，教育民事法律责任也是一方当事人对另一方的责任，它在法律允许的条件下，可以由当事人协商解决。

第二，教育行政法律责任。教育行政法律责任是指因违反教育行政法律法规或因教育行政法规规定的事由而应当承担的法定的不利后果。教育行政法律责任具有以下四个特征：第一是承担教育行政责任的主体是教育行政主体和教育行政相对人；第二是产生教育行政责任的原因是行为人的教育行政违法行为和教育法律规定；第三是教育行政责任实行过错推定，在法律规定的情景下实行严格责任；第四，教育行政法律责任的承担方式具有多样性，它既有行为责任，也有精神责任，还有财产责任。

第三，教育刑事法律责任是指行为人因其教育犯罪行为所必须承受的，由国家司法机关代表国家所确定的否定性法律后果。教育刑事法律责任是犯罪人向国家所负的一种法律责任，因为行为人的法律行为具有严重的社会危害性。教育刑事法律责任是一种惩罚性责任，它是所有法律责任中最为严厉的一种，其内容包括限制、剥夺责任人的自由、财产、政治权利甚至生命。在教育领域，行为人一旦有过被追究刑事责任的记录，其就会失去担任教师的资格，而承担过其他法律责任的人则不受这种限制。大多情况下，教育刑事法律责任是一种个人责任，司法机关以刑法规定的犯罪构成为根据追究行为人的刑事责任。如《中华人民共和国刑法》第二百八十四条规定："在法律规定的国家考试中，组织作弊的，处三年以下有期徒刑或者拘役，并处或者单处罚金；情节严重的，处三年以上七年以下有期徒刑，并处罚金。为他人实施前款犯罪提供作弊器材或者其他帮助的，依照前款的规定处罚。为实施考试作弊行为，向他人非法出售或者提供第一款规定的考试的试题、答案的，依照第一款的规定处罚。代替他人或者让他人代替自己参加第一款规定的考试的，处拘役或者管制，并处或者单处罚金。"

第四，违宪责任。违宪责任是指行为人违反宪法规定而应当承担的法定的不利后果。一般而言，违宪是指有关国家机关制定的某种法律、法规和规章，以及国家机关、社会组织或公民的某种行为与宪法的规定相抵触。产生违宪责任的主要原因是行为人实施了违宪的行为。在我国，宪法是国家的根本大法，具有最高法律效力，任何法律、法规都不得同宪法相抵触。维护宪法尊严，保护宪法实施对于社会稳定与发展具有十分特殊的意义。《中华人民共和国宪法》序言中规定，"全国各族人民、一切国家机关和武装力量、各政党和各社会团体、各企事业单位组织，都必须以宪法为根本的活动准则，并且负有维护宪法尊严、保证宪法实施的职责。"

2. 教育法律责任的实现方式

教育法律责任的实现方式是指承担或追究教育法律责任的具体形式，主要包括惩罚、补偿和强制三种形式。

首先是惩罚。惩罚即法律制裁，它是指国家通过强制手段，对责任主体的人身、财产以及精神实施制裁的责任方式。惩罚是法律责任当中最为严厉的一种实现方式，它主要包括民事制裁、行政制裁、刑事制裁和违宪制裁等四种情况。

其次是补偿。补偿是指通过国家强制力或当事人要求责任主体以作为或不作为的形式弥补或赔偿所造成损失的一种责任方式，它主要包括防止性补偿、回复性补偿、补救性补偿等不同的方式，其目的在于弥补受害人的损害。补偿除了对不法行为的否定之外，还有财产上的赔偿和补偿。

再次是强制。强制是指国家通过其强制力迫使不履行义务的责任主体履行责任的一种责任方式。强制的功能在于保障义务的履行，从而达到实现权利的目的，促使教育法律关系的正常运作。强制是承担教育行政法律责任的主要方式。强制包括对人身的强制和对财产的强制，也包括直接强制和间接强制。

（四）教育法律责任的归责原则

法律意义上的归责是指针对违法行为所引起的法律责任进行判断、确认、追究以及免除的一系列活动。从理论上来说，任何人都可以对违法行为所引起的法律责任进行归责活动，但是从法律层面来说，法律责任的最终认定和追究必须由特定的国家机关来进行，以保障法律归责的法律权威性和效力，这也是法律归责与道德归责的主要区别。

归责原则是确定行为人责任的理由标准或者根据，它是由经济社会生活条件为基础的法律上用以确定行为人责任的指导思想的具体体现，它决定着侵权行为的分类、侵权责任的构成要件、举证责任的负担、免责事由等诸多内容，既是认定侵权构成、处理侵权纠纷的基本依据，也是指导侵权损害赔偿的基本准则。教育法律责任的归责原则是指对因教育违法行为、违约行为或教育法律规定而引起的法律责任，进行判断、认定、追究、归结以及减缓和免除等的一系列活动。教育法律责任的认定和归结是由国家特设或授权的专门机关按照法定程序进行的。在我国教育民事法律责任和教育刑事法律责任的认定和归结权属于人民法院，教育行政法律责任的认定与归结权属于有特定职权的国家教育行政机关；而违宪责任的认定与归结权属于全国人民代表大会及其常务委员会。在现代法治社会，无论是教育民事责任、行政责任，还是刑事责任和宪法责任，一般最终都由人民法院来认定。认定和归结法律责任必须遵循一定的原则。根据我国的法律实践，教育法律责任归责一般要遵循以下几个原则。

1. 过错原则

过错责任原则作为侵权责任法中的一项重要归责原则，主要以行为人的过错作为侵权责任的构成要件，即行为人具有故意或过失；以行为人的过错程度作为侵权责任承担形式以及责任范围的依据，即不仅考虑行为人的过错，而且还需要考虑受害人以及第三人的过错，根据各方的过错程度来承担责任。过错责任原则采用“谁主张，谁举证”的举证方式。过错责任原则旨在要求行为人善尽对他人的注意义务、预防损害的发生，以此来平衡个人自由与社会安全两种利益。

2. 过错推定原则

过错推定也叫过失推定，在侵权行为法上，它是指受害人所受的损害与加害人所为的行为或与加害人支配下的人或物存在一定关联，在受害人不能提出反证以证明其无过错的情况下，推定加害人存在过错，并承担相应的侵权责任。在过错推定原则中，蕴含着两个重要的价值理念：第一个是举证责任倒置，即原来的由受害人承担的证明加害人具有过错的责任转移给加害人，由加害人而非受害人来证明自己对侵权损害的发生不存在过错；第二个是推定，即加害人如果能够证明自己不存在过错，那么该责任要件就不成立，加害人就不需要承担责任，但是如果加害人不能成功证明此点，那么法律上推定加害人过错的要件就成立了。在教育法律实践中适用过错推定原则在很大程度上是为了保护处于弱势地位的受教育者或者个人，以对抗教育行政机关以及授权性组织的权力侵害。过错推定原则，在一定程度上彰显出法律对受害人的权益予以倾斜保护的意图，因为在教育法律实践领域的侵权案中，加害人往往处于证据上的优势地位，受害人难以证明加害人是否存在过错。在保留受害人对损害事实和因果关系举证责任的前提下，适用过错推定以免除受害人的过错举证责任，有利于平衡诉讼主体之间的利益，从而在事实上减轻了受害人的举证负担而使其受到更为有利的保护。

3. 公平责任原则

公平责任原则是指双方当事人对于损害的发生均无过错，受害人又不能根据无过错原则获得赔偿的，人民法院根据公平原则考虑实际情况与可能，得责令双方当事人公平分担损失的一种原则。《中华人民共和国民法典》第一千一百八十六条规定："受害人和行为人对损害的发生都没有过错的，依照法律的规定由双方分担损失。"公平责任原则以实质的公平理念为价值判断标准来分配损害问题，它解决了受害人既不能依据无过错原则又不能依据过错责任原则获得损害救济而造成了显失公平局面时的一种特殊情况下的责任分配问题。公平责任原则通过考察当事人的受损程度以及经济状况来确定彼此之间的损失分配，从而平等地保护了各方当事人的利益，弥补了过错责任原则与无过错责任原则所不能解决的损害赔偿问题，他是对侵权行为理论的一种弥补与发展，具有十分重要的价值。

4. 无过错原则

无过错原则是指行为人只要给他人造成损失，不问其主观上是否有过错都应承担责任的归责原则。我国合同法上的违约责任与侵权法上的特别侵权的归责原则都是无过错原则。无过错责任适用于损害后果的发生为不可归责于双方当事人所导致的场合，宗旨在于合理补偿损失，它限制了一般免责事由的适用，但必须要由法律明确规定才可以适用。无过错原则是从保护公民权利、维护社会稳定与安全的角度出发，通过立法的规定来加以适用的。

5. 合理原则

合理原则是指归责时考虑当事人的心智与情感因素，以期真正发挥法律责任的功能的原则。法律责任归责的合理原则一方面要求在归责时考虑归责对人的心智与情感因素的影响，实现对法、情、理的最大程度统一；另一方面是通过追究法律责任以实现法律责任对民众的教育责任。法律责任的归责，如果仅仅使人感到法律的惩罚而不思考日后如何依法行事，那是不合理的，只有在对其课以责任的同时，让其能够了解法律的要求，促使其根据法律规定相应地调整其行为时，法律责任归责的合理性才能体现出来。

（五）法律责任的免责

免责也称为法律责任的抗辩事由，它指以法律责任的存在为前提，是指尽管有当事人的违法行为事实，且具有承担法律责任的条件，但是由于教育法律法规规定的一些主客观条件不符合，因而导致法律责任部分或全部地被免除的情况。根据我国法律规定和司法实践，教育法律责任免责的条件与情况是多种多样的，主要包括时效免责、不诉免责、协议免责、补救免责等。

1. 时效免责

时效免责是指违法者在违法行为发生一定期限后不再承担强制性法律责任，即违法者在其违法行为发生之后，在一定期限内未收到当事人起诉或告诉的，将不再承担法律责任的情况。这在《中华人民共和国民法典》和《中华人民共和国刑法》中都有明确规定。时效免责的价值在于保障当事人的合法权益，督促法律关系主体及时行使其权利，结清权利义务关系，提高国家司法机关的工作效率，维护社会稳定。

2. 不诉免责

在司法实践中，我国法院一般采取不告不理原则，即当事人如果不向法院提起诉讼，那么法院对所发生的案件采取一种不主动处理的态度。因此，不诉免责是指受害人或相关当事人不向法院提起诉讼追究行为人的法律责任，行为人的法律责任实际上被免除，或者受害人与加害人在法律允许的范围内协商同意免责的情况。不诉可以视为受害人与相关人宽恕了违法者的违法行为，因而免除其法律责任。

3. 协议免责

协议免责是指双方当事人在法律允许的范围内协商同意的免责，即通常意义上所说的“私了”，这一般发生在教育民事法律领域。因为在日常的教育民事活动过程中，双方当事人在预见到可能发生损害后果时，协议规定由受害人自愿承受损害后果的，加害人则对损害事实免除责任。一般而言，在有合法的免责协议情况下，受害人不可以向人民法院请求对加害人进行法律责任归责。

4. 补救免责

补救免责是指对那些实施违法行为，造成一定程度损害，但是在国家机关进行归责之前已经采取相应措施及时补救的人，免除其部分或全部责任的情况。如在中小学校出现食物中毒事件时，如果学校教师在刚出现食物中毒时采取相应的措施，阻止了大规模的学生食物中毒事件，那么在这种情况下，学生家长将学校及教师告上法庭时，法院在对该食物中毒事件的法律责任进行归责时，就会考虑到部分教师的及时补救措施而给予其部分责任免除或全部责任免除。

二、教育权利法律救济

（一）教育权利法律救济的定义及特征

1. 教育权利法律救济的定义

法律谚语有云：“有权利必有救济，没有救济就没有权利。”在西方法治比较发达的国家看来，法律不仅是一套明确无误的法典化的权利体系，更是一种能将法律制度具体化的公平意识。因为权利不仅包括应有权利和法定权利，也应该包含现实权利，现实权利是权利的最终归宿。而权利在由应有权利向现实权利转化的过程中，必须要通过相应的程序和机制来保证实现，这个程序与机制就是权利法律救济机制。因此，教育权利法律救济是指公民、法人或其他社会组织在认为自己的教育权利受到损害或侵害时，通过一定的程序与途径，向国家机关告诉并要求解决、予以补救的一种机制。教育权利法律救济是教育法律关系得以实现的保障。对于教育权利法律救济而言，首先它是以教育权利受到损害为前提。因为在教育实践中存在着诸多的教育权利纠纷或教育权利冲突，在这些纠纷或冲突中都存在着权利受到侵害的现象，这在客观上要求国家建立解决纠纷、补救教育权益受损者的制度。其次，教育权利法律救济的根本目的是实现教育法律关系主体的受损权益，保证相应主体法定义务的履行。众所周知，教育权利纠纷会导致合法教育权益受到侵害或特定的教育义务没有得到履行，而教育权利法律救济就是要使受冲突纠纷影响的合法权利以及法定义务能够切实地得到实现或履行。再次，教育权利法律救济具有权利性。教育权利救济是第二性权利，是附属于人的第一性权利的权利，在人的第一性权利受到侵害或未实现的情况下，作为权利主体的权利人有权要求国家责令责任主体履行义务或要求相对方就未履行义务给予救济，这是权利人的一种法定权利，任何组织和个人都不能剥夺。基于我国教育法律实践与司法实践，教育权利法律救济主要有两种途径：诉讼途径与非诉讼途径。诉讼途径主要是通过向人民法院提起诉讼的方式来进行。教育法律关系主体在教育合法权益受到侵犯时都可以通过诉讼方式来进行解决，《中华人民共和国民事诉讼法》《中华人民共和国行政诉讼法》和《中华人民共和国刑事诉讼法》都对诉讼渠道有着明确的规定。非诉讼途径主要是行政途径及其他途径。行政途径主要包括教育申诉和教育行政复议，其他途径主要指通过仲裁、调解以及舆论压力迫使相对方解决权益纠纷。

2. 教育权利法律救济的特征

教育权利法律救济具有以下特征：首先，教育权利法律救济的受理机关法定，即教育权利法律救济的受理机关只能是由法律授权的国家行政机关和人民法院；其次，教育权利法律救济有着严格的受理范围与审理程序。在我国，教育法很多时候被视为行政法的一个重要组成部分，具有典型的行政法属性。我国行政复议法、行政诉讼法和民事诉讼法、国家赔偿法等法律都分别对受理范围与程序做出了明确规定，超出了法律所规定的受理范围的，相关机关将不予以受理，违反法定程序的需要承担法律责任；再次，教育权利法律救济有着明确的申请、起诉期限，即时效性，超出了法律规定的时限的，相关机关将不再受理，当事人将丧失申请起诉权；最后，教育权利法律救济的审理方式非常严格，做出的决定、判决具有法律效力。教育行政复议原则上采取书面审理，在特定情况下也采取调查取证、听取意见等方式来进行审理。

（二）教育申诉制度

1. 教育申诉制度的定义及其特征

教育申诉制度是指教育行政相对人在其合法教育权益受到侵害或损害时，按照一定程序，向教育行政机关或相关组织申诉理由，请求处理或重新处理的权利救济制度。

教育申诉制度具有以下几个基本特征：第一，申诉权专属。教育申诉权只限于有申诉权的教育行政相对人。教育行政相对人是否行使这项权利完全取决于自己，他人无权干涉。《中华人民共和国宪法》第四十一条中明确规定中华人民共和国公民对于任何国家机关和国家工作人员的违法失职行为，有向有关国家机关提出申诉、控告或者检举的权利。第二，教育申诉制度是只要教育行政相对人认为自己的合法权益受到侵害或损害时就可以提起申诉。至于事实上其教育权利损害的状况需要受理机关审理后才能确定。第三，教育法律关系主体的教育申诉的目的是使自己因受到违法行为侵害而造成的损失得以补偿，并非要追究侵权人的某种责任。第四，教育申诉制度必须按照法律规定的程序来进行。教育申诉的程序由相关的教育法律法规以及其他规范性文件规定，具有约束力。第五，教育申诉的受理机关由法律法规及其他相应的规范性文件确定，其他组织和个人不得随意受理，否则将被视为违法。

教育申诉根据是否提起诉讼，可以分为诉讼意义上的申诉和非诉讼意义上的申诉两类。诉讼意义上的申诉是指教育行政相对人对已发生法律效力的决定或裁定不服，依法向国家司法机关提出申请，要求改正或撤销原决定或裁定；非诉讼意义上的申诉是指教育法律关系主体对其组织所做出的已发生约束力的决定不服，向作出该处理决定机关的领导机关或有关部门或专门机关提出重新处理的要求的行为。根据我国教育法律实践的现状，教育申诉制度主要包括教师申诉制度和学生申诉制度两个方面。

2. 教师申诉制度

（1）教师申诉制度的定义与特征

教师申诉制度是指教师对学校或教育机构所作出的处理决定不服，或在其合法权益受到侵害时，依据我国法律法规的规定，向主管的教育行政机关申诉理由、请求处理的一种权利救济制度。《中华人民共和国教师法》第三十九条明确规定："教师对学校或者其他教育机构侵犯其合法权益的，或者对学校或者其他教育机构作出的处理不服的，可以向教育行政部门提出申诉，教育行政部门应当在接到申诉的三十天内作出处理。教师认为当地人民政府有关行政部门侵犯其根据本法规定享有的权利的，可以向同级人民政府或者上一级人民政府有关部门提出申诉，同级人民政府或者上一级人民政府有关部门应当作出处理。"

相比其他形式的申诉制度，教师申诉制度具有以下三个方面的特征：第一，教师申诉制度是我国法律规定的申诉制度。教育申诉制度的确立是基于公民在宪法上的申诉权而存在的，是宪法赋予我国公民申诉权在教育领域中的具体体现。与此同时，教师申诉制度是我国教育法律法规所明确和规范的一项法定制度。第二，教师申诉制度是一项专门性的权利救济制度。教师申诉制度是一项专门为教师设定的权利救济制度，它将教师申诉权具体化，目的在于保护和补救教师的合法权益。当教师的教育教学权、报酬权等权益遭到学校以及相关教育行政部门的侵害后，可以通过申诉这一途径来救济所受损的权利，获得教师实体权的程序性保障。第三，教师申诉制度是非诉讼意义上的行政性权利救济制度。教师申诉不是通过国家司法机关的司法诉讼程序进行的，而是由教育行政机关依据其法定的职权与程序对教师申诉作出行政处理，这一行政处理决定具有行政法意义上的效力。因此，教师申诉不具有诉讼性质，它属于教育行政救济的范畴。

（2）教师申诉制度的范围

根据《中华人民共和国教师法》的规定，教师申诉的范围主要包括以下几个方面：① 教师认为学校或者其他教育机构侵犯教师法所规定的合法权益的，可以提起申诉。这里的合法权益主要包括教师法所规定的教师的职务聘任评审、教学科研、工作条件、民主管理、培训进修、考核奖惩、工资福利待遇、退休等方面的各项权利。② 教师对学校或其他教育机构所作出的处理不服的可以提出申诉。无论学校或者其他教育机构所作出的处理决定是否侵害了教师的合法权益，只要教师本人主观上认为学校及其他教育机构所作出的处理不公正、不客观、不合法时，就可以提出申诉。③ 教师认为当地人民政府有关行政部门侵犯教师法所规定的合法权益的，可以提出申诉。这里的被申诉人仅限于当地人民政府的有关行政部门，可能是教育行政部门，也可能是其他行政主管部门，但不能是当地人民政府。其他的企事业单位或者个人侵犯教师合法权益的，不能列入教师申诉的范围之内。

（3）教师申诉制度的程序

教师申诉制度由申诉的提出、受理和处理三个不同的程序所组成，并依次进行。

首先是申诉的提出。当教师认为其合法权益遭到相应主体的侵害时，就可以向相应的教育行政机关提出申诉，这个申诉应以书面形式呈现。申诉书应当载明以下几个方面的内容：① 申诉人的基本情况，包括姓名、性别、年龄、住址等；② 被申诉人的基本情况，包括姓名、地址、法定代表人的姓名和职务等等；③ 申诉的要求，主要包括申诉人对被申诉人因侵犯其合法权益或不服其对申诉人的处理决定而要求受理机关进行处理的具体要求；④ 申诉理由，主要包括被申诉人侵害其合法权益或不服被申诉人处理决定的事实依据，针对被申诉人的侵权行为或处理决定的错误，提出纠正的法律、政策依据，并陈述其理由；⑤ 申诉的附件，主要是指申诉需要附交的有关证明材料。

其次是申诉的受理。有关教育行政机关或部门接到申诉书后，应当对申诉人的资格和申诉条件进行审查，不同的情况做出不同的处理：① 对于符合申诉条件的应当予以受理；② 对于不符合申诉条件的可以答复申诉人不予受理；③ 对于申诉书未说明申诉理由和要求的，要求重新提交申诉书。

最后是对申诉的处理。主管教育行政机关或部门受理申诉案件以后，应当进行全面的调查与核实。对学校或其他教育机构所提出的申诉，主管教育行政部门应当在接到申诉书的次日起 30 天内进行处理；对当地人民政府有关行政部门提出的申诉，受理申诉的行政机关应当及时作出处理，不得拖延推诿。受理申诉的机关逾期未作处理或久拖不决的，其申诉内容涉及人身、财产以及其他属于行政复议和行政诉讼范围的，申诉人可以依法提起行政复议或行政诉讼。行政机关作出申诉处理决定后，应当将申诉处理决定书发送给申诉当事人。申诉处理决定书自送达之日起发生效力。申诉当事人对申诉处理决定不服的，可以向原处理机关隶属的人民政府申请复核。申诉内容直接涉及人身权、财产权以及其他属于行政复议、行政诉讼范围事项的，可以依法提起行政复议或行政诉讼。

一般而言，教育行政机关对教师申诉的处理决定主要有以下几种情况：① 学校或其他教育机构、人民政府关于教育行政管理部门的管理行为符合法定权限和程序，适用法律法规正确，事实清楚，维持原处理决定；② 学校或其他教育机构、人民政府有关行政部门的管理行为违反法律，侵害了申诉人的合法权益，可撤销原处理决定，或责令被申诉人限期改正；③ 学校或其他教育机构、人民政府有关行政部门的管理行为，部分适用法律、法规或规章错误，处理不当的，可责令重新进行处理或变更处理决定或撤销原处理决定；④ 学校或其他教育机构、人民政府有关行政部门的管理行为所依据的内部规章制度与效力高于他的法律、法规以及其他规范性文件相抵触的，可依照职权撤销该内部管理规定，并撤销原处理决定。

（4）受理教师申诉的机关及管辖

受理教师申诉的机关因其被申诉主体的不同而有所差异。如果教师是对学校或其他教育机构提出申诉，那么受理申诉的机关为主管的教育行政部门；如果教师对当地人民政府有关行政部门提出申诉，那么受理申诉的机关为同级人民政府或上一级人民政府对口的行政主管部门。需要注意的是，提出申诉不应向行政机关的单独个人提出，而应向行政机关提出，否则该申诉将被视为一般的群众来信来进行处理。

教师申诉的管辖是指行政机关之间受理教师申诉案件的分工与权限。基于我国教育司法实践的总体情况，我国教师申诉的管辖主要有以下五种类型：① 隶属管辖。教师提出申诉时，应当向该学校或其他教育机构所隶属的教育行政主管部门提出申诉。② 地域管辖。没有直接隶属关系的学校或其他教育机构中的教师提出申诉，按照教育行政部门的管理权限，由所在行政区的教育行政部门受理。③ 选择管辖。教师在两个或两个以上有管辖权的行政机关之中选择一个提起申诉，这主要是指教师对当地人民政府的有关行政部门的申诉可以在同级人民政府或上一级人民政府有关部门之间选择受理机关，一般而言，教师应当选择及时、便利和业务对口的受理机关进行申诉。④ 移送管辖。行政机关对于不属于其管辖范围的申诉案件，应当移交给有管辖权的行政机关办理，同时告知申诉人。⑤ 协商管辖和指定管辖。因申诉管辖发生争议的，由涉及管辖的行政机关协商决定，也可由他们所属的同一级人民政府或共同的上一级主管机关指定。

3. 学生申诉制度

（1）学生申诉制度的定义及其特征

学生申诉制度是指学生对学校给予的处分或处理不服，或认为学校和教师的行为侵犯了其合法权益，依照我国教育法律、法规或规章的规定，向主管机关或单位申诉理由、请求处理的一种权利救济制度。《中华人民共和国教育法》第四十三条第四项明确规定，受教育者享有“对学校给予的处分不服向有关部门提出申诉，对学校、教师侵犯其人身权、财产权等合法权益提出申诉或者依法提起诉讼”的权利。

学生申诉制度具有以下几个特征：首先，它是一项法定制度。学生申诉制度的法定性主要体现在两个方面：一方面它是依据宪法关于公民申诉权的规定而建立的，它是公民申诉权在教育领域中的具体体现；另一方面它是由我国教育基本法——《中华人民共和国教育法》直接规定的。学生申诉制度中的申诉范围、内容、程序等都有明确的法律规定。这些规定为学生在合法权益受到侵害时寻求救济提供法律保障。任何阻碍、剥夺学生申诉权的行为均构成违法，应当承担相应的法律责任。其次，它是一项具有特定性质的权利救济制度。学生申诉制度的目的和实质在于补救和保护学生的合法权益。学生相对人的特定身份以及在教育教学活动过程当中的地位，决定了当学生的合法权益遭到侵害时，其本人既不能采取拒绝履行决定的方式来补救自己，也无权采取强制手段制止或纠正学校或教师的侵权行为，只能采取事后补救性措施来维护自身的权益。因此，学生的申诉权是一种具有特定性的救济性权利，旨在维护学生这一特定主体的合法权益。

（2）学生申诉制度的范围

学生申诉的范围非常广泛，一般涉及学生的受教育权、人身权、财产权、升学权、公正评价权、隐私权等合法权益。依据提起诉讼的对象与内容，学生申诉可以分为以下几种情况：① 学生对学校给予的处分不服的，包括学籍管理、考试、校纪校规等方面，可以提起申诉；② 学生对学校侵犯其合法财产权的行为，可以提出申诉；③ 学生对学校侵犯其人身权的行为可以提起申诉；④ 学生对教师侵犯其合法财产权的行为可以提起申诉；⑤ 学生对教师侵犯其人身权的行为可以提起申诉；⑥学生对学校或教师侵犯其知识产权的行为可以提出申诉。

（3）学生申诉制度的程序

与教师申诉制度一样，学生申诉也需要遵循一定的程序。其一般步骤为：首先，学生针对教师或学校侵犯其人身、财产等合法权益提出申诉；其次，等待相应主管机关的受理与审查；最后，学生听取主管机关对申诉的处理结果。学生提出申诉可以以口头或书面两种形式来进行。以口头形式提出申诉的，需要讲明被申诉人的状况、申诉的理由和事件发生的基本过程、最后提出申诉要求。而书面申诉则包括以下要求：首先，要写明申诉人的基本信息以及与被申诉人的关系；其次，写明被申诉人的名称、地址，法定代表人的姓名、性别和职务等信息；再次，写明申诉要求，即写明申诉人对被申诉人因侵犯其合法权益或对某个具体行为的实施要求，受理机关重新处理或撤销决定的具体要求；最后，写明申诉理由与具体事实经过。学生只要认为其合法权益受到侵害就可以提出申诉。

主管机关接到学生的口头或书面申诉后，可以根据具体情况经审查后作出不同的处理。对于属于自己主管的，予以受理；对于不属于自己主管的，告知学生向其他部门申诉或驳回申诉；对于虽然属于本部门主管，但不符合申诉条件的，需要告知学生不能申诉；对于未说明申诉理由和要求的，可以要求其再次说明或重新提交申诉书。主管机关对于学生口头申诉应当在当时或规定时间内作出是否受理的答复；对于学生的书面申诉，则应该在规定的时间内给予是否受理的正式通知。

（4）学生申诉的受理机关及管辖

《中华人民共和国教育法》第四十三条规定了受教育者享有对于学校给予的处分不服而向有关部门提出申诉的权利，但是没有明确规定学生申诉的受理机关。基于我国当前的教育司法实践，学生申诉的受理机关主要有两种类型：第一种类型是学校申诉受理机构。教育法律法规明确要求，各级各类学校应当成立学生申诉处理委员会，受理学生对取消入学资格、退学处理或违纪违规的申诉。学生申诉委员会应当由学校负责人、职能部门负责人、教师代表、学生代表共同组成。学校申诉受理机构负责处理本校学生对学校给予的处分不服而提起的申诉案件。第二种类型是设立在所管辖学校的上一级教育行政部门内的申诉受理机构。如我国《普通高等学校学生管理规定》第六十三条明确规定："学生对复查决定有异议的，在接到学校复查决定书之日起 15 个工作日内，可以向学校所在地省级教育行政部门提出书面申诉。"上一级教育行政部门内的申诉受理机构负责处理本管辖内学校的学生所提出的申诉案件。

（5）学生申诉的处理

主管机关受理学生申诉后，应当对事件进行调查核实，根据实际情况作出正确处理：① 如果学校、教师或其他教育机构的行为或决定符合教育法律规定或程序，适用法律法规正确，事实清楚，可以维持原来的处分决定和结果；② 如果处分或决定违反了相关教育法律、法规的规定，侵害了学生的合法权益，那么可以撤销原处理决定或责令被申诉人限期改正；③ 如果学校所做出的具体处分决定或具体行为决定的一部分适用法律法规错误，或事实不清的，可责令退回原机关重新处理或部分撤销原决定；④ 如果处理或决定所依据的校纪校规与教育法律、法规以及其他高一级规范性文件相抵触，可撤销原处理决定；⑤ 如果学校、教师有侵犯学生人身权、财产权等合法权益的，应当责令学校、教师予以赔偿损失和赔礼道歉。学生对于申诉处理结果不服的，可依法向法院提起诉讼。

（三）教育行政复议制度

1. 教育行政复议制度的概念和特征

教育行政复议是指个人或组织以国家教育行政机关的具体行政行为侵犯其宪法、教育法等法律法规所保护的合法权益为理由，依照法律的规定请求行政复议机关对该行为进行审查，以保障其合法权益，教育行政复议机关依照法定程序复查并作出决定的一种法律救济制度。

教育行政复议具有以下几个特征：首先，教育行政复议是一种特殊的教育行政行为，它是教育行政机关依法行使职权、解决教育行政纠纷的行政行为，不是司法机关解决纠纷的诉讼活动。其次，教育行政复议是以教育行政机关的具体行政行为为前提的。根据《中华人民共和国行政法》《中华人民共和国行政诉讼法》以及行政诉讼司法实践，抽象行政行为具有普遍的约束力，不能申请行政复议。只有教育行政机关做出具体行政行为时，才能申请教育行政复议。再次，教育行政复议的申请人只能是教育行政管理相对人，被申请人只能是做出具体教育行政行为的行政机关。在整个教育行政管理活动过程中，教育行政机关与管理相对人二者之间的地位并不平等。最后，教育行政复议决定不是终局性决定，但又不适用调解。在我国教育司法实践领域，教育行政复议一般实行一级复议制，教育行政管理相对方对教育行政复议决定不服时，不得再申请教育行政复议，但可以依法向人民法院提起教育行政诉讼。与此同时，复议机关在审理教育复议案件过程中不得进行调解，也不得以调解作为结案方式。这是因为在教育行政复议中，教育行政管理相对人与教育行政机关之间的地位不平等，教育行政机关行使的是国家教育行政权力，无权自由处分，所以在教育行政复议中调解没有法理基础。如果教育行政复议可以进行调解，那么将会损害法律的严肃性和国家以及个人的合法权益。

2. 教育行政复议的程序

根据《中华人民共和国行政复议法》及司法实践，教育行政复议程序由申请、受理、审理、决定和执行五个部分组成。

首先是申请。教育行政复议申请是指公民、法人或其他组织，认为教育行政机关的具体行政行为侵犯其教育法律、法规所保护的合法权益，依照教育法律、法规的规定条件，向有关机关提出复议要求的一种权利救济方式。申请人应当以书面形式在其合法权益受到侵害的六十日内提出申请。教育行政复议的申请书应载明以下内容：申请人的基本信息，包括姓名、性别、年龄、职业、住址等；被申请人的基本信息，包括名称、地址等；申请复议的原因和要求；提出行政复议申请的日期；附交相关的证明材料等。

其次是受理。教育行政复议的受理是指教育行政复议机关基于教育行政管理相对人的申请，通过审查并认为符合教育法律、法规规定的申请条件，决定立案并准备审理的行政行为。立案是教育行政复议机关决定受理的重要标志。一旦立案，教育行政复议机关必须依照国家教育法律法规对案件进行审理。复议申请人和被申请人在法律地位上是平等的，申请人不得重复申请复议。

再次是审理。审理是整个教育行政复议的中心阶段与核心环节。教育行政复议机关应当在受理之日起七日内，将教育行政复议申请书副本发送给被申请人。被申请人在收到教育行政复议申请书副本之日起十日内，应当向教育行政复议机关提交作出具体教育行政行为的有关材料或证据以及答辩书。被申请人逾期不答辩的，不影响教育行政复议。教育行政复议机关根据教育行政复议申请书和被申请人提供的材料、证据和答辩书，对于原有的教育行政执法决定进行审查。通过审查，查明事实真相，以确定原教育行政执法决定是否违法不当，是否侵害了申请人的合法权益。教育行政复议应当以书面的形式进行。当然，如果教育行政机关认为有必要时，也可以采取其他方式进行。

从次是决定。教育行政复议决定是指教育行政复议机关对案件进行审理后，在判明具体教育行政行为的合法性、正当性基础上做出相应的裁断。教育行政机关应当在复议期限内做出决定。教育行政复议的决定包括：维持原有行政处理决定、履行决定、撤销、变更和确认违法教育行政决定，教育赔偿决定和对抽象教育行政行为的处理决定等形式。

最后是执行。根据《中华人民共和国行政复议法》的法律规定和司法实践，行政复议决定生效后就具有国家强制力，复议双方应当自觉履行复议决定，否则将被强制执行。在教育行政复议过程中，如果教育行政机关拒绝履行教育行政复议决定的，那么复议机关可以直接或建议有关部门对该教育行政机关的法定代表人给予行政处分。教育行政复议参加人或其他人员阻碍行政复议人员依法执行职务的，如果尚未使用暴力或其他威胁手段，可以由公安机关给予行政处罚，如果使用暴力或其他威胁手段，那么将依法追究刑事责任。教育行政复议机关工作人员失职的，复议机关或有关部门应当批评教育或给予行政处分，直至追究刑事责任。公民、法人或其他社会组织对教育行政复议不服的，除法律、法规规定的特殊情况，一律都可以提起诉讼。

3. 教育行政复议与教育申诉的区别

教育行政复议与教育申诉都属于教育行政救济渠道，二者之间有着明显的差异。首先，二者提出的原因不同。教育行政复议是在教育管理相对人认为教育行政机关的具体行政行为侵犯了教育法律法规所保护的合法权益时所提出的，而教育申诉是指学生、教师认为其所享有的宪法、教育法等法律法规所保护的权益受到侵害时而提出的。提出教育申诉的原因除了由教育行政机关的具体行政行为所引起的侵害之外，还包括由教育行政机关的抽象行政行为所引起的侵害。教育申诉的受案范围远远大于教育行政复议的受案范围。其次，二者提出的主体不同。教育行政复议是由教育行政管理相对人提出。所谓的教育行政管理相对人不仅包括教师、学生、教育行政机关工作人员，而且还包括学校或其他教育机构等法人组织。但是，教育申诉的提出只能是特定的人，如教师或学生，不能是法人组织。

（四）教育行政诉讼制度

诉讼也就是日常所见的打官司，它是指国家司法机关依照法定程序来处理案件的活动。诉讼救济也称为司法救济，它是指人民法院在权利人权利受到侵害而依法提起诉讼后，依其职权按照一定的程序对权利人的权利进行补救的一种救济方式。司法救济是任何权利得以保障的最后一道关口，它主要是通过诉讼这种模式来实现的。

1. 教育行政诉讼的概念和特征

教育行政诉讼是指教育行政管理相对人认为教育行政机关或教育法律法规授权组织的具

体行政行为侵犯了其合法权益，依照法律的规定向人民法院提起诉讼，请求给予法律救济，人民法院对于教育行政机关或教育法律、法规授权组织的具体行政行为的合法性进行审查，维护和监督教育行政职权的依法行使，矫正或撤销违法侵权的具体教育行政行为，对教育行政管理相对人的合法权益予以保护的活动。

2. 教育行政诉讼的受案范围

根据《中华人民共和国行政诉讼法》以及司法实践，教育行政诉讼的受案范围主要有以下几个方面：① 教育行政管理相对人对于教育行政处罚不服的；② 教育行政管理相对人认为符合教育法律、法规的法定条件，申请教育行政机关颁发许可证或执照，教育行政机关拒绝颁发或不予答复的；③ 教育行政管理相对人申请教育执行机关履行保护相对人人身权、财产权的法定职责，教育行政机关拒绝履行或不予答复的；④ 教育行政管理相对人认为教育行政机关违法，要求履行义务的；⑤ 教育行政管理相对人认为教育行政机关侵犯其人身权财产权的。

3. 教育行政诉讼的程序

教育行政诉讼主要包括起诉与受理、审理和判决、执行等三个方面的程序。

首先是教育行政诉讼的起诉。起诉是指公民、法人或其他组织认为教育行政机关的具体行政行为侵犯其合法权益，依照法律的规定请求人民法院执行行政审判权，检查具体教育行政行为的合法性，并予以救济的诉讼行为。教育行政诉讼的起诉包括以下几个要件：第一，原告是认为具体教育行政行为侵犯其合法权益的公民、法人或其他组织；第二，教育行政诉讼起诉有明确的被告；第三，教育行政诉讼有具体的诉讼请求和事实根据；第四，教育行政诉讼起诉属于人民法院受案范围和受诉人民法院管辖。教育行政诉讼的起诉一般以书面方式进行。人民法院接到起诉状后，通过审查，应当在七日之内立案或者做出裁定不予受理。原告对裁定不服的可以提起上诉。

其次是教育行政诉讼的审理和判决。基于《中华人民共和国行政诉讼法》和《中华人民共和国民事诉讼法》的相关规定及教育司法实践，人民法院应当在立案之日起五日内，将起诉状副本发送给被告。被告应当在收到起诉状副本之日起十日内向人民法院提交做出具体教育行政行为的有关材料，并提出答辩状。人民法院应当在收到答辩状之日起五日内，将答辩状副本发送给原告。如果被告不提出答辩状，也不影响人民法院审理。人民法院审理教育行政诉讼案件一律采取合议制。经过审理，人民法院根据不同情况分别做出不同的决定：① 教育行政机关的具体教育行政行为证据确凿，适用法律、法规正确，符合法定程序，判决维持原教育行政机关的决定；② 具体教育行政行为主要证据不足的，适用法律、法规错误的，违法法定程序的，超越教育行政机关职权的，滥用职权的，判决撤销或者部分撤销原教育行政行为，还可以判决被告重新做出具体教育行政行为。如果被告不履行或者延迟履行法定职责的，人民法院判决其在一定期限内必须履行。如果教育行政处罚显失公正的，可以判决变更。

最后是教育行政诉讼的执行。教育行政诉讼的执行是指义务人逾期拒不履行人民法院就教育行政诉讼案件依法做出的具有执行力的法律文书时，法院按照法定程序强制其履行义务，以保证生效的法律文书的内容得到实现的一种活动。在诉讼活动过程中，当事人必须履行人民法院发生法律效力的判决与裁定。公民、法人或其他组织拒绝履行判决裁定的，当事人可以向第一审人民法院申请强制执行，或者依法强制执行；如果教育行政机关拒绝履行判决、裁定的，当事人可以向人民法院申请强制执行，人民法院将通过划拨、罚款、司法建议以及追究刑事责任等方式来强制执行。

（五）教育仲裁制度

仲裁是指双方当事人将纠纷提交给中立的第三方进行裁判，以获得公正、合理、便捷解决的一种纠纷解决方案。相比诉讼，教育仲裁可以在成本上节约很多，不像法律诉讼那样需要承担大量的时间和经济成本，对当事人双方来说是一种双赢。

1. 教育仲裁的定义

教育仲裁是指根据我国教育法律、法规的规定，当学生与学校发生纠纷时，依法向专门设置的教育仲裁机构申请，由教育仲裁委员会根据教育法律、法规的规定进行调节、裁决的一系列活动。

2. 教育仲裁的特征

首先，教育仲裁具有弱对抗性特征。相较诉讼而言，教育仲裁采取书面审理方式，双方当事人不需要通过面对面的质证辩论，易于为国民所接受，有利于保护教育纠纷的伦理性。

其次，教育仲裁具有低成本、高效率的特征。法律领域有一句俗语，迟到的公正不算公正。一个教育纠纷的处理或解决如果需要花费很长的时间，那么这个结果对于双方当事人而言都是不利的。教育仲裁相比教育申诉和教育诉讼，明显节约了时间，提高了效率。此外，教育仲裁也不需要双方当事人缴纳诉讼费用和其他费用，极大地降低了救济成本。

最后，教育仲裁具有专业性与公正性的特征。教育仲裁委员会由各级各类人员所组成，既有教育行政管理部门人员，也有学校代表，还有法律界人士和社会界人士，他们所做出的裁决更具有专业性，更容易被双方当事人所接受。相比教育申诉，教育仲裁委员会与学校和学生都没有任何利害关系，他们会秉着更加客观、公正的态度对教育纠纷进行裁决。

3. 教育仲裁制度的价值

首先，教育仲裁制度有利于及时解决教育纠纷，化解学生与学校的矛盾。一般而言，教育纠纷发生后，如果双方当事人在协商不成的情况下提起教育仲裁，教育仲裁委员会按照及时、有效、公平、合法等原则迅速加以处理，以化解双方当事人的教育纠纷。

其次，教育仲裁制度有利于节约双方当事人的诉讼成本。教育仲裁制度作为教育纠纷诉讼的前置程序，在很大程度上可以使一部分教育诉讼案件在仲裁阶段就得以解决，减轻了双方当事人的诉讼负担，节约了诉讼成本。

最后，教育仲裁制度也有利于发挥教育行政机关的职能作用，更好地保护双方当事人的合法权益。一般而言，教育仲裁机构应该设置在教育行政主管部门内，应当由教育行政部门代表、学校代表，以及教育界人士和法律界人士共同组成，以保证教育仲裁委员会的专业性、合法性与公正性。当学生等教育行政相对人未能或者不愿意通过申诉来解决教育纠纷时，可以申请教育仲裁，如果对教育仲裁不服仍可以提起诉讼。教育仲裁作为申诉与诉讼之间的一个衔接制度，具有十分重要的意义。

思考练习题

1. 什么是教育法律责任？教育法律责任有哪些类型？
2. 教育法律责任的构成要件是什么？
3. 教育法律责任的原则有哪些？
4. 教育权利救济是什么？有哪些途径？

第七章
重要教育政策与法律解读

一、《中华人民共和国教育法》解读

《中华人民共和国教育法》（本章简称《教育法》）最先于 1985 年开始起草工作，由国家教委在全国各地开展调查研究工作。1988 年，国家成立了《教育法》起草工作小组。到 1994 年 5 月，国家教委将《教育法（草案）》提交国务院审议，最后于 1994 年 12 月正式提交第八届全国人大常委会审议。1995 年 3 月 18 日，经第八届全国人民代表大会第三次会议通过，我国《教育法》正式出台，并于 1995 年 9 月 1 日开始施行。2009 年 8 月 27 日，根据第十一届全国人民代表大会常务委员会第十次会议《关于修改部分法律的决定》第一次修正；2015 年 12 月 27 日，根据第十二届全国人民代表大会常务委员会第十八次会议《关于修改〈中华人民共和国教育法〉的决定》第二次修正；2021 年 4 月 29 日，根据第十三届全国人民代表大会常务委员会第二十八次会议《关于修改〈中华人民共和国教育法〉的决定》第三次修正。现行《教育法》是 2021 年 4 月 29 日修正的，共十章，八十六条，包括总则、分则和附则三个部分内容。在分则中，对教育基本制度、学校及其他教育机构、教师和其他教育工作者、受教育者、教育与社会、教育投入与条件保障、教育对外交流与合作、法律责任等方面做了详细规定。

1. 我国教育的性质、方针和原则

教育的性质、方针和原则是一个国家教育的根本出发点与归宿，这在我国《教育法》总则中有明确规定。《教育法》第三条明确规定："国家坚持中国共产党的领导，坚持以马克思列宁主义、毛泽东思想、邓小平理论、'三个代表'重要思想、科学发展观、习近平新时代中国特色社会主义思想为指导，遵循宪法确定的基本原则，发展社会主义的教育事业。"马克思列宁主义、毛泽东思想、邓小平理论、"三个代表"重要思想、科学发展观、习近平新时代中国特色社会主义思想是我国社会主义性质的根本保证，以此作为指导思想的教育必然体现社会主义性质。为社会主义现代化建设培养人才是我国教育性质的本质特征。

《教育法》第五条对于我国的教育方针进行了规定，"教育必须为社会主义现代化建设服务、为人民服务，必须与生产劳动和社会实践相结合，培养德智体美劳全面发展的社会主义建设者和接班人"。教育与市场劳动相结合是实现教育目的的根本途径。

《教育法》第六至十条对教育原则进行了规定说明。第六条对我国教育的方向性原则进行了规定"教育应当坚持立德树人，对受教育者加强社会主义核心价值观教育，增强受教育者的社会责任感、创新精神和实践能力。国家在受教育者中进行爱国主义、集体主义、中国

特色社会主义的教育，进行理想、道德、纪律、法治、国防和民族团结的教育”。第八条对教育公共性原则进行了规定，“教育活动必须符合国家和社会公共利益。国家实行教育与宗教相分离，任何组织和个人不得利用宗教进行妨碍国家教育制度的活动”。第九条对教育的平等性原则进行了规定，“中华人民共和国公民有受教育的权利和义务，公民不分民族、种族、性别、职业、财产状况、宗教信仰等，依法享有平等的受教育机会”。第十条对教育的照顾与补偿性原则进行了规定，“国家根据少数民族的特点和需要，帮助少数民族地区发展教育事业。国家扶持边远贫困地区发展教育事业。国家扶持和发展残疾人教育事业”。

2. 教育基本制度

自新中国成立以来，我国基本教育制度日趋完善。《教育法》第二章专门对我国教育基本制度做出了法律规定。《教育法》第十七条对于我国学校教育制度进行了规定，“国家实行学前教育、初等教育、中等教育、高等教育的学校教育制度”。第十九条对义务教育制度进行了规定，“国家实行九年制义务教育制度。各级人民政府采取各种措施保障适龄儿童、少年就学，适龄儿童、少年的父母或者其他监护人以及有关社会组织和个人有义务使适龄儿童、少年接受并完成规定年限的义务教育”。第二十条对职业教育制度和继续教育制度进行了规定，“国家实行职业教育制度和继续教育制度。各级人民政府、有关行政部门和行业组织以及企业事业组织应当采取措施，发展并保障公民接受职业学校教育或者各种形式的职业培训。国家鼓励发展多种形式的继续教育，使公民接受适当形式的政治、经济、文化、科学、技术、业务等方面的教育，促进不同类型学习成果的互认与衔接，推动全民终身学习”。第二十一条对教育考试制度进行了规定，“国家教育考试由国务院教育行政部门确定种类，并由国家批准的实施教育考试的机构承办”。第二十二条对学业证书制度进行了规定，“经国家批准设立或者认可的学校及其他教育机构按照国家有关规定，颁发学历证书或者其他学业证书”。第二十三条对学位制度进行了规定，“学位授予单位依法对达到一定学术水平或者专业技术水平的人员授予相应的学位，颁发学位证书”。第二十五条对教育督导与评估制度进行了规定，“国家实行教育督导制度和学校及其他教育机构教育评估制度”。

3. 教育法律关系主体的权利与义务

我国《教育法》对各类教育法律关系主体的权利和义务都做出了明确的规定。

首先是学校的权利和义务。《教育法》第二十九条对学校及其他教育机构的权利进行了明确规定，学校的权利有：有按照章程自主管理；组织实施教育教学活动；招收学生或其他受教育者；对受教育者进行学籍管理，实施奖励或者处分；对受教育者颁发相应的学业证书；聘任教师及其他职工，实施奖励或者处分；拒绝任何组织和个人对教育活动的非法干涉；等等。与此同时，《教育法》第三十条对学校义务进行了规定：学校应当遵守法律、法规；贯彻党和国家的教育方针，执行国家教育教学标准，保证教育教学质量；维护受教育者、教师及其他职工的合法权益；遵照国家有关规定收取费用并公开收费项目；依法接受监督；等等。

其次是对受教育者权利、义务的规定。《教育法》第三十七条第一款明确规定：“受教育者在入学、升学、就业等方面享有平等权利。”第四十三条规定，受教育者享有参加教育教学活动、获得奖贷助学金权、获得公正评价权和学业学位证书权、申诉和起诉权以及法律规定的其他权利等权利。《教育法》第四十四条对受教育者的义务进行了规定，受教育应当履行遵纪守法的义务，遵守学生行为规范、尊敬师长的义务，养成良好品德和行为习惯的义务，努力学习，完成规定的学习任务的义务，遵守所在学校或者其他教育机构的管理制度的义务。

再次是对教师的权利义务的规定。《教育法》第三十三条规定：“教师享有法律规定的权利，履行法律规定的义务，忠诚于人民的教育事业。”在这里，《教育法》并没有将教师的权利和义务一一列举出来，而是遵从《中华人民共和国教师法》对教师权利和义务的规定。第三十四条规定：“国家保护教师的合法权益，改善教师的工作条件和生活条件，提高教师的社会地位。教师的工资报酬、福利待遇，依照法律、法规的规定办理。”这是对教师工资福利报酬等方面的宏观规定，也彰显出国家保护教师权益的义务。

最后是对国家机关、事业单位、社会组织与个人等法律关系主体权利与义务的规定。从权利角度来看，主要是国家机关、企事业单位组织以及社会团体和个人有权利通过适当形式参与学校管理，支持学校建设，与学校进行多种形式合作。如《教育法》第四十七条规定：“国家鼓励企业事业组织、社会团体及其他社会组织同高等学校、中等职业学校在教学、科研、技术开发和推广等方面进行多种形式的合作。企业事业组织、社会团体及其他社会组织和个人，可以通过适当形式，支持学校的建设，参与学校管理。”从义务角度来看，主要是国家机关、企事业单位组织和社会团体与个人在保障受教育者权利方面的义务规定。如第四十六条规定：“国家机关、军队、企业事业组织、社会团体及其他社会组织和个人，应当依法为儿童、少年、青年学生的身心健康成长创造良好的社会环境。”四十八条规定：“国家机关、军队、企业事业组织及其他社会组织应当为学校组织的学生实习、社会实践活动提供帮助和便利。”第五十一条规定：“图书馆、博物馆、科技馆、文化馆、美术馆、体育馆（场）等社会公共文化体育设施，以及历史文化古迹和革命纪念馆（地），应当对教师、学生实行优待，为受教育者接受教育提供便利。”此外，在教育经费投入与条件保障上，《教育法》对国家、政府的责任有明确的规定。《教育法》第五十六条规定：“各级人民政府的教育经费支出，按照事权和财权相统一的原则，在财政预算中单独列项。各级人民政府教育财政拨款的增长应当高于财政经常性收入的增长，并使按在校学生人数平均的教育费用逐步增长，保证教师工资和学生人均公用经费逐步增长。”第六十一条至六十三条都对教育经费的使用与监督作出了明确规定，强化了国家在教育发展中的主要义务。

4. 违反《教育法》的法律责任

《教育法》第九章专门对法律责任进行了规定。

首先是违反我国教育基本制度的法律责任。《教育法》第七十五条明确规定：“违反国家有关规定，举办学校或者其他教育机构的，由教育行政部门或者其他有关行政部门予以撤销；有违法所得的，没收违法所得；对直接负责的主管人员和其他直接责任人员，依法给予处分”。《教育法》第七十九条对考试违法责任进行了规定，“考生在国家教育考试中有下列行为之一的，由组织考试的教育考试机构工作人员在考试现场采取必要措施予以制止并终止其继续参加考试；组织考试的教育考试机构可以取消其相关考试资格或者考试成绩；情节严重的，由教育行政部门责令停止参加相关国家教育考试一年以上三年以下；构成违反治安管理行为的，由公安机关依法给予治安管理处罚；构成犯罪的，依法追究刑事责任：（一）非法获取考试试题或者答案的；（二）携带或者使用考试作弊器材、资料的；（三）抄袭他人答案的；（四）让他人代替自己参加考试的；（五）其他以不正当手段获得考试成绩的作弊行为”。第八十条规定："任何组织或者个人在国家教育考试中有下列行为之一，有违法所得的，由公安机关没收违法所得，并处违法所得一倍以上五倍以下罚款；情节严重的，处五日以上十五日以下拘留；构成犯罪的，依法追究刑事责任；属于国家机关工作人员的，还应当依法给予处分：（一）组织作弊的；（二）通过提供考试作弊器材等方式为作弊提供帮助或者便利的；（三）代替他人参加考试的；（四）在考试结束前泄露、传播考试试题或者答案的；（五）其他扰乱考试秩序的行为"。《教育法》第八十一条规定："举办国家教育考试，教育行政部门、教育考试机构疏于管理，造成考场秩序混乱、作弊情况严重的，对直接负责的主管人员和其他直接责任人员，依法给予处分；构成犯罪的，依法追究刑事责任"。考试违法责任的强化是《教育法》2021年修正的一大亮点与特色，强化了考试过程中的纪律以维护教育公平和考生权益。

其次是违反相关教育法律关系主体权利和义务的法律责任。《教育法》第八十三条规定："违法本法规定，侵犯教师、受教育者、学校或者其他教育机构的合法权益，造成损失、损害的，应当依法承担民事责任。"侵害教师权利主要是指学校及其他教育机构、教育行政部门或者其他团体与个人，无视教师的合法权益，随意伤害、侮辱、无故辞退教师等行为；侵害受教育者权利主要是指学校及其他教育机构、教师无视学生的合法权益，随意停课、罚款、体罚学生等行为；侵害学校权利主要是指教育行政部门或者其他团体与个人，无视学校的合法权益，故意占用学校办学用地，扰乱学校教育教学秩序等行为。

再次是违反有关教育经费投入与条件保障的法律责任。《教育法》第七十一条第一款明确规定："违反国家有关规定，不按照预算核拨教育经费的，由同级人民政府限期核拨，情节严重的，对直接负责的主管人员及其他直接责任人员，依法给予处分。"违反经费投入与条件保障主要体现在不按照预算核拨教育经费，挪用、克扣教育经费，违规向学校收取费用，违规向学生收取费用等方面。

最后是违反有关教育教学活动的法律的法律责任。《教育法》第七十二条、第七十三条对违反有关教育教学活动法律责任进行了明确规定。第七十二条规定："结伙斗殴，寻衅滋事，扰乱学校及其他教育机构教育教学秩序或者破坏校舍、场地及其他财产的，由公安机关给予治安管理处罚；构成犯罪的，依法追究刑事责任。侵占学校及其他教育机构的校舍、场地以及其他财产的，依法承担民事责任。"第七十三条规定："明知校舍或者教育教学设施有危险，而不采取措施，造成人员伤亡或者重大财产损失的，对直接负责的主管人员和其他直接责任人员，依法追究刑事责任。"

二、《中华人民共和国义务教育法》解读

《中华人民共和国义务教育法》（本章简称《义务教育法》）是我国较早颁布的教育单行法律，它最早于1986年4月12日由第六届全国人民代表大会第四次会议审议通过，并于1986年7月1日开始施行。2006年6月29日由第十届全国人民代表大会常务委员会第二十二次会议进行审议修订，2015年4月24日根据第十二届全国人民代表大会常务委员会第十四次会议《关于修改〈中华人民共和国义务教育法〉等五部法律的决定》第一次修正，2018年12月29日根据第十三届全国人民代表大会常务委员会第七次会议《关于修改〈中华人民共和国产品质量法〉等五部法律的决定》第二次修正。制定和修改《义务教育法》的目的在于更好地保障适龄儿童、少年接受义务教育的权利，保障义务教育的实施，提高全民素质。《义务教育法》

是促进和保证我国基础教育健康发展的基本法律，它标志着我国基础教育进入一个新的历史发展阶段，对于落实教育优先发展战略、提高全民素质具有十分重要的意义。《义务教育法》共八章，六十三条，对学龄儿童入学、教育教学保障、管理与监督、相关主体的权利和责任等都做出了明确的规定。

1. 关于义务教育管理体制

义务教育管理体制是义务教育组织机构体系、制度规范体系及运行机制体系相互作用而形成的有机统一体，它主要涉及实施义务教育的领导、执行、管理等相关问题。《义务教育法》第七条明确规定："义务教育实行国务院领导，省、自治区、直辖市人民政府统筹规划实施，县级人民政府为主管理的体制。县级以上人民政府教育行政部门具体负责义务教育实施工作；县级以上人民政府其他有关部门在各自的职责范围内负责义务教育实施工作"。自改革开放以来，我国义务教育管理体制历经了一个逐渐变化的发展过程，由改革开放之初的地方负责、分级管理的体制发展到现今的"以县为主"的管理体制。在义务教育管理体制改革与发展过程中，越来越强调变革高度控制型的政校关系，扩大学校的办学自主权，去掉过多的行政控制与干预，多元主体参与学校管理。在新时代，义务教育管理体制改革与发展是要不断完善义务教育供给激励优势，进一步破解义务教育发展的激励困境，进而形成义务教育管理重心下移、激励机制完善、教育经费供给充足的治理机制。

2. 义务教育的就学制度

《义务教育法》对义务教育适龄儿童的入学条件、入学年龄、保障部门以及入学机构等都做了明确规定。《义务教育法》第二条第三、四款明确规定："实施义务教育，不收学费、杂费。国家建立义务教育经费保障机制，保证义务教育制度实施。"《义务教育法》第十一条规定："凡年满六周岁的儿童，其父母或者其他法定监护人应当送其入学接受并完成义务教育；条件不具备的地区的儿童，可以推迟到七周岁。适龄儿童、少年因身体状况需要延缓入学或者休学的，其父母或者其他法定监护人应当提出申请，由当地乡镇人民政府或者县级人民政府教育行政部门批准。"《义务教育法》第十二条第一款中规定："适龄儿童、少年免试入学。"在我国义务教育阶段，适龄儿童、少年入学，不需要缴纳任何费用，其上学期间所有的花费由地方政府承担。此外，我国还设立了义务教育补助金，用以帮助贫困学生完成义务教育阶段学业。

3. 义务教育入学保障机构的规定

《义务教育法》第十二条至十四条对义务教育的入学保障机构进行了明确规定。地方各级人民政府应当保障适龄儿童、少年在户籍所在地学校就近入学。县级人民政府教育行政部门和乡镇人民政府组织和督促适龄儿童、少年入学，帮助解决适龄儿童、少年接受义务教育的困难，采取措施，防止适龄儿童、少年辍学。因各种原因，父母或其他法定监护人在非户籍所在地工作或者居住的适龄儿童、少年，在其父母或者法定监护人工作或者居住地接受义务教育的，当地人民政府应当为其提供平等接受义务教育的条件，具体办法由省、自治区、直辖市予以规定。此外，《义务教育法》对因特殊原因参加各种训练的少年儿童接受义务教育也做出了明确规定，“根据国家有关规定经批准招收适龄儿童、少年进行文艺、体育等专业训练的社会组织，应当保证其所招收的适龄儿童、少年接受义务教育；自行实施义务教育的，应当经县级人民政府教育行政部门批准”。

4. 义务教育的教育教学规定

教育教学是整个教育活动的核心，它是保证教育质量的重要途径，主要涉及教育教学基本要求与标准等相关问题。《义务教育法》对义务教育的教育教学有明确规定。《义务教育法》第三条规定：“义务教育必须贯彻国家的教育方针，实施素质教育，提高教育质量，使适龄儿童、少年在品德、智力、体质等方面全面发展，为培养有理想、有道德、有文化、有纪律的社会主义建设者和接班人奠定基础。”《义务教育法》第三十四条规定：“教育教学工作应当符合教育规律和学生身心发展特点，面向全体学生，教书育人，将德育、智育、美育、体育等有机统一在教育教学活动中，注重培养学生独立思考能力、创新能力和实践能力，促进学生全面发展。”

5. 义务教育的条件保障相关规定

教育是一项需要投入人力、物力和财力等外部保障条件才能正常运行的社会活动。《义务教育法》对义务教育的机构、经费、师资保障等问题做出了明确规定。《义务教育法》第十五条明确规定：“县级以上人民政府根据本行政区域内居住的适龄儿童、少年的数量和分布状况等因素，按照国家有关规定，制定、调整学校设置规划；新建居民区需要设置学校的，应当与居民区的建设同步进行。”《义务教育法》第二十四条至第二十七条对义务教育学校等教育机构的管理职责进行了规定。第二十四条规定：“学校应当建立、健全安全制度和应急机制，对学生进行安全教育，加强管理，及时消除隐患，防止发生事故。县级以上人民政府定期对学校校舍安全进行检查，对需要维修、改造的，及时予以维修、改造；学校不得聘用曾经因故意犯罪被依法剥夺政治权利或者其他不适合从事义务教育工作的人担任工作人员”；第二十七条规定：“对违反学校管理制度的学生，学校应当予以批评教育，但不得开除。”

《义务教育法》第四十二条对义务教育经费保障进行了规定：“国家将义务教育全面纳入财政保障范围，义务教育经费由国务院和地方各级人民政府按照本法规定予以保障。国务院和地方各级人民政府将义务教育经费纳入财政预算，按照教职工编制标准、工资标准和学校建设标准、学生人均公用经费标准等，及时足额拨付义务教育经费，确保学校的正常运转和校舍安全，确保教职工工资按照规定发放。”

《义务教育法》第二十八条至第三十二条对义务教育师资保障进行了明确规定。第二十八条规定：“教师享有法律规定的权利，履行法律规定的义务，应当为人师表，忠诚于人民的教育事业。全社会应当尊重教师。”第二十九条规定：“教师在教育教学中应当平等对待学生，关注学生的个体差异，因材施教，促进学生的充分发展。教师应当尊重学生的人格，不得歧视学生，不得对学生实施体罚、变相体罚或者其他侮辱人格尊严的行为，不得侵犯学生合法权益。”第三十条第二款规定：“国家建立统一的义务教育教师职务制度。教师职务分为初级职务、中级职务和高级职务。”第三十一条规定：“各级人民政府保障教师工资福利和社会保险待遇，改善教师工作和生活条件；完善农村教师工资经费保障机制。教师的平均工资水平应当不低于当地公务员的平均工资水平；特殊教育教师享有特殊岗位补助津贴，在民族地区和边远贫困地区工作的教师享有艰苦贫困地区补助津贴。”

6. 违反《义务教育法》的法律责任相关规定

《义务教育法》第七章对违反义务教育法的行为及违法责任进行了明确规定。《义务教育法》第五十七条中规定：“学校拒绝接收具有接受普通教育能力的残疾适龄儿童、少年随班就读的，由县级人民政府教育行政部门责令限期改正；情节严重的，对直接负责的主管人员和其他直接负责人员依法给予处分。”《义务教育法》第五十八条规定：“适龄儿童、少年的父母或者其他法定监护人无正当理由未依照本法规定送适龄儿童、少年入学接受义务教育的，由当地乡镇人民政府或者县级人民政府教育行政部门给予批评教育，责令限期改正。”《义务教育法》第五十九条规定，有胁迫或者诱骗应当接受义务教育的适龄儿童、少年失学、辍学，非法招用应当接受义务教育的适龄儿童、少年，出版未经依法审定的教科书等情形的，依照有关法律、行政法规的规定予以处罚，构成犯罪的依法追究刑事责任。

此外，《义务教育法》还对违反义务教育条件保障的法律责任进行了规定，即地方政府及教育行政机关未能很好履行《义务教育法》规定的义务，不能为适龄儿童、少年接受义务教育的机构，或者不能按规定数额拨付义务教育经费的，依法承担相应的行政、民事和刑事法律责任。

三、《中华人民共和国教师法》解读

《中华人民共和国教师法》（本章简称《教师法》）是 1993 年 10 月 31 日第八届全国人民代表大会常务委员会第四次会议通过，于 1994 年 1 月 1 日开始施行。2009 年 8 月 27 日第十一届全国人民代表大会常务委员会第十次会议进行修正。《教师法》是我国历史上第一部专门针对教师这一职业群体而制定的法律，第一次以法律形式明确了教师的地位与作用，对教师的权利、义务、资格与任用、权益保障等各方面都做出了规定。《教师法》的颁布与实施，标志着我国教师队伍建设开始走向法治化、规范化发展轨道，对于落实我国教育优先发展战略、提高教师队伍素质、维护教师合法权益、提高教师社会地位等均具有十分重要的意义。

1. 关于教师法律地位的规定

教师地位是指一个国家和社会给予教师的政治经济待遇以及全社会对教师工作的认可与尊重程度，它往往受一定历史时期的政治、经济、思维和文化等因素的制约，它与人类社会发展进步和社会文明程度紧密相关。自古以来，教师都拥有较高的地位。“国将兴，必将贵师重傅”“教师是太阳底下最崇高的职业”等话语，都表明教师在一个国家、社会中所处的地位。在《教师法》颁布实施之前，教师是从属于国家干部系列。《教师法》第三条明确规定：“教师是履行教育教学职责的专业人员，承担教书育人、培养社会主义事业建设者和接班人、提高民族素质的使命。教师应当忠诚于人民的教育事业。”首先，教师是履行教育教学职责的专业人员。从法律意义上来讲，只有承担教育教学工作职责的人才能成为真正意义上的教师。教师作为专业人员，必须具备教育法律规定的从教资格，并符合特定的要求，如学历、专业知识和身体状况等等。其次，教师必须从教于各级各类学校或相关教育机构。作为教师，这些工作场所是其身份和特征的主要标志。最后，教师的法律地位通过其权利和义务体现出来。教师的职业特点决定了教师的权利和义务与其职责紧密相关。

2. 关于教师权利和义务的规定

权利和义务作为法学研究的基本范畴，是法律关系的核心与具体内容。任何法律关系都需要通过相应主体的权利和义务来予以实现。《教师法》对教师的权利义务规定也是符合法学的基本宗旨的。教师的权利和义务主要分为两个层面的含义：第一个层面的含义是教师作为国家公民享有《中华人民共和国宪法》规定的所有公民都可享有的权利和应履行的义务。作为公民，教师享有如人身权、政治自由权、经济社会权利、宗教信仰权、文化教育权等等普遍性权利，与此同时也必须履行维护国家统一与民族团结、遵守宪法和法律、依法纳税等各种普遍性义务。第二个层面的含义是教师作为专业人员，享有独特的权利和应承担独特的义务。作为专业人员，教师享有教育教学、科研、指导评价、获得报酬、参与管理、进修培训等权利，应当履行如遵守法律法规、教育教学、思想政治教育、尊重学生人格、制止有害于学生行为和保护学生合法权益、提升自身教育教学业务水平等一系列义务。

3. 关于教师资格、职务、聘任等方面的规定

教师资格制度是国家对教师这一职业群体实行的一种特定的职业资格认定或许可制度，它对于加强和规范教师队伍建设、提高教育教学质量都具有十分重要的意义。《教师法》第十条明确规定："国家实行教师资格制度。中国公民凡遵守宪法和法律，热爱教育事业，具有良好的思想品德，具备本法规定的学历或经国家教师资格考试合格，有教育教学能力，经认定合格的，可以取得教师资格。"这一法律规定隐含了教师资格的几个要件：中国公民、品德要求、教育教学能力、学历、身体状况等等。针对不同教育阶段、不同学校的教师，《教师法》和《教师资格条例》有着明确规定。

教师职务制度是指国家对教师岗位设置、岗位任职条件以及取得该岗位的程序等相关规定的总称。教师职务与教师的工资待遇挂钩，并且在数量上还有所限制。教师职务对于调动教师的积极性和创造性、保障学校教育教学和科研水平、加强教师队伍建设等都具有十分重要的意义。根据不同层次学校、教育类型以及教师承担的工作性质、数量和难度等因素来分，教师职务主要包括大、中小学幼儿园教师职务，这由《教师法》和《教师资格条例》来予以规定。在高等学校，教师职务主要分教授、副教授、讲师和助教等四种职务，中小学分为高级教师、一级教师、二级教师和三级教师等四种职务。教师必须要具备一定的任职条件才能受聘担任相应的教师职务，如具备相应学校类别和级别的教师资格证以及学历学位要求，遵守国家法律法规，具有良好的思想政治素质与职业道德，为人师表，教书育人，具有相应的专业知识和教育教学水平，身体健康，能够胜任工作岗位，等等。

教师聘任是教师与学校双方在平等自愿的基础上，由学校根据教学需要设置教学岗位，聘请具有教师资格的人员担任教师职务的制度的统称。教师与学校及其他教育机构基于平等、自愿、合法的原则签订聘任合同，通过合同来明确双方的权利与义务。教师与学校签订的聘任合同具有法律效力。教师需要按照聘任合同来履行义务，完成合同规定的各种教育教学科研任务。学校需要向教师支付相应的报酬，为教师提供教育教学和科学研究的外部条件。学校有权对受聘教师的工作态度、业务水平以及相关业绩进行考核，并将考核结果作为教师升

职、调薪、奖惩以及续聘的重要依据。当然，学校等用人单位在解聘教师时需要有正当理由，否则将需要承担法律责任。

4. 关于教师权利义务的规定

《教师法》制定与修订的非常重要的一个目的就是要保障教师的合法权益。教师除了作为公民身份享有一切公民的权利和应履行的义务之外，还享有《教师法》规定的特定权利与义务。《教师法》规定，教师享有教育教学和改革实验权、从事科学研究与学术研究权、指导学生与评定学生品行与成绩权、获得报酬权、民主参与权、进修培训权等权利。此外,《教师法》明确规定，教师除了应该履行一般公民应履行的义务职务，还应履行下列义务：遵纪守法、为人师表的义务；完成本职教育教学工作的义务；教育学生的义务；尊重、关心和爱护学生，促进学生全面发展的义务；批评、抵制有害于学生健康成长的现象的义务；不断提升自己政治觉悟和业务水平的义务；等等。

5. 关于教师福利待遇的规定

为激励广大教师努力工作和稳定教师队伍,《教师法》也对教师福利待遇做出了明确规定，并随着社会发展而逐渐提高。《教师法》第六章专章对教师福利待遇进行了规定。《教师法》第二十五条规定：“教师的平均工资水平应当不低于或者高于国家公务员的平均工资水平，并逐步提高。建立正常晋级增薪制度，具体办法由国务院规定。”《教师法》第二十六条规定：“中小学教师和职业学校教师享受教龄津贴和其他津贴，具体办法有国务院教育行政部门会同有关部门制定。”《教师法》第二十九条规定：“教师的医疗同当地国家公务员享受同等的待遇，定期对教师进行身体健康检查，并因地制宜地安排教师进行修养。医疗机构应当对当地教师的医疗提供方便”。《教师法》第三十一条中规定，“各级人民政府应当采取措施，改善国家补助，集体支付工资的中小学教师的待遇，逐步做到在工资收入上与国家支付工资的教师同工同酬”。其实，除了《教师法》对教师福利待遇进行规定之外,《义务教育法》对特殊教育教师福利待遇也进行了明确规定，特殊教育教师享有特殊岗位补助津贴，在民族地区和边远贫困地区工作的教师享有艰苦贫困地区补助津贴。

6. 关于教师法律责任的规定

《教师法》对教师法律责任有着明确的规定。教师法律责任主要包括两个层面：第一个层面是教师违法行为的法律责任，第二个层面是侵害教师权益的法律责任。针对教师自身违法行为所应承担的法律责任,《教师法》第三十七条明确规定：“教师有下列情形之一的，由所在学校、其他教育机构或者教育行政部门给予行政处分或者解聘：（一）故意不完成教育教学任务给教育教学工作造成损失的；（二）体罚学生，经教育不改的；（三）品行不良、侮辱学生，影响恶劣的。教师有前款第（二）项、第（三）项所列情形之一，情节严重，构成犯罪的，依法追究刑事责任。”针对其他主体侵犯教师合法权益而应承担的法律责任,《教师法》第三十五条、第三十六条明确规定：“侮辱、殴打教师的，根据不同情况，分别给予行政处分或者行政处罚；造成损害的，责令赔偿损失；情节严重，构成犯罪的，依法追究刑事责任”；“对依法提出申诉、控告、检举的教师进行打击报复的，由其所在单位或者上级机关责令改正，情节严重的，可以根据具体情况给予行政处分。国家工作人员对教师打击报复构成犯罪的，依照刑法有关规定追究刑事责任”。此外，《教师法》对地方政府以及相关行政部门侵犯教师权益、拖欠教师工资等行为进行了规定，如违反国家财政、财务制度，挪用国家财政用于教育的经费，严重妨碍教育教学工作，拖欠教师工资，损害教师合法权益的，由上级机关责令限期归还被挪用经费，情节严重构成犯罪的，依法追究刑事责任等等。

四、《中华人民共和国家庭教育促进法》解读

《中华人民共和国家庭教育促进法》（本章简称《家庭教育促进法》）于 2021 年 10 月 23 日由第十三届全国人民代表大会常务委员会第三十一次会议审议通过，2022 年 1 月 1 日起开始施行。制定《家庭教育促进法》的目的是发扬中华民族重视家庭教育的优良传统，引导全社会注重家庭、家教和家风，增进家庭幸福与社会和谐，培养德智体美劳全面发展的社会主义与建设者与接班人。

《家庭教育促进法》是在新时代和社会转型大背景下，结合我国家庭教育实际和社会需求，在广大教育专家和社会人员的共同呼声与努力下出台的，它首次从法律的角度对家庭教育进行了规范与说明，对国家、社会以及家庭教育未成年人的责任都予以明确规定。从该法的形式与结构来看，该法包括总则、家庭责任、国家支持、社会协同、法律责任和附则等六个部分。

《家庭教育促进法》首先明确了家庭教育的责任主体。在人类社会发展历史进程中，家庭一直是教育的主场。“三岁看大，七岁看老”这一谚语已经被现代脑科学研究成果所验证。在人的一生中，0 ~ 7 岁这一阶段是大脑发育成长最快、建立突触联系最密切的时期。儿童在进入小学阶段之前，其认知风格、个性特征以及行为习惯都已大致初步建立。而 0 ~ 7 岁这一阶段，儿童的主要生活与发展是在家庭这一场所进行的，家庭对于儿童成长发展起着至关重要的作用。为此，基于家庭教育的重要地位，《家庭教育促进法》第十四条明确规定了家庭的主要责任，“父母或者其他监护人应当树立家庭是第一个课堂、家长是第一任老师的责任意识，承担对未成年人实施家庭教育的主体责任，用正确思想、方法和行为教育未成年人养成良好思想、品行和习惯。共同生活的具有完全民事行为能力的其他家庭成员应当协助和配合未成年人的父母或其他监护人实施家庭教育”。《家庭教育促进法》第二十一条明确规定：“未成年人的父母或其他监护人依法委托他人代为照顾未成年人的，应当与被委托人、未成年人保持联系，定期了解未成年人学习、生活情况和心理状况，与被委托人共同履行家庭教育责任。”言外之意，父母无论是否与孩子居住在一起、一起生活，也无论是否委托他人代为照护孩子，都是家庭教育的责任人。

1.《家庭教育促进法》的立法宗旨

《家庭教育促进法》作为一部关于家庭教育的专门法律，它是在中华民族伟大复兴、百年未有之大变局以及中国战略新部署等大的历史背景下所制定的，具有深刻而又长远的意义。

首先，它体现了党和国家对家庭建设以及儿童成长的高度关注。家庭作为社会的基本细胞，是人生的第一所学校，它对于社会发展与儿童成长均具有十分重要的意义。在现代化和工业化进程中，我国社会发生了深刻变化，面临着社会凝聚力与寻求道德价值的挑战，需要我们重返中华民族本有的思想与智慧。重拾家庭价值，发挥家庭在国家治理中的作用，以法治化来保障家庭发展是当前社会对家庭建设的迫切要求。《家庭教育促进法》以法律的形式将

党中央对家庭建设的要求与部署固定下来，将党的教育主张依法转化为国家意志，确立家庭与国家之间的法律关系，并实现二者的双向互动。

其次，它从法律层面上明确了家庭对儿童成长的责任。家庭是儿童的第一所学校，父母是儿童的第一任老师。父母对子女的成长发展起着十分重要的作用。然而，在现实中部分家长在儿童成长过程中并未真正承担起教育、监护职责，处于缺位状态。基于家庭教育对于儿童成长发展的重要性以及在整个教育系统中的地位凸显的现实，亟需在法律层面规定家庭的法律责任，通过法律来规范与引导父母，让父母有效地履行家庭教育职责。《家庭教育促进法》的制定，意味着从国家法律层面来界定了家庭教育的独特价值与功能，规定了父母的责任要求，也明确了政府、社会、学校等各方主体协同合作的要求。

再次，它构建了全社会协同的家庭教育指导服务体系。构建一个优质的家庭教育指导服务体系是家庭教育事业发展的核心任务与逻辑主线。《家庭教育促进法》的制定，对于构建体系化、综合性家庭教育责任共同体，将家庭教育各参与主体思想与行动都纳入到统一的逻辑系统中，整合各种教育，实现教育目标，共同推进大教育生态发展均具有十分重要的价值。家庭建设并非单个家庭的事情，它是一个社会性、集体性工作。《家庭教育促进法》从系统论、生态学等思路出发，营造一种全社会关心、支持家庭教育的环境，全社会协同共建优质家庭教育指导服务体系，促进家庭教育事业健康发展。

2.《家庭教育促进法》的法律内涵

《家庭教育促进法》作为我国家庭教育事业领域的专项法律，对于全面确保家庭教育事业方向以及发展路径均具有十分重要的意义。《家庭教育促进法》共六章五十五条，蕴含着丰富的法律内涵。

首先，它是促进型法律，彰显了国家对家庭教育指导的纲领性要求。“促进型”意指依法治国与劝善扶弱相结合，强调积极倡导，引导全社会共同关注家庭教育。“促进”既是家庭教育的目的，也是家庭教育的手段。《家庭教育促进法》旨在从研究父母家庭教育内容与方法上的提升，通过呼吁和部署，引导全社会共同参与，促进家庭教育事业发展。

其次，它是对家长的规范性要求，明确了家长在儿童成长与发展中的责任。《家庭教育促进法》将家庭置于学校、政府、社会之前，凸显出家庭的前置性与基础性作用。它明确了家长对于未成年子女成长的主体责任、学习的责任和尊重未成年子女的责任。

再次，它强化了政府在家庭教育中的公益性责任。《家庭教育促进法》作为一部面向千万家庭的法律，一视同仁地对所有父母提出了规范与要求。第三章规定和强调了政府在家庭教育指导与服务的公益性责任，保证家庭教育发展的公益性方向与本质，将家庭教育服务纳入政府公共服务体系，由政府投入各种资源以保证家庭教育指导与服务的公共性性质。

最后，它确立了全社会协同支持家庭教育的责任要求。《家庭教育促进法》区别于以往传统管理型法律，倡导政府主导下的全社会共同参与，确立全社会协同支持家庭教育的责任要求。它将家庭教育工作变成一种全社会共同交流经验的方式，充分调动与挖掘社会资源，促进和保障儿童社会利益与社会福祉。

3.《家庭教育促进法》的价值

《家庭教育促进法》站在法律的高度，通过对家庭教育的内容、方式等各方面的具体规定，以及对国家、家庭、社会、学校等相关主题权责的划分，突出未成年学生的主体地位，让家庭配合学校教育，促进学校、家庭、社会等多重主体互动，回归教育的本质，推动全社会育人和学生全面发展，具有十分重要的价值。

首先，它明确了家庭和学校的职责，有助于从源头上治理家校共育。《家庭教育促进法》以专项法律的形式明确了家庭教育的责任主体，从根本上厘清了家庭教育中监护人的教育职责。法律上明确了家长是未成年人的第一任老师。学校教育是通过有目的、有计划的学科知识教育进行的立德树人活动。在“双减”背景下对促进家长和学校各行其职，减轻学生的学习负担，具有十分重要的教育治理意义。

其次，突出和强化了政府的教育责任，有利于促进家校共育的系统性治理。《家庭教育促进法》以法律的方式明确各级政府以及企事业单位组织在家庭教育中的责任，并指出县级以上政府在家庭教育中监督管理以及减轻义务教育阶段学生作业负担和校外培训负担的职责，表明了家庭教育不再是学生所在家庭的单独事情，已经上升到国家教育系统治理层面的高度，具有强烈的法律效应。

再次，彰显了家庭教育的社会协同，有利于促进家校共育的综合治理。众所周知，教育是一项全社会、系统性社会活动。《家庭教育促进法》以法律的方式对家庭教育各方面内容、各种主体以及如何配合和综合治理都作出了明确规定，以促进家校协同发展。政府等教育行政部门需要健全家校协同育人机制，发挥出主导性作用，使家校共育有法可依，有章可循，全面赋能全社会参与到家校共育综合治理中来，进而提升教育质量，促进学生全面、健康发展。

五、《中小学教育惩戒规则（试行）》解读

《中小学教育惩戒规则（试行）》于 2020 年 9 月 23 日教育部第 3 次部务会议审议通过，自 2021 年 3 月 1 日起开始施行。《中小学教育惩戒规则（试行）》的制定是有其深刻的社会背景的。一方面，教育惩戒作为教师常用的教育教学手段，但是在实施的过程却出现不敢使用和滥用体罚两个极端，这对教师的教育教学工作以及教师的尊严都带来了一系列的负面影响。另一方面，教育部制定并实施《中小学教育惩戒规则（试行）》也是落实立德树人根本任务，保障和规范学校、教师依法履行教育管理职责，保障学生和教师合法权益、预防未成年人犯罪的需要。早在 2019 年 11 月 22 日教育部就《中小学教师实施教育惩戒规则（征求意见稿）》面向全社会公开征求意见时就引发了广大社会的热议。2020 年 7 月 30 日，教育部在《对十三届全国人大第三次会议第 9090 号建议的答复》中回复，将以部门规章的形式明确教育惩戒的条件、程序、范围以及限度等内容，加快工作进度，推动规范教育惩戒的部门规章早日出台。《中小学教育惩戒规则（试行）》的出台，从根本上迈出了破解当前我国教育实践领域中的学校教育不敢管、不会管的困境第一步。对于营造一个从学校到家庭再到社会共同发力、各尽其责的良好育人生态具有十分重要的意义。

1. 关于教育惩戒概念的规定

《中小学教育惩戒规则（试行）》第二条明确规定，教育惩戒是指学校、教师基于教育目的，对违规违纪学生进行管理、训导或者以规定方式给予矫治，促使学生引以为戒、认识和改正错误的教育行为。基于这一法律规定，可以发现教育惩戒具有丰富的内涵。首先是教育

惩戒的主体。对学生实施惩戒行为的只能是履行教育教学职责的教师以及具有教育管理职权的学校。这既符合我国当前教育实践的通常做法，也完全契合当下我国法治理性的内在要求。其次是教育惩戒的客体。教育惩戒的客体是指教育惩戒所指向的对象，意指学生的哪些违纪、失范行为应当受教育惩戒。尽管从语义上来看学生的所有违纪失范行为都可以纳入教育惩戒的客体，但是鉴于我国已有法律法规对学生严重违纪、违规以及学业表现不佳等行为进行规范与调整，因此在当前我国教育法律体系下只能将扰乱教育教学管理秩序且情节不严重的违纪违规行为纳入教育惩戒的调整范围。再次，教育惩戒的措施或方式。教育惩戒措施是为了矫正学生违纪失范行为并促使其改过从善而采取的一系列教育矫治手段的总和，它是教育惩戒作用得以发挥的关键与保障。《中小学教育惩戒规则（试行）》第八条明确规定，教师在课堂教学、日常管理中对违规违纪情节较为轻微的学生，可以当场采取点名批评，责令赔礼道歉、做口头或者书面检讨，适当增加额外的教学或者班级公益服务任务，一节课堂教学时间内的教室内站立，课后教导，学校校规校纪或者班规、班级公约规定的其他适当措施等对学生实施惩戒。最后是教育惩戒的阶段。教育惩戒主要发生在中小学教育领域，这也是《中小学教育惩戒规则（试行）》制定实施的初衷。

2. 教育惩戒的原则的规定

教育惩戒作为教师、学校基于教育目的对违规违纪学生进行管理、训导促使学生引以为戒、认识和改正错误的教育行为，为教师和学校管理、教育学生提供了依据，但在实施过程中也必须要遵循相应的要求与规定。《中小学教育惩戒规则（试行）》第四条明确规定："实施教育惩戒应当符合教育规律，注重育人效果；遵循法治原则，做到客观公正；选择适当措施，与学生过错程度相适应。"这一规定充分体现出实施教育惩戒应当遵循教育性、合法性、适当性原则。首先，教育惩戒必须遵循符合教育规律性原则。教育惩戒的原点与终点都是教育。作为一种教育手段或方式，教育惩戒的目的是教育和促成学生改正其原有的不良行为，应彰显出教育的人本性，以人为本。教育惩戒要从关爱学生角度出发，注重对学生进行人文关怀，达到学生遵守规则、改过向上的目的。《中小学教育惩戒规则（试行）》第十三条明确规定："教师对学生实施教育惩戒后，应当注重与学生的沟通与帮扶，对改正错误的学生及时给予表扬、鼓励。学校可以根据实际和需要，建立学生教育保护辅导工作机制　对有需要的学生进行专门的心理辅导、行为矫治。"其次，教育惩戒必须遵循法治原则。教师和学校在实施教育惩戒时必须要做到合法合规，客观公正，尊重学生的基本权益和人格尊严。《中小学教育惩戒规则（试行）》第五条第二款规定，学校制定校规校纪，应当广泛征求教职工、学生和学生父母或其他监护人（以下称家长）的意见，邀请学生、家长以及有关方面代表参加听证。校规校纪应当提交家长委员会、教职工代表大会讨论，经校长办公会议审议通过后施行，并报主管教育部门备案。第六条规定，学校应当利用入学教育、班会等方式向学生、家长宣传讲解校规校纪，未经公布的校规校纪不得施行。《中小学教育惩戒规则（试行）》第十二条规定，教师在实施教育惩戒过程中，不得有以打击、刺扎等方式直接造成身体痛苦的体罚、变相体罚等侵犯学生权利的行为。法治原则还体现在教育惩戒的程序正当性，通过程序来规范教师、学校的教育惩戒行为，减少惩戒主体的恣意与任性。教师和学校实施严重教育惩戒时，应当将听取学生的陈述与申辩作为必经的前置程序，学生或者家长申请听证的，学校应当组织听证。最后，实施教育惩戒必须遵循适当性原则。适当性原则主要体现在惩戒措施与学生过错承担相适应。教师、学校实施教育惩戒必须要综合考虑学生在校期间的一贯表现，还需要综合考虑学生的主管人事、对待违规行为的态度以及家庭成长环境等因素，以求最佳育人效果。

3. 教育惩戒范围的规定

《中小学教育惩戒规则（试行）》第七条对教师和学校实施教育惩戒的范围进行了规定，学生有以下情形之一，教师和学校可以实施教育惩戒：①故意不完成教学任务要求或者不服从教育、管理的；②扰乱课堂秩序、学校教育教学秩序的；③吸烟、饮酒或者言行失范违反学生守则的；④实施有害自己或者他人身心健康的危险行为的；⑤打骂同学、老师，欺凌同学或者侵害他人合法权益的；⑥其他违反校规校纪的行为。学生实施属于《中华人民共和国预防未成年人犯罪法》规定的不良行为或者严重不良行为的，学校、教师应当予以制止并实施教育惩戒，加强管教，构成违法犯罪的，依法移送公安机关处理。

4. 对教育惩戒监督的规定

教育惩戒从行动上来看就是国家给予广大教师和学校在日常教育教学管理过程中的权力，即教师和学校对学生的管教权。然而，任何一项权力都需要进行相应的监督或规制。因此，《中小学教育惩戒规则（试行）》对教育惩戒监督也进行了相应的规定。《中小学教育惩戒规则（试行）》第十五条规定："学校应当支持、监督教师正当履行职务。教师因实施教育惩戒与学生及其家长发生纠纷，学校应当及时进行处理，教师无过错的，不得因教师实施教育惩戒而给予其处分或者其他不利处理。教师违反本规则第十二条，情节轻微的，学校应当予以批评教育；情节严重的，应当暂停履行职责或者依法依规给予处分；给学生身心造成伤害，构成违法犯罪的，由公安机关依法处理。"教师作为教育惩戒的主要实施者，也是教育惩戒的主要遵守者，必须在这一部门规章的规定范围内实施惩戒，并接受学校、社会、家长和学生的监督。因此，学校在实施教育惩戒时应建立和健全监督约束机制，建立一个常备的教育惩戒监督机构，指导教师合法合理地使用教育惩戒权，纠正和叫停不合理、不合法的惩戒措施。学校教育惩戒监督机制的存在，一方面可以极大地约束教师的不当惩戒行为，另一方面还可以倒逼教师，树立法治观念、人本观念、规则意识以及对教育职业的敬畏心理。

六、《残疾人教育条例》解读

《残疾人教育条例》是 1994 年 8 月 23 日由国务院发布的行政规章，它是我国第一部有关残疾人教育的专项法规，它的颁布实施标志着我国残疾人教育事业领域的法律开始建立，有利于从法律层面上进一步保障我国残疾人平等受教育权，促进残疾人教育事业发展。2017 年 1 月 11 日国务院第 161 次常务会议修订通过《残疾人教育条例》，于 2017 年 5 月 1 日起施行。《残疾人教育条例》的修改、颁布、实施，体现了党和国家对残疾人教育事业的高度关注与重视，对于维护和促进教育公平与社会公平均具有十分深远的影响。

1. 关于《残疾人教育条例》的法律地位的问题

《残疾人教育条例》是我国第一部残疾人教育领域的专项法律，尽管它在我国当前教育法律体系中属于教育行政法规，但仍然处于较高的地位。《残疾人教育条例》的制定与修订，为各相关主体推进残疾人教育提供了直接的行动规范，与此同时也为建立和健全残疾人教育法律体系奠定了基础，为进一步制定和修改有关残疾人教育的部门规章、地方法规提供依据，甚至为未来《残疾人教育法》的制定奠定了基础。

2. 有关残疾人受教育权的理念

《残疾人教育条例》秉承联合国《残疾人权利公约》和《世界人权宣言》的融合教育理念：人人有受教育的权利，教育应当免费，至少在初级和基本阶段应如此；教育的目的在于充分发展人的个性，并加强对人权和基本权利的尊重。《残疾人教育条例》第一至三条中规定："为了保障残疾人受教育的权利，发展残疾人教育事业，根据《中华人民共和国教育法》和《中华人民共和国残疾人保障法》，制定本条例。""国家保障残疾人享有平等接受教育的权利，禁止任何基于残疾的教育歧视。残疾人教育应当贯彻国家的教育方针，并根据残疾人的身心特性和需要，全面提高其素质，为残疾人平等地参与社会生活创造条件。""残疾人教育是国家教育事业的组成部分。发展残疾人教育事业，实行普及与提高相结合、以普及为重点的方针，保障义务教育，着重发展职业教育，积极开展学前教育，逐步发展高级中等以上教育。残疾人教育应当提高教育质量，积极推进融合教育，根据残疾人的残疾类别和接受能力，采取普通教育方式或者特殊教育方式，优先采取普通教育方式。"第五十八条对融合教育进行了法律规定，"融合教育是指将对残疾学生的教育最大程度地融入普通教育"。这是我国教育法规在特殊教育的发展理念与目标上所做出的一次重大调整与转向，标志着我国特殊教育正在通过体制创新，逐步由外延扩张向内涵建设进行转型，从隔离逐渐走向融合。《残疾人教育条例》基本上确立了我国特殊教育以融合教育为主、梯度式、多样化的安置和教育体系。

3. 有关特殊教育制度建设的规定

对于如何普及和提高特殊教育，促进特殊教育融合发展，《残疾人教育条例》强调以制度建设来推进。针对义务教育，《残疾人教育条例》明确规定，必须保障义务教育，确保每一个残疾孩子不被落下。明确了残疾人教育的执法主体是各级政府，政府必须要依法履行责任，采取有力措施普及义务教育，确保每一个残疾孩子都能接受合适的教育。建立和健全残疾人筛查与入学登记制度、优先在普校安置制度、就近入学制度等等入学保障制度。对于非义务教育而言，《残疾人教育条例》明确规定，着重发展残疾人职业教育、积极开展学前教育和逐步发展高级中等以上教育。大力发展中等残疾人职业教育和加快发展残疾人高等职业教育，积极开展以实用技术为主的中短期培训，实施残疾人职业教育普特并举，建立和完善残疾人职业教育发展保障机制；逐步提高残疾幼儿接受学前教育比例，建立和健全残疾幼儿教育发展支持保障机制，政府支持高等学校设置特殊教育学院或相关专业，提高残疾人受教育水平，设区的市以上地方人民政府可以根据实际情况举办实施残疾人高级中等以上教育的特殊教育学校，等等。

4. 对残疾人教育质量的规定

提高教育质量，加强内涵建设是当前我国社会转型和教育转型所带来的重大任务，也是《残疾人教育条例》修订的着力点和根本点。《残疾人教育条例》从残疾人教学、课程改革和教学条件保障等方面对残疾人教育质量进行了明确规定。在残疾人课程教育上，一方面，《残疾人教育条例》重申了特殊教育应当贯彻党和国家的教育方针，全面贯彻落实德智体美劳全面发展，根据残疾人的身心特征与需要，为残疾人平等地参与社会生活创造各种条件；另一方面，《残疾人教育条例》在课程管理、课程建设等方面也做出了明确规定。第二十五条第一款规定："残疾儿童、少年特殊教育学校（班）的课程设置方案、课程标准由国务院教育行政部门制订；教材由省级以上人民政府教育行政部门按照国家有关规定审定。"在特殊教育课程建设与内涵发展上，《残疾人教育条例》明确要求课程设置方案、课程标准与教材都应适合残疾儿童、少年的身心特征与需要；要根据学生残疾状况实施分类教学，因材施教，制定符合残疾学生身心特征与需要的个别化教育计划，实施个别化教学。在残疾人教学条件保障上，《残疾人教育条例》主要从对融合教育的条件支持与对特殊教育的教学设备和康复仪器的配置等方面进行规定。《残疾人教育条例》第四十九条规定："县级以上人民政府应当根据残疾人教育发展的需要统筹规划、合理布局，设置特殊教育学校，并按照国家有关规定配备必要的残疾人教育教学、康复评估和康复训练等仪器设备。"

5. 对残疾人师资建设方面的规定

百年大计，教育为本，教育大计，教师为根。教师是任何教育事业发展的根基与前提。基于特殊教育的专业属性与我国教师队伍建设相关法律法规的安排，《残疾人教育条例》对特殊教育师资队伍建设做出了规定。《残疾人教育条例》第四十一条规定："从事残疾人教育的教师，应当热爱残疾人教育事业，具有社会主义的人道主义精神，尊重和关爱残疾学生，并掌握残疾人教育的专业知识和技能。"《残疾人教育条例》第四十二条对特殊教育教师的条件进行了规定，特殊教育教师必须符合下列条件：依照《教师法》的规定取得教师资格；特殊教育专业毕业或者经省、自治区、直辖市人民政府教育行政部门组织的特殊教育专业培训并考核合格。从事听力残疾人教育的特殊教育教师应当达到国家规定的手语等级标准，从事视力残疾人教育的特殊教育教师应当达到国家规定的盲文等级标准。特殊教育教师是专业人员，各级人民政府应当重视特殊教育教师的培养与在职培训，应当加强政策的倾斜，不断提高特殊教育教师待遇与社会地位，保障特殊教育教师和其他从事特殊教育的相关专业人员享有国家有关政策规定的特殊岗位补助津贴和其他待遇，在职务评聘、表彰奖励等方面特殊教育教师应当享有相关优惠政策。

6. 关于特殊教育发展保障机制的规定

特殊教育是一项事关全社会发展的民生工程，它离不开各主体的积极配合与合作。因此，要想高质量发展特殊教育，必须要形成一套特殊教育事业发展的保障机制。《残疾人教育条例》对特殊教育发展的保障机制做了明确规定。

首先，《残疾人教育条例》明确了政府在特殊教育事业发展当中的责任。《残疾人教育条例》第四条规定："县级以上人民政府应当加强对残疾人教育事业的领导，将残疾人教育纳入教育事业发展规划，统筹安排实施，合理配置资源，保障残疾人教育经费投入，改善办学条件。"《残疾人教育条例》第五条规定："国务院教育行政部门主管全国的残疾人教育工作，统筹规划、协调管理全国的残疾人教育事业；国务院其他有关部门在国务院规定的职责范围内负责有关的残疾人教育工作"。《残疾人教育条例》第十五条、第十六条还对政府发展残疾人教育相关事项进行了规定，如：县级人民政府应当根据本行政区域内残疾儿童、少年的数量、类别和分布状况，统筹规划，优先在部分普通学校中建立特殊教育资源教室，配备必要的设备和专门从事残疾人教育的教师和专业人员；为实施义务教育的特殊教育学校配备必要的残疾人教育教学、康复评估和康复训练等仪器设备，加强义务教育特殊教育学校建设；等等。

其次，《残疾人教育条例》还强化了对特殊教育事业发展的监督与评估，形成有助于残疾人教育事业发展的约束动力机制。对于家庭责任，《残疾人教育条例》第八条明确规定：“残疾人家庭应当帮助残疾人接受教育。残疾儿童、少年的父母或者其他监护人应当尊重和保障残疾儿童、少年接受教育的权利，积极开展家庭教育，使残疾儿童、少年及时接受康复训练和教育，并协助、参与有关教育机构的教育教学活动，为残疾儿童、少年接受教育提供支持。”对于社会责任，《残疾人教育条例》第九条规定：“社会各界应当关心和支持残疾人教育事业。残疾人所在社区、相关社会组织和企事业单位，应当支持和帮助残疾人平等接受教育、融入社会。”

最后，《残疾人教育条例》还对特殊教育经费保障机制做了明确规定。《残疾人教育条例》第四十八条规定：“各级人民政府应当按照有关规定安排残疾人教育经费，并将所需经费纳入本级政府预算。县级以上人民政府根据需要可以设立专项补助款，用于发展残疾人教育。地方各级人民政府用于义务教育的财政拨款和征收的教育费附加，应当有一定比例用于发展残疾儿童、少年义务教育。地方各级人民政府可以按照有关规定将依法征收的残疾人就业保障金用于特殊教育学校开展各种残疾人职业教育。”《残疾人教育条例》第五十一条规定：“招收残疾学生的学校对经济困难的残疾学生，应当按照国家有关规定减免学费和其他费用，应按照国家资助政策优先给予补助。”

第八章 教师职业理念

一、教师职业

（一）教师职业的定义

教师早在人类社会初期就已存在，在我国古代典籍中记载着伏羲氏教民狩猎、神农氏教民农耕的传说。而教师真正成为一种社会职业是在奴隶社会，教育从生产劳动与生活中分化出来后而开始的。随着人类社会发展到近代后，教师职业逐渐开始走上专业化和职业化发展道路。教师作为一种专门职业，早在联合国教科文组织《关于教师地位的建议》这一报告中就提出，教师需要具备经过严格训练和持续不断的研究才能获得并维持的专业知识与技能。《中华人民共和国教师法》第三条中对教师这一职业有明确的规定，“教师是履行教育教学职责的专业人员，承担教书育人，培养社会主义事业建设者和接班人、提高民族素质的使命。”

（二）教师职业的特点

基于教师这一职业主体多样化角色的特性，教师职业具有以下特点：

第一，教师是一个传道者。自古以来教师都是以一个传道者角色而存在的。道之所存，师之所存也。教师的价值观、道德观一般都代表着整个社会主流的价值观和道德观，教师用其思想观念来教化与引导学生。

第二，教师承担着授业、解惑的角色。教师作为专业人员，其知识和技能的掌握是通过长期、大量的练习而获得，因而其在教育年轻一代时会以某种特定的方式来进行，帮助年轻一代解除学习中的困惑，启迪学生们的智慧，进而形成一定的知识结构与技能，成为对社会有用的人。

第三，教师是一个示范者。教师的言行举止对学生都会造成重要影响，教师的言行举止是学生学习与效仿的榜样，对学生具有潜移默化的作用。

第四，教师是一个管理者。教师作为教育教学活动的组织者与管理者，自然也就需要承担起教育教学管理的职责，并对教育教学活动进行控制、检查和评价。

第五，教师是一个研究者。现代社会瞬息万变。面对知识更迭以及学生的千差万别，教师必须要以不断变化发展的态度来对待自己的工作，不断学习与创新，这也就要求教师必须做一名研究者，不仅要研究教学内容，还要研究教学对象，做真正的研究者。

二、教育观与素质教育观

（一）教育观与素质教育观的定义

教育作为一项着眼于人的成长与发展的社会性活动，不同的人站在不同的立场，势必会出现各种各样的认识与看法，这种认识与看法就是教育观。教育观作为形而上的一个概念，是人们关于教育现象与教育问题的基本观念体系，诸如对教育的本质、目的、功能等各种内容的基本看法，它受一定经济社会发展水平的制约，具有时代性与历史性等特点。基于对教育观的认识与理解，素质教育观是指人们对素质教育的认识与看法，它是一种与应试教育观相对应的教育观，即将教育活动的目的指向人的素质发展的一种教育观。素质教育观认为，教育活动应当指向人的整体、全面发展，促进人的整体品质、全面素质得以提升。

（二）素质教育与应试教育

素质教育作为一种教育模式，是以提高民族素质为宗旨的教育，根据《中华人民共和国教育法》的相关规定，是着眼于受教育者及社会长远发展的要求，以面向全体学生，全面提高学生的基本素质为根本宗旨，注重培养受教育者的态度、能力，促进他们在德智体等方面发展为根本性特征的教育。在某种程度上，素质教育是基于应试教育而提出的。素质教育是基于人的成长发展与经济社会发展需要而提出的，有利于遏制在基础教育中存在的应试教育与片面追求升学率的倾向，将人的全面发展教育落到实处。国运兴衰，系于教育，教育振兴，全民有责。面对新时代知识经济和信息技术所带来的各种挑战，国家综合国力的强弱越来越取决于劳动者素质的高低，而劳动者素质的高低取决于教育的发展。自改革开放以来，党和国家始终把提高全民族素质作为社会主义现代化建设全局的一项根本任务。

应试教育，作为一个与素质教育相对应的概念，是一种以提高学生应试能力为主要目的且十分重视考试成绩的教育制度，它以升学率高低来检验学校教育质量、教师工作业绩和学生的学业水平。应试教育是中世纪和近代亚洲都比较通行的一种教育制度，它在当时的历史时期下对培养大量技术性人才、方便学校等教育机构的组织与管理等具有一定的积极作用，但是，应试教育一定程度扼杀了学生的能力和个性，不利于学生创新思维形成与创新型人才培养。应试教育也违背了《中华人民共和国教育法》的立法精神与原理。《中华人民共和国教育法》第五条规定："教育必须为社会主义现代化建设服务，为人民服务，必须与生产劳动和社会实践相结合，培养德智体美劳全面发展的社会主义建设者和接班人。"《中华人民共和国教育法》第六条第一款规定："教育应当坚持立德树人，对受教育者加强社会主义核心价值观教育，增强受教育者的社会责任感、创新精神和实践能力。"应试教育与素质教育的区别见表 8.1。

表 8.1　素质教育与应试教育之间的区别

区别	素质教育	应试教育
教育目的	提高国民素质	获得高分、取得升学资格
教育对象	全体学生	高分学生
教育内容	适合学生发展的内容	片面的知识
教育方法	启发诱导、因材施教	死记硬背、题海战术
师生关系	尊师爱生、民主平等	单一的管与被管、教与被教
评价标准	多种形式	分数
教育结果	全面发展	厌学、片面发展、高分低能

（三）素质教育观的形成与发展

素质教育这一概念的出现是在改革开放后。1985 年 5 月邓小平同志在全国教育工作会议上做了《把教育工作认真抓起来》的讲话，讲话首次提出素质教育的概念，指出，“我国国家，国力的强弱，经济发展后劲的大小，越来越取决于劳动者的素质，取决于知识分子的数量与质量”。1985 年《中共中央关于教育体制改革的决定》指出，“在整个教育体制改革的过程中，必须要牢牢记住改革的根本目的是提高民族素质，多出人才，出好人才”。1986 年 4 月，《中华人民共和国义务教育法》颁布实施，标志着我国教育理论界和实践界对素质教育的正式开始。《中华人民共和国义务教育法》第三条明确规定：“义务教育必须贯彻国家的教育方针，努力提高教育质量，使儿童、少年在品德、智力、体质等方面全面发展，为提高全民族的素质，培养有理想、有道德、有文化、有纪律的社会主义建设人才奠定基础。”

随着教育理论的研究深入和教育实践的发展，“素质教育”逐渐进入国家正式文件中。1993 年 2 月，中共中央、国务院印发的《中国教育改革和发展纲要》明确提出，“基础教育是提高民族素质的奠基工程”“中小学要由‘应试教育’转向全面提高国民素质的轨道，面向全体学生，全面提高学生的思想道德、文化科学、劳动技能和身体心理素质、促进学生生动活泼地发展，办出各自的特色”。1994 年 8 月，《中共中央关于进一步加强和改进学校德育工作的若干意见》明确指出，“增强适应时代发展、社会进步，以及建立社会主义市场经济体制的新要求和迫切需要的素质教育”。

1999 年 6 月，在国家第三次全国教育工作会议上，中共中央、国务院作出了《关于深化教育改革全面推进素质教育的决定》，标志着素质教育观的系统形成，逐渐成为国家推进素质教育的主导思想。2001 年 5 月 29 日，《国务院关于基础教育改革与发展的决定》指出，深化教育教学改革，扎实推进素质教育；2001 年 6 月 8 日教育部印发《基础教育课程改革纲要（试行）》，旨在大力推进基础教育课程改革；2006 年 6 月修正的《中华人民共和国义务教育法》将素质教育上升为国家意志。《中华人民共和国义务教育法》第三条明确规定：“义务教育必须贯彻国家的教育方针，实施素质教育，提高教育质量，使适龄儿童、少年在品德、智力、体质等方面全面发展，为培养有理想、有道德、有文化、有纪律的社会主义建设者和接班人奠定基础。”2015 年修正的《中华人民共和国义务教育法》明确规定，义务教育必须要贯彻国家的教育方针，实施素质教育。

（四）素质教育的内涵、内容与要求

1. 素质教育的内涵

1999年，中共中央、国务院印发的《关于深化教育改革全面推进素质教育的决定》对素质教育有了明确的规定："实施素质教育，就是全面贯彻党的教育方针，以提高国民素质为根本宗旨，以培养学生的创新精神和实践能力为重点，造就'有理想、有道德、有文化、有纪律'的、德智体美等全面发展的社会主义事业建设者和接班人。全面推进素质教育，要坚持面向全体学生，为学生的全面发展创造相应的条件，依法保障适龄儿童和青少年学习的基本权利，尊重学生身心发展特点和教育规律，使学生生动活泼、积极主动地得到发展。实施素质教育应当贯穿于幼儿教育、中小学教育、职业教育、成人教育、高等教育等各级各类教育，应当贯穿于学校教育、家庭教育和社会教育等各个方面。"

总而言之，素质教育的内涵可以用"两全""一个性"和"一重点"来概括。素质教育的"两全"主要是指面向全体学生的教育和促进学生全面发展的教育，从受教育主体全面性和单个受教育者教育内容的全面性这两个层面来界定；"一个性"主要是指促进学生个性发展的教育，以学生的个性发展为根本目的；"一重点"主要是以培养学生的创新精神与实践能力为重点的教育。素质教育的最终目的就是要造就有理想、有道德、有文化、有纪律的，德智体美劳等全方面发展的社会主义事业建设者和接班人。

2. 素质教育的内容

基于人的发展规律与经济社会发展要求，素质教育主要包括身体素质、心理素质、品德素质、文化科学素质等内容，而且各方面内容是一个有机的整体，融于教育过程当中。

首先是身体素质。身体素质是指作为主体的人的体质的强弱，是在先天获得性与后天习得性基础上而形成的，它是对主体从事各种社会活动提供体力支撑的重要组成部分。对于受教育者而言，良好的身体素质是其学习、生活进行的基本前提与基础。身体素质包括身体的形态结构、生理机能、运动能力与适应能力等四个方面的内容。

其次是心理素质。心理素质是作为主体的人的心理机能的发展水平，它是个体在遗传素质基础上，通过与客观世界相互作用而产生、发展起来的比较稳定的心理特征、品质与能力的综合，具体体现在心理健康程度上。良好的心理素质是提高受教育者学习成效的一个重要因素，也是受教育者适应未来社会发展的重要条件。心理素质主要由情绪情感、个性、意志、人格等要素组成。健康的心理素质应该具备以下五种标准：① 与自身年龄特征相吻合的自我意识与智力水平；② 在情感、情绪上比较稳定，性格开朗活泼，保持愉快的心情，遇事能够冷静，处事谨慎，向往美好未来；③ 有与自身年龄阶段相符合的自制力，注意力比较集中；④ 拥有良好的人际关系，能够与同伴友好相处，保持一定的独立性、自主性；⑤ 有较好的心理抗压与承受能力，能较好地适应社会环境与人际关系，乐于和敢于接受新的东西。

再次是品德素质。品德素质是指作为主体的个人能够将一定社会时期的道德规范转化为内在的道德意识，并在行为中表现得比较稳定的心理品质的总和。品德素质是社会道德规范在个体思想上的具体反映。品德素质作为受教育者整体素质的一个组成部分，对受教育者的其他素质发展能够起到一定的方向性保证作用，因而它在个体素质中占据最为重要的角色。

通过对受教育者进行品德素质教育，可以有效地促进其他各项素质教育顺利完成。品德素质包括政治素质、思想素质和道德素质三个方面的要求。

最后是文化科学素质。文化科学素质主要包括文化素质和科学素质两个方面的内容。文化素质包括内在的精神世界与外在的文化世界。科学素质是现代人类社会发展的重要指数之一。提高国民科学素质是一项系统性工程。

3. 素质教育的要求

素质教育作为一种以提高全体国民素质为主旨的教育，着眼于受教育者和国家社会长期发展要求，以面向全体学生、全面提高学生的基本素质为基本目标，注重培养受教育者的知识、情感、态度，促进他们在德智体美劳等方面全面发展，提高受教育者的创新精神与创造力。素质教育的要求主要体现在以下几个方面：

首先，素质教育面向的是全体学生，而不是针对某一个人或某一个群体，因此其面向对象具有全体性。

其次，素质教育促进学生的全面发展，而不是学生的某一个方面素质的发展。人的成长与发展是各个方面的，既有智育和体育的标准，也有德育与美育的要求，更有劳育的需要。个体的发展是一个全方面、全方位的发展形态。

再次，素质教育是以促进学生的创新精神与实践能力培养以及学生生动活泼主动发展的为主要目的的教育。素质教育的时代特征就是培养具有创新精神与能力的人才，能够促进学生生动活泼地主动发展。

最后，素质教育着眼于受教育者的终身可持续发展。素质教育不仅面向所有学生，而且还关注学生的全生涯发展，以学生的终身可持续发展为旨归。素质教育不仅关注学生当下的发展，而且还关注学生未来的发展、民族和国家未来的发展，这也是其与应试教育最根本的区别。

（五）实施素质教育的途径

1. 坚持和加强党的领导，开创素质教育发展的新局面

教育是国之大计、党之大计，要坚持和加强党对教育的领导，推动落实教育在综合国力竞争中的基础性、先导性和全局性作用。中国共产党的领导是中国特色社会主义最本质的特征，是中国特色社会主义制度的最大优势。中国共产党的领导是坚持社会主义办学方向的根本要求。办好教育的根本问题在于解决培养什么人、怎样培养人、为谁培养人这三个基本问题。党的领导是解决这三个基本问题的法宝。只有坚持党对教育的全面领导，才能坚持教育为人民服务、为中国特色社会主义制度服务，为社会主义现代化建设服务，才能培养出德智体美劳全面发展的社会主义建设者和接班人。

2. 深化教育改革，为实施素质教育创造条件

素质教育的发展与推进需要国家、社会、家庭以及受教育者各方面共同努力才能完成。《中共中央、国务院关于深化教育改革全面推进素质教育的决定》明确指出，要构建与社会主义市场经济体制、教育规律相适应的教育体制，简政放权，改革考试与评价制度，转变思想观

念，鼓励和支持社会力量办学，满足人民群众日益增长的多样化、个性化、高质量教育需求，加大对教师培养与培训的力度，打造一批高质量师资队伍，为素质教育发展奠定基础。

3. 建设高质量教师队伍

百年大计，教育为本，教育大计，教师为基。教师是制约教育事业发展的根本。建设一支高质量的师资队伍是全面推进素质教育的保障。因此，要加强和改革师范教育，大力提高师资培养培训质量，切实将提高教师素质、能力与水平作为重点。加强教师的道德教育观，使广大教师树立正确的教育观、教育质量观与学生观，增强实施素质教育的自觉性，提高广大教师的思想道德素质和业务素质，使其教书育人、敬业爱生、遵循教育规律、尊重学生、因材施教。

4. 将教育目的落实到教学之中，教学内容要与生活实际紧密结合

素质教育的目的主要是提升受教育者的综合素质，使其在德智体美劳各方面都获得发展。课堂是素质教育推进的主要场所。作为教育者，需要建立良好的师生关系，营造良好的教学氛围，关爱、善待每一位学生，做学生学习生活的引路人。在教学内容的设计上，教育者需要从学生的生活实际出发，结合当前新课程改革对学生的要求。课堂教学以外的各种教育管理活动也需要与素质教育目标、要求有效结合起来，运用多元化的教育评价方式来对素质教育进行评价，促进学生全面发展。

三、学生观

（一）学生观的定义

学生观作为一个哲学层面的形而上概念，是指人们关于学生的本质、特征及发展过程等问题的基本认识与看法的总称。它形成于整个教育教学实践过程当中，受一定社会历史时期的经济、文化、教育传统的影响，也受教育者自身的教育知识与理念等的影响。纵观人类教育发展历程，人类教育史上形成了教师中心论和学生中心论两种不同的学生观，两种不同的学生观对学生的发展以及教育的发展都产生了深远的影响。

（二）学生观的基础——人的全面发展思想

人的全面发展一直是人类的美好理想与奋斗目标。从人文主义来看，人是万物的尺度，人本身就是一种最高的价值，社会发展需要将人确立为最基本的价值原点。马克思主义理论认为，人类社会发展的根本目的就是实现人的全面自由发展。一切社会制度的设计与选择都以实现人的全面发展为核心价值与最终目的。而达到人的全面发展这一目的的手段就是教育。人的全面发展并非指单独某一个人的发展，而是指全社会的每一个体的全面发展。人的发展不仅是全面的，而且也应该是自由的。在社会发展的基础上，逐渐实现人的自由全面发展。人的全面发展思想反映在学生发展上，便是促进所有学生的发展和促进每个学生的全方面发展。

（三）学生观的内容

1. 全面发展思想下的学生观

马克思主义关于人的全面发展思想作为一种教育思想，其核心是对教育活动的主要指向——学生所做出的完整认识，它包括以下内容：

（1）学生是一个作为主体的人。学生作为主体的人主要体现在以下几个方面：第一，学生是整个教育活动过程中具有主体地位的人；第二，学生是整个教育活动中具有主体需求的人；第三，学生是整个教育活动过程中具有主动发展可能性的人。因此学生在教育活动过程中的主体性必须得到尊重和维护。

（2）学生是一个完整的人。学生作为一个完整的人主要体现在以下两个方面：第一，作为个体的人是生理、心理和社会文化等各方面的统一体；第二，个体的人在生理、心理以及社会文化等具体方面也有其具体的完整性构成。基于学生的成长发展需要身体、心理以及社会文化等诸多方面的完整性需求，教育活动必须要满足学生的身心发展需求，促进其身心和社会发展。

（3）学生是具有发展潜力的人。学生作为一个人，在成长与发展的过程中具有未完成性。因此在教育活动过程中，需要充分挖掘学生的发展潜力，促进其不断走向完善。

（4）学生是作为一个整体而存在的。学生作为主体的人，它不仅是指学生个体，而且也是学生全体，全面发展是全体学生、所有学生的发展。

（5）学生是有个性、有差异的人。学生的差异、个性主要体现在以下两个方面：第一，学生的全面发展不是学生的不同方面的平均发展，而是其不同方面在不同时期具有不同的发展速度；第二，学生的全面发展不是所有学生均按平均水平发展，而是具有很大差异性，不同的人因其生理和社会因素不同而呈现出较大差异。学生的全面发展是学生的全面发展与差异、个性发展相统一的。全面发展的人既不是“千人一面”的人，也不是各方面平均发展的人，而是有特点、有个性，且在全面发展基础上个性得到较好发展、潜能得到充分开发的人。在教育活动过程中，作为教育者，要努力做到以学生的全面发展为本，将学生的利益作为一切教育工作的出发点与落脚点，不断提升自身的专业知识与素养，以满足学生多方面需求，促进学生全面发展。

2. 以人为本的学生观

将人本主义思想融入教育活动中就是以学生为本的教育思想。以学生为本的教育观要求在教育活动过程中，坚持以人为本，将学生作为教育活动的出发点，以促进学生的全面发展为主要目标，面向全体学生的全面发展。换言之，就是“一切为了学生，为了一切学生，为了学生的一切”。

以人为本的学生观主要体现在以下几个方面：第一，学生是一个独立的完整个体；第二，学生是学习的主人，是学习活动的主体，是认识、发展与教育实践的主体；第三，学生作为社会人，也需要被尊重，教师需要尊重学生的思想情感与个性发展；第四，学生是具有发展潜力的人，且每个人潜力表现不一样，需要教师采取个别对待。

在教育活动过程中，我们应当将学生视为独立发展的完整个体，尊重学生，意识到每个学生都有发展潜力，要公平公正地对待每一位学生，不能因性别、家庭经济状况、身体心理缺陷歧视学生，要针对学生特点采取有差异的教学，因材施教，促进学生的充分发展。

四、教师观

（一）教师观的定义

教师观作为我国教育理论领域 2013 年所公布的一个教育学名词，它是从哲学层面、形而上角度对教师这一职业的基本特征、特点、价值及其养成等问题的一般认识与看法，它包括教师职业的性质、职责、价值与专业发展等方面的内容。

（二）教师既是一种职业也是一种专业

自古以来，教师是一种与人类共在的古老职业，它的产生与发展以人类教育活动发展为基础，受经济社会生产力发展的影响。从某种程度上来说，人类社会的生存与发展离不开教师这一主体的职业活动。教育活动作为社会活动的一种特殊方式存在，其目的是使受教育者具有特定社会所期望的知识与品德，能够承担一定社会责任，促进自身与社会共同发展。在这种目标要求下，教师需要以自身的知识、品德与才能来影响与教育学生。这就要求教师必须要遵守相应的职业操守与规范，提升职业能力与素养。在我国《职业分类大典》中，教师这一职业是被划分在专业技术人员这一职业群属当中的。与此同时，教师也是一种专业。早在 1996 年联合国教科文组织《关于教师地位的建议》中就明确指出，教学应该被认为是一种专业，它是一种公共服务的形式，要求教师具备“通过严格和持续的学习来获得和发展的专业知识与技能”。《中华人民共和国教师法》第三条明确规定：“教师是履行教育教学职责的专业人员，承担教书育人，培养社会主义事业建设者和接班人、提高民族素质的使命。教师应当忠诚于人民的教育事业。”

（三）教师职业的专业发展

教师作为一种古老而又受尊敬的职业，伴随着人类社会的发展而不断发展，传播了人类文明，推动了生产力发展。教师专业发展是指教师个体与群体在专业上不断发展的过程，是教师通过其自身努力，由一个专业新生向专家型、学者型教师转变的过程，包括专业知识、专业能力、专业心理品质等多方面的内容。教师专业发展是一个复杂的过程，它受社会、学校以及教师个人等主客观、内外部因素的影响。教师专业发展需要考虑以下三个方面的标准：首先，是否满足学生发展需求和提高学生的学业水平；其次，是否满足教师自身专业发展所需的知识、技能与能力发展要求；再次，是否为其他工作人员、团体做出贡献。

（四）教师专业发展的内容

教师专业发展是一个系统复杂的工程，包含着十分丰富的内容。

第一是遵守职业道德。教师职业道德是教师专业发展的道德基础。根据 2008 年《中小学教师职业道德规范》的规定，教师专业道德主要包括爱国守法、爱岗敬业、关爱学生、教书育人、为人师表、终身学习等六个方面的内容。

第二是拓展专业知识。教师的专业知识是教师作为职业主体区别于其他职业主体的根本。作为专业人员，教师应该具备本体性知识、条件性知识、实践性知识与一般文化知识等知识。

第三是提升专业能力。专业能力是教师在教育活动过程中运用一定的专业知识与经验来解决和完成某种教育任务、问题的能力体现。它包括教学设计能力、课堂管理能力、师生交往能力、课堂调控能力、教育科学研究能力、创新能力等多方面的内容。

第四是建构专业人格。教师专业人格是教师在其教育实践中所形成的对教师职业道德与教育理想追求而内化的一种品格特质，它是教师专业发展成熟的表现，主要包括理解和关心学生、公平地对待学生、乐观开朗地面对教育活动中的各种难题、能够宽容大度地对待学生与同事等内容。

第五是形成专业思想。教师作为一种专业，它要求教师在教育实践过程中，通过学习与反思，最终形成属于自身的专业思想。教师的专业思想是教师在长期的教育实践中融合对教育本质、目的、价值等问题的认识与思考而形成的观点与信念，它是教师专业发展的向导，引导着教师专业发展与成长。

第六是发展专业自我。教师作为一个独立个体，有其自我意识与认识，作为一个职业个体，也有其对从事教育职业的认知与感受，且这种认知对教师教育行为与教育效果产生一定影响。教师的专业自我主要包括教师的自我尊重、教师的工作动机、工作满意度和对未来职业发展前景的认识等诸多内容。教师专业自我是影响教师教育效果的重要因素。

（五）教师专业发展的途径

1. 教师职前准备

教师职前准备主要包括两个方面：一方面是入职前的师范教育。师范教育是教师入职的准备与学习，能够初步形成教师职业发展所需的知识与能力，为专业发展奠定良好基础。另一方面是入职培训。入职培训有助于新教师较好地适应新环境，进入新角色，做好教育工作。

2. 校本培训的开展

开展学校校本教师培训是当前各级各类学校在发展教师专业能力上普遍采用的一种方法，它是基于学校自身发展与教师专业成长需要所组织的，立足于学校教育实际的培训活动，如观摩和分析优秀教师教学活动、开展微格教学活动等，都有利于促进教师专业发展。

3. 开展教师行动研究

在现代社会，行动研究是教师专业发展的基本。教师通过对自身的教育教学活动进行回顾与反思，发现问题、分析问题，寻找问题的症结所在，尝试一种或多种问题解决办法来解决问题，最后通过适时反思与总结来提升自身专业发展。

4. 开展教学经验反思

反思是教师在专业成长与发展过程中一个非常重要的能力与方式，它主要通过自身意识到问题，观察分析，探寻问题根源，重新审视自己，寻找解决问题的策略，最后进行验证，进而提升专业能力，促进专业发展。教学经验反思主要通过写反思日记、对教育情境进行详细描述、讨论交流与行动研究等四个方式来进行。

5. 开展同伴互助活动

同伴互助是教师专业发展的重要手段，它主要指两个及以上教师间发生的，以教师专业发展为指向，持续开展的教育活动。同伴互助主要通过集体备课、听课、学术沙龙等方式来进行，通过相互学习与交流，集思广益，相互提出中肯意见，共同提高，进而促进教师专业发展。

6. 进行终身学习

终身学习既是终身教育理念，也是教师专业发展的一种重要方法与途径。在知识经济与信息时代，作为主体的人终身学习已成为必然。终身学习是学习化社会对教师职业的客观要求，也是教师个体和群体专业发展的前提保证。教师终身学习主要通过个体学习、团队学习和互动学习等三种方式。

思考练习题

1. 如何理解素质教育观？
2. 如何理解全面发展思想下的学生观？
3. 如何认识教师专业发展？

第九章
教师职业道德

一、道德：定义、内涵及其功能

（一）道德的定义

人们一般认为，道德是指以一定社会时期内的善恶作为评价标准，依靠传统习惯、社会舆论以及人们的内心信念所维持的，调整人与人、人与社会之间关系的行为规范的总和。道德涉及人类社会生活的所有方面。人类社会生活主要可以分为公共生活、职业生活和家庭生活三大主要领域，与之相对应的道德规范就是社会公德、职业道德和家庭美德。道德作为社会意识形态的一种，是历史发展的产物，具有继承性，但从根本上来说，道德是社会经济关系的反映，并随着社会发展变化而发生变化。

（二）道德的内涵

恩格斯曾说过，“一切已往的道德论归根结底都是当时社会经济状况的产物”①。它说明的一个道理就是社会经济对道德具有决定性作用。道德是根植于一定社会经济关系当中，它是一定社会时期经济基础所决定的社会意识形态，因而其形成与发展也是受该社会经济条件的制约，是一定时期社会经济条件的反映。

首先，道德是调整人与人、人与社会之间关系的行为规范。人作为社会关系的总和，在社会生活过程中，难免会与其他人发生关系，为了各自不同的利益和需求，也就会产生各种各样的矛盾。为了维持社会的存在与发展，保证整个社会生活的正常运转，就必须对人们的行为进行相应约束，要约束人们的行为，除了采取政治和法律等具有强制性的手段之外，还需要依靠传统习惯、社会舆论以及个人内心信念等维持的行为准则与规范，这就是道德。

其次，道德是以善恶作为行为评价标准的行为规范。在社会生活中，人们的需求与差异导致人们的行为千差万别。那么，如何来对人们的各种行为进行评价呢？从道德层面来看，善恶就是评价人们行为的主要标准。凡是好的行为就是善的，不好的行为就是恶。一般来说，评价人们行为善恶的客观标准主要是看其行为是否对他人和自己有利，是否符合整个社会发

① 《马克思恩格斯选集》（第三卷），人民出版社，2012 年，第 134 页。

展的大体趋势。

再次，道德是通过传统习惯、社会舆论以及人的内心信念来予以维持的行为规范。作为一种社会行为规范，道德不同于政治、法律等具有强制性的社会规范，它借由社会传统习惯、舆论以及内心信念来发挥作用。传统习惯是人们在长期社会生活中所形成的行为习惯与道德风尚，它本身就是道德的来源。社会舆论是人们对某一事件所表达出的一致看法与意见，是人们道德水平、价值观等的反映，它通过人们一致表达的赞同或批评意见，形成舆论氛围，让人们感受到心理压力，进而达到规范人们行为的目的。内心信念源于人们内心深处对道德义务的真诚信仰和强烈的责任感，是人们进行自我控制的精神力量。个体内心信念是其选择与调整行为的道德机制，对个体的行为具有较强的规范作用。

（三）道德的功能

道德的功能是指道德作为一种社会意识，对于社会和个人所具有的功效及意义，具体体现在认识、教育、评价、平衡与调节等方面。

1. 道德具有认识功能

道德作为社会准则与规范，可以教导人们认识自己对家庭、社会、国家应负的责任和应尽义务，教导人们正确地认识社会道德生活的规律与原则，进而正确地选择自己的生活道路与规范自己的行为。

2. 道德具有教育功能

道德的教育功能是指道德通过评价、命令、指导、示范等方式和途径，塑造社会舆论，形成社会风气，树立道德榜样，塑造理想人格，以培养人们的道德观念、道德情感和道德品质。道德是催人奋进的，它可以培养人们良好的道德意识、道德品质和道德行为，树立正确的正义、义务、荣誉等观念，使人们成为道德纯洁、理想高尚的人。

3. 道德具有评价功能

道德评价是指运用已有的道德观念对行为的是非、好坏、善恶进行评定与判断的过程，它对于道德信念的形成与道德行为的强化均具有十分重要的作用。道德是社会公正的法官。作为一种评价社会现象、把握现实世界的方式，道德可以对社会现象、行为进行褒贬，谴责不道德的思想与行为，给予具有该思想与行为的人施加压力，以使其内疚、不安与悔改，同时也宣传良好积极的思想与行为，为人们树立良好榜样，进一步激励人们的思想道德与行为。

4. 道德具有平衡功能

道德作为一种社会规范，不仅能够调节人与人之间的关系，而且还能平衡人与社会、人与自然之间的关系。道德要求人们端正对于自然和社会的态度，进而调整自身的行为。

5. 道德具有调节功能

在人类社会中，道德是整个社会矛盾的调节器。人在社会生活当中总要与他人发生这样那样的关系，因此不可避免要发生各种矛盾，这就需要道德去调节社会中人们的各种行为，从而使人与人、人与社会之间的关系臻于完善与和谐。道德作为一个内生于个体内部的行为准则，对于不同个体与群体之间的利益平衡起着十分重要的作用，通过平衡不同主体、阶层之间的利益关系，最终达到社会和谐发展的状态。

二、教师职业道德

（一）教师职业道德的定义及其内涵

任何一种职业或行业，都有对从事该职业或行业的从业者的道德规范要求，教师作为一种职业也不例外，只有具备必备的职业道德教师才能成为一名合格、优秀的教师。教师职业道德是指教师在其职业活动过程中，调节和处理与他人、社会以及集体之间的关系时所应遵循的基本行为规范与准则，以及在此基础上所彰显出来的观念意识与行为品质，是职业道德的一种特殊表现形式。教师职业道德是一定社会或阶级对教师职业行为的基本要求与概括，从道义上对教师应该以一种什么样的思想情感、态度作风、行为准则去调节和处理教育过程中与其他教育主体之间关系进行的规定。

教师职业道德具有深厚的内涵。首先，教师职业道德是教师这一职业群体所特有的，它是教师在职业生活中应具备和遵守的，它与其他职业群体的要求存在差异。其次，教师职业道德还包括教师在从事这一职业活动过程中内化的观念意识与行为品质，具有职业行为的约束性。再次，教师职业道德在个体之间存在差异性。教师职业道德是教师这一职业群体的外在规范，但是外在规范需要借助内在主动性与自觉性才能内化为观念与意识，而教师个体的职业道德获得程度与表现水平是存在差异的。因而它既是一种群体意识，也呈现出一定的个体特征。最后，教师职业道德是维系教师职业与岗位生命的自我保证，对教师完成教育教学使命和人才培养具有一定的保证与引导作用，也有利于社会对教师职业活动进行评价与监督。

（二）教师职业道德产生的条件

教师职业道德的产生与发展受一定社会条件所制约，即教师职业道德的产生也需要依赖一定的社会条件。具体而言，教师职业道德与一定历史时期的社会经济和文化发展紧密相关，即一定历史时期的社会经济条件与文化对教师职业道德的产生起决定性影响。

1. 社会经济发展水平决定了教师职业道德的产生和发展

马克思历史唯物主义告诉我们，经济基础决定上层建筑，社会存在决定社会意识。教师职业道德是在一定社会历史时期社会经济发展基础上产生的一种社会意识形态，它反映着一定社会历史时期或阶级的利益要求，其内容、特征和变化都受特定社会历史时期社会经济关系的制约。从根本上来说，教师职业道德的产生与发展取决于该社会历史时期的社会经济关系状况与要求。首先，一定社会历史时期的经济关系所决定的教育利益是教师职业道德产生的客观物质基础。教师职业道德是建立在对特定社会历史时期教育利益的理解与调节基础之上的。每一个社会历史时期占统治地位的经济关系决定着该社会时期的教师社会地位，也对教育利益基本导向大致进行了规范，进而制约着教师在整个社会教育活动过程中的劳动态度与行为准则。其次，一定社会历史时期的经济关系决定了学校教育的目的与人才培养标准，进而制约了教师职业道德的基本内容与要求。在不同的社会历史时期，学校教育的目的是由占统治地位的社会经济关系所决定的。不同的社会历史时期对教师劳动的目标要求也存在差异。在社会主义现代化建设过程中，我们学校教育的目的是培养德智体美劳全面发展的社会主义建设者与接班人，为现代化建设培养合格人才，这就要求教师将热爱教育事业、教书育人、为人师表等作为基本的职业道德要求。再次，一定社会历史时期的社会经济关系变化都会引起教师职业道德发生变化。教师职业道德并非一成不变，而是随着社会变化而逐渐发生变化的，无论是其价值取向还是内容与方法。当新的社会关系替代旧的社会关系时，教师职业道德在继承原有内容的基础上逐渐适应新的社会发展要求进而发生改变。

2. 社会文化影响和制约着教师职业道德的产生与发展

文化作为人类在社会实践过程中所创造的物质财富和精神财富的总和，它与人们的生产与生活实际紧密连接，对人们产生间接或直接的影响。在一定程度上来说，社会文化是一个历史范畴，每一个适合都有与其社会形态相适应的社会文化，并伴随社会物质生产发展变化而不断进行演变。虽然教师职业道德是由社会经济关系所决定的，但是它作为一种社会意识形态，势必要与其他社会意识形态发生交互作用。尽管社会文化不能直接决定教师职业道德的产生与发展水平，但是它却能够通过某些特定的渠道与方式对教师职业道德产生影响，成为教师职业道德产生与发展的重要条件。具体而言，社会文化对教师职业道德的产生、发展的影响主要体现在以下几个方面：首先，社会传统道德对教师职业道德的影响。传统道德对教师职业道德关系的形成和道德行为习惯的养成均起着潜移默化的作用。教师在处理各种教育利益关系时，往往会以某种约定俗成的道德观念、思想去进行行为选择。传统道德一旦融入教师道德，就会成为教师进行各种行为评价的尺度，进而指导其职业道德实践。其次，社会政治思想状况对教师职业道德的影响。在一定社会历史时期里，一个人的政治思想与其道德信念有着十分紧密的关系。一般而言，教师政治觉悟的高低与其道德觉悟基本上是相吻合的。在教育实践中，教师只有充分认识到其所从事的工作的价值，才会自觉遵守职业道德规范。再次，科学文化对教师职业道德的影响。众所周知，一个国家和民族的科学文化水平的提高，在很大程度上促进社会总体道德水平的提升。当社会民众具备较高的科学文化素养后，人们就更加容易理解遵守职业道德的必要性，增加了自觉性，降低了遵守职业道德准则的难度，进而全社会更加重视教育事业，尊师重教。最后，社会风气对教师职业道德的影响。一般而言，社会风气是社会群体在一定社会历史时期内和一定范围内竞相效仿与传播流行的观念、习惯与行为的总称，它是一定社会时期政治、经济、文化和道德等状况的综合反映，反映了一个国家、民族和一定社会的价值观念、风俗习惯与精神面貌。社会风气表现在社会生活的各个方面，渗透在广大民众的言论与活动当中，对人们的思想、情感和心理都将发生潜移默化的作用。积极向上的社会风气是教师职业道德的催发剂，让全社会形成一个尊师重教的社会氛围，而腐朽落后的社会风气则对教师职业道德的产生和发展产生消极作用，阻碍教育事业的发展。

（三）教师职业道德的特点

教师职业道德是教师在教育实践过程中产生和发展起来的。作为道德，它既有一般社会道德的基本共同特征，也有教师职业道德自身的特点。

1. 教师职业道德在适用上具有针对性

教师职业道德的适用针对性是指向教育的，具体表现为教师职业道德对教育善恶的专门体现与要求。众所周知，教师职业道德的形成与发展与教师这一职业有着紧密的关系。教师职业的独特性决定了教师职业道德的针对性。教育是一项造福于人类的伟大事业。从一定程度上来说，教师职业道德是关于教育领域当中是非、善恶的专门性道德，它不仅告诉人们教师职业何为善的道理，还指出教师职业如何为善的途径。在教师职业道德发展过程中，教师职业具有为善于社会、为善于人类等巨大价值，是非常神圣的。在教师职业道德发展过程中，无论是从教师爱岗敬业的情感到乐业、勤业和精业的践行，还是从教师的言传身教到自我修养，抑或是从学而不厌的钻研进取到诲人不倦的忘我情怀，还是从对学生的关爱到对教育整体的关心，无不包含着何以为善的道德策略。教师职业道德的理论、规范与范畴，无一不是围绕整个教育问题与教师职业发展而展开，无一不是解决教师在具体教师实践过程中所遭遇的各种问题与矛盾而形成。因此，教师职业道德具有较强的教育针对性。

2. 教师职业道德的要求具有双重性

教育是一项关乎于人的活动。在整个教育活动过程中，教师不仅承担着教书的任务，还承担着育人的任务。从一定程度上说，教师职业道德的发展贯穿教书与育人的双重使命和过程。《礼记》中曾有记载，“师也者，教之以事而喻诸德者也”，意思是教师既要教学生学习有关具体的知识，又要让学生知晓立身处世的品德。在教师职业道德发展过程中，育人被视为是教育的根本。教书育人在整个教师职业道德过程中包含着诸多的实践性要求，如依法执教、团结协作、廉洁从教、为人师表、学而不厌。

3. 教师职业道德的内容具有全面性

自教育产生以来，伴随着教育和教师职业的发展，教师职业道德内容也越来越丰富，它涵盖教师这一职业劳动的各个方面，体现出教师职业道德内容的全面性。从教师职业的劳动价值层面来看，教师职业道德揭示了教师所从事的是一项造福于人类的伟大事业，是社会文明发展所不可缺少的；从教师职业的社会地位层面来看，它肯定了教师职业的崇高性，将教师视为联系过去与未来的一个活的环节，将教师称为太阳底下最神圣的职业；从教师职业的职责层面来看，它强调教书与育人的统一，反对单一的教书而不育人；从教师职业的态度与情感层面来看，它提倡教师爱岗敬业，育人为乐；从教师职业的形象层面来看，它要求教师以身作则，为人师表等；从教师职业的行为品质层面来看，它要求教师尊重信任学生，关心爱护学生，学而不厌，诲人不倦，善于协作，公正自律；从教师职业的情操层面来看，它要求教师严于律己，宽以待人，尽心知道，循循善诱。总之，教师职业道德充分体现了教师这一行业所特有的职业、理想、态度、责任、技能、规范、良心、信念、作风、荣誉和情操等各方面的内容。

4. 教师职业道德的功能具有多样性

教师职业道德的产生与发展是适应整个社会发展需要与教师职业发展的需求的，在功能上具有多样性。首先，教师职业道德影响着从业者的内心世界，对从事教育这一行业的人员具有较强的职业教化作用，使其认识自己的职业价值，培养其对该职业的尊重感、责任感，进而形成坚定的职业信念，成为其职业工作源源不断的精神动力。其次，教师职业道德也是衡量评价教师职业行为及其职业水平的重要依据，对教师的教育教学行为具有非常重要的引导性作用，是教师在其职业活动过程中，对各种关系与矛盾加以调节和解决的重要依据。再次，作为教师个体内在获得的道德信念与品质，教师职业道德还能够增强与提高教师对其职业道德的评价能力，增强教师言行示范的自觉性，进而促进教师职业道德修养以及道德水平的提高。

5. 教师职业道德行为具有典范性

教师职业道德不仅是对教师自身行为的规范要求，而且是对学生进行教育的手段。在教育活动过程中，教师是学生最直接的榜样。教师的为人师表，不仅是教师道德的重要规范，也是我国优良的传统教育美德。几千年来，无论社会制度发生何种变化，也不论教育制度、教育内容发生何种变化，教师在道德上起表率作用的观念一直传承至今。新时代的教育是全新的、开放的、立体式的教育，它赋予教师更高的历史使命，对教师提出更高的道德要求，教师在学生和社会面前亟需树立更高的道德形象与道德威望，通过不断完善自身素质，成为全社会道德楷模与典范。此外，教师在教育实践过程中，还需要坚持以实践和培养学生的效果作为评价与检验教师道德行为的重要标准。评价一个教师的行为是否正确，对学生进行教育与影响的方法是否可行，不仅需要看学生的在校表现情况，而且还需要看学生走上社会后能否发挥积极作用。这是其他职业道德所不具备的。

6. 教师职业道德的影响具有广泛性与深远性

教师职业道德的广泛性是指教师的思想道德不仅广泛地影响在校学生，而且还会通过学生与家长进而辐射到整个社会。学校是社会主义精神文明建设的基地，教师是精神文明的倡导者与推行者。随着经济社会的发展，教师与社会的接触越来越多，联系越来越广，教师的思想品德、行为举止越来越多地作用于社会。从一定程度上说，教师职业道德建设是一项牵动千家万户的大事，具有十分重要的意义。教师职业的深远性是指教师的职业道德不仅可以直接影响学生的心灵、塑造学生的性格与品质，而且还会对整个社会的文明进步产生影响，不仅会对学生在校期间产生影响，而且还会影响其终生。总之，教师职业道德对于单个学生乃至整个社会都会产生深远的影响。

（四）教师职业道德的功能

1. 认识功能

教师职业道德的认识功能是指教师通过认识自己对他人、对国家和社会的利益关系而应尽的责任与义务，以及在此基础上所形成的道德观念与判断能力，它是建立在教师的教育实践基础上的。教师职业道德认识功能主要体现在以下几个方面：首先，教师职业道德能将教育活动当中的思想、认识和行为区分为善与恶、幸福与不幸福、利与弊，从而使教师在道德价值认识上认识哪些行为可为，哪些行为不可为，以此来说明和解释教育的现实状况。其次，教师职业道德是人们认识教育活动的一种工具，尤其是教师职业道德理论知识，它是人们用以把握复杂教育活动的认识尺度。教师职业道德可以帮助教师分析教师与学生、教师与社会、教师与自己的关系，进而把握现实社会的总体教师职业道德状况，践行教师的教育使命与责任。再次，教师职业道德还有助于教师进行道德预测，预见教育活动过程中可能的问题以及后果，进而做好道德选择。最后，教师职业道德作为一种评价标准，还有利于教师去评价、论证他人与自身教育行为。

2. 调节功能

道德作为一种社会意识形态，以软性的规范与准则来约束人们的行为。因此，调节功能是道德最基本、最重要的功能，它对于社会的稳定和健康发展具有十分重要的促进作用。教师职业道德也具有十分显著的调节功能。教师职业道德有效地调节教师在其职业活动过程中应当共同遵守的行为准则，并以此为依据处理好教师与学生、教师与同事、教师与家长、教师与自身等各方面的矛盾，以便形成各方面的最佳结合，为教育活动创造最有利的条件。教师职业道德的这种调节功能是其他一些刚性的法律、制度所不具有的。教师在其教育实践活动过程中，基于教师职业道德而将自身的内心信念与外界社会舆论要求有机结合起来，进而全面调节自身行为。

3. 示范功能

示范原本是指通过做出榜样或典范，供人们学习的过程。教师职业道德是社会道德在教师这一职业当中的特殊体现。古往今来，教师都是社会道德的典范与楷模，被世人所效仿。教师职业道德的示范功能主要体现在以下三个方面：第一，教师通过培养学生的优良品德而影响全社会的道德水平。学生作为社会活动中的个体，他们具有多重角色。在学校他们是学生，在社会上他们是国家公民，学生的多种身份有利于社会文明的传播。第二，教师通过教育实践和社会家庭生活来促进社会主义新型人际关系的建立与发展。教师以自己为圆心，以直接或间接的方式参与到社会生活的各个方面，促进社会文明。第三，教师通过参加各种社会活动而影响整个社会的道德风貌。当教师以高尚的道德风貌出现在社会生活当中时，其道德品质和人格魅力等都会对社会各方面产生积极的影响。

4. 引导功能

所谓引导，根据《汉语成语词典》的意思，指促使或指导事物发展按照既定的方向与目标前进。在这一过程中，作为个体不仅需要认清事物发展的方向与目标，而且还需要在向目标前进的过程中不断矫正那些偏离目标的行为。教师作为人类灵魂的工程师，社会对教师整体素质的要求一般是高于其他行业的从业人员。教师在其工作岗位上不仅需要不断提高自己的专业知识和业务能力，还需要提高自身的职业道德水平与品质。加强教师自身道德修养是教师职业道德品质的重要内容和应有之义。在教师职业道德修养过程中，教师职业道德具有引导功能。教师职业道德作为社会道德体系的重要组成部分，规范和约束着教师的职业行为。一方面，教师职业道德为教师的职业行为提供了一个“应该如何去做，不应该如何去做”的一个标准，在良心和义务感的共同作用下，教师会在教育教学实践和生活过程中自觉将这一标准转化为自身行动。另一方面，教师职业道德也往往通过社会舆论与教师的个体内心信念等途径来确定教师内在的荣誉观、善恶观和是非观，进而使教师按照教师职业道德规范进行自我控制与调节。

5. 教育功能

众所周知，道德作为一种社会意识，具有十分强大的教育功能。道德通过评价、命令、指导示范等方式与途径，造成社会舆论，形成社会风气，树立道德榜样，塑造理想人格，以培育人民的道德观念、道德情感与道德品质。教师职业道德也是一样。教师的教育教学活动，归根结底都是为了培养和促进学生的发展。教师能否将学生培养成德、智、体、美、劳全面发展的有用人才与教师职业道德紧密相关。广大青少年正处于长知识、长身体以及世界观、人生观和价值观逐渐形成的阶段，需要教师的示范与引导。在学生心中，教师是其最直接、最向往的榜样。通过榜样效应，教师将对学生提出的思想道德要求转化为具体行动，使学生能够从中受到启迪与教育。因此，教师职业道德对学生具有举足轻重的作用，学生时代受到什么样的道德品质教育对后天成人成才影响极大。

思考练习题

1. 什么是教师职业道德？
2. 教师职业道德有哪些特点？
3. 教师职业道德的功能是什么？

第十章
教师职业道德的几个范畴

“范畴”一词原本是一个哲学用语，它是指人的思维对于客观事物的普遍本质的概括与反映，是反映客观事物普遍联系与发展规律的最基本概念。教师职业道德范畴是指反映和概括教师职业道德现象的基本概念，是人们对教师职业道德现象某些本质方面的认识，它以概念的形式确定下来，在一些非常重要的关节、侧面上指导和影响人们的道德行为。在整个教师职业道德体系中，教师职业道德范畴起着一个承上启下的作用。具体而言，教师职业道德主要包括教师义务、教师良心、教师责任、教师公正、教师幸福等几个方面的范畴。

一、教师义务

（一）教师义务：定义及内涵

教师义务是指教师在一定的内心信念与道德责任感支配下，在教育教学实践过程中，自觉履行对学生、他人以及社会应尽的职责与任务。教师作为社会关系中生活的人，在其社会生活过程中既要对他人和社会承担一定的一般道德义务，也要承担职业角色所要承担的职业道德义务。在一定程度上，教师义务构成了教育伦理规范的基本内容。

教师义务与教师的职业特点是密不可分，不论教师的主观意愿如何，都必须责无旁贷地承担教书育人的天职。教师只有兢兢业业地履行自己的职责，才能得到他人和社会的认可与赞扬。道德义务不以获得某种权利为前提，而是以奉献和牺牲精神为前提，它是从个体的内心信念出发的。教师义务作为教师职业道德的基本范畴之一，其实质是教师职责在行为上的具体体现。任何国家和地区的教师义务都是由这个国家和地区教育的根本任务和培养人才的目标所决定的。在我国，教师义务也是由我国当前的教育根本任务与社会道德要求所决定的。《中华人民共和国教师法》第八条对教师义务作出了明确规定：教师必须要遵守宪法、法律和职业道德，为人师表；贯彻国家的教育方针，遵守规章制度，执行学校的教学计划，履行教师聘约，完成教育教学工作任务；对学生进行宪法所确定的基本原则和爱国主义、民族团结的教育，法制教育以及思想品德、文化、科学技术教育，组织、带领学生开展有益的社会活动；关心、爱护全体学生，尊重学生人格，促进学生在品德、智力、体质等方面全面发展；制止有害于学生的行为或者其他侵犯学生合法权益的行为，批评和抵制有害学生健康成长的现象；不断提高思想政治觉悟和教育教学业务水平；等等。

（二）教师义务的养成

教师义务是调节教师个人行为的手段，它可以促使教师更加严格要求自己，加强自我修养，不断提高自身的职业道德素质。鉴于教师义务的重要性，教师要想全面履行教师义务，需要从以下几个方面进行努力。

首先，努力培养自己的道德义务认知水平。古往今来，但凡对教育义务践行比较彻底的教育家或有成就的教育工作者，往往都会有较高的道德义务认知水平。这正如苏联教育伦理学家契尔那葛卓娃所言，教育道德的知识是教师对教育道德要求的全面理解，它是教师能力的一种体现。这是因为，道德认知不仅仅是对道德义务的认知，而且还包括对道德义务践行的实践情景以及服务对象的认知。

其次，努力提升自身的教育事业意识水平。作为教师，要想对教育道德义务有较高的义务认知水平，就必须要有较高的教育事业意识水平。当教师有较强的教育事业意识时，他就会很自然地将教育道德义务视作为理所当然的事情，并加以严格执行；而当教师对教育事业本身毫无热情时，任何有关道德义务的认知与教育都难以达到增强教师教育道德义务感的预期目标。

再次，实现由教育义务意识向教育良心的转化。一般而言，教育义务意识在很大程度上来说只是一种以道德认知为主的道德意识，它仅有道德认知，道德义务感还处于一个较低的层次与水平。要想实现真正和有效的道德义务感，教师作为道德义务主体，必须要实现由教育义务意识向教育良心的有效转化。因此，高一级的教育道德意识是教师自身遵循教师道德要求的愿望，是形成教师道德意志、培养和发展教师个人兴趣的内容的需要。一旦教育道德的规范成为教师个人的要求与分内事情，成为教师的愿望与兴趣，那么教师就会调动起它自身的思想、情感和意志，并将这些道德规范落实下去。从某种程度上来说，实现教师道德义务意识向教育良心的转化，就是要实现教师向真正道德义务践行的主体自由，让教师道德要求成为教师本人的内在品质。

二、教师良心

（一）教师良心的定义

教师良心是指教师在教育教学实践过程中，在履行对他人、对社会的义务过程中所形成的道德责任感与自我评价能力。教师良心首先表现为教师对学生、教师集体以及国家教育事业的一种高度责任感，对自己应履行的教育道德职责的深刻认识。这种高度责任感与义务感是教师职业道德意识的深刻体现。教师良心还是教师道德觉悟的综合表现，是教师的道德灵魂。教师良心是教师自觉履行教师道德要求，搞好教育教学工作，提高育人质量的重要内在道德因素。教师良心是教师社会道德责任与职业道德责任的有机结合，彰显出教师道德良心的特殊性。

（二）教师良心的意义

教师良心在教师职业道德发展过程中具有十分重要的意义。

首先，它凸显出教师劳动的特殊性。教师劳动的好与坏，从内在动力来看主要依赖于教师的自我评价，而这种自我评价的准则就是教师良心。教师对党和国家教育事业的忠诚及对学生的热爱，主要体现在日常的教育教学实践活动中，它是由教师的良心来予以保证的。尽管教师劳动在数量、实物形态以及指标上有可进行的指标，但是每堂课堂当中对知识传授的深度、广度以及对学生的关怀程度等等都是需要依靠教师良心来支配。

其次，教师良心是教师道德的灵魂，是教师道德品质的综合体现，对于调整教师行为具有十分重要的作用。从一定程度上说，没有教师良心就没有教师道德，教师职业道德之所以崇高是因为教师具有教育良心。教师良心是教师选择教育行为的指向器。教师良心不允许教师违背自己所接受的道德要求，给教师指明行为选择的行动路线，监督教师行为的选择。

再次，教师良心也是教师行为后果的评价法庭。教师良心是教育内在的道德法庭，时时刻刻在对教师的各种行为进行评判。当教师看到自己的行为合乎职业道德要求并在教育实践中产生较好的效应时，心理上就会产生一种自我满足感，教育良心就会给予自我道德肯定与赞赏。相反，当教师做出违背职业道德要求的行为且对学生以及教育事业带来损害时，教育良心就会给予道德上的自我谴责，使教师从心理上产生内疚、惭愧与悔恨，迫使自己想方设法来进行自我赎罪。总之，教育良心在教师职业劳动过程中起着巨大的作用，它在很大程度上左右着教师道德意识的各个方面，贯穿于教师教育教学的全过程，是教师行为隐秘但却十分有力的调节器。

（三）教师良心形成的制约因素

尽管教师良心具有十分重要的价值，但是教师良心的形成却是受一定因素制约的，具体如下：首先，教师良心是教师对一定社会历史时期道德关系与教师职业活动的自觉认识。从马克思主义理论来看，教师良心的表现形式是主观的，但是其内容却是客观的。教师良心存在于教师内心的道德信念，是一定时期社会教育活动的道德关系的反映，它受社会经济、政治、道德水平的制约。众所周知，一个国家和社会的教育职业道德关系是客观存在的，只有当教师认识到这种职业道德关系的合理性并内化为自身的道德准则与要求时，才能产生道德责任感，进而在道德上进行自我控制，形成道德良心。其次，教师良心是教师接受一定社会历史时期的道德与教育的结果。教师良心是教师职业活动过程中各种道德因素共同作用的结果。在教育活动过程中，教育与学生、教师与教师集体、教师与社会、教师与自身等的关系十分错综复杂。一定时期的社会对教师的道德要求，单个教师往往难以全面认识与把握。因此，教师道德对于教师正确认识教育活动中社会道德关系的实质，帮助教师了解教师道德原则与规范的合理性、必要性，具有十分重要的价值。教师职业道德教育对于提升教师道德认识，形成教师个人职业道德信念，进而将教师道德要求转化为内在的职业良心均具有十分重要的价值。再次，教师良心是教师进行职业道德的自我体验与教育的产物。从马克思主义内外因辩证关系原理出发，事物的变化发展，内因是根本，外因是条件。外因必须通过内因起作用，二者相互联系，辩证统一。一定时期的社会道德教育，能否帮助教师认识社会道德要求，其关键在于教师本人。外在的道德要求必须经由教师本人的内化而予以呈现。因此，在很大程度上来说，教师良心的形成取决于教师在教育劳动过程中的内心体察与自我修炼。只有当教师把国家和社会对教师的道德要求内化为教师主体的道德律令时，才能形成教师良心。这正如马克思所说："有思想的人的良心不同于没有思想人的良心。"①

三、教师责任

（一）教师责任的定义

谈及教师责任，必须要把握责任的概念内涵。何谓责任？根据《汉语大词典》的释义，责任有三层意思：第一层意思是指使担当起某种职务和职责；第二层意思是分内应做的事情；第三层意思是做不好分内应做的事情而应承担的后果。这三层意思在不同的学科领域被赋予不同的意思。在本书当中，教师责任是指教师在其个人教育职业活动过程中，自觉意识到社会对教师所提出的各种社会道德要求的合理性，将教师职业道德的规范与要求以及国家社会对教师提出的责任、义务与使命在观念上的确认。

（二）教师责任的价值

教师责任对于教师个体发展以及教书育人都会产生重要的影响。

首先，教师责任是增强教师职业道德信念的前提。众所周知，道德信念是社会个体在其社会化过程中认为一定要遵循的、在其意识中根深蒂固的道德观念，是个体道德行为强大而又持久的动力。道德信念来自个体对道德责任、义务的理智认识，从而使其产生坚信不疑、积极肯定的态度体验。一名教师，只有当其深刻认识和自觉遵循教育责任、用教师理应具有的道德责任心严格要求自己时，才能从党和国家的教育事业根本利益出发，为学生的前途命运着想，全身心地投入到教育事业上来，以坚定的道德信念来呕心沥血，认真从教施教，完成党和国家交付的教育使命。

其次，教师责任有利于教师在教育实践中形成高尚的教育行为动机，科学合理选择教育行为。一般来说，教师的各种行为活动都是由一定的动机引起的，而动机既可以是由当下的教育实践过程中的某一具体事物或事件引起，也可以是由某些教育事件的表现与概念，甚至由教师个体自身的道德信念引起。高尚的教育行为动机往往来源于相应的道德责任感。如果教师从教育的根本目的和学生的利益出发，就会关心和热爱学生，将自己所学全部知识与能力用于为学生服务，尽职尽责。此外，教师责任还有利于教师在面对教育选择困难时进行道德判断，选择正确的道德行为。

再次，教师责任有利于完善教师人格。完善教师人格是教师最重要的精神需求，也是教师职业道德修养的崇高目标。正如中国近代启蒙思想家、教育家梁启超所言："人生与天地之间，各有责任。知责任者，大丈夫之始也，行责任者，大丈夫之终也，自放弃其责任者，则是自放弃其所以为人之具也"。②人只要生活，就需要奋斗，就必须要迎接生活的挑战，就必

---

① 《马克思恩格斯全集》（第 6 卷），人民出版社，2006 年，第 152 页。

② 《梁启超选集》，上海人民出版社，1984 年，第 128 页。

须要创新启后。而要想使这些外在的客观要求与压力变成内心的应当如此，则离不开个体的道德责任感召与驱动。对于教师而言，一旦其道德责任观念在内心得到确立，就会在教师教育实践活动过程中，始终以自我完善为价值目标，时时刻刻地向教师个体发出道德命令，感召教师积极投身改革教育与自身的教育实践。教师在教育实践过程中不断体验与认识这些责任，通过反复实践与认识，逐渐使自己的职业道德觉悟得到升华，进而形成自己高尚的职业品格。从一定程度上说，教师的道德责任感是教师自我完善的显示器，也是其自我人格完善的桥梁。

最后，教师责任是促进党和国家教育事业发展的根本动力。道德责任意识作为人的自我意识的最基本且最主要的层次，是人类一切创新性劳动和高尚道德行为的内在动力。在人类社会发展历史上，不乏仁人志士将其强烈的道德责任感转化为实践行动，为人类树立了一座座丰碑。当今时代是一个改革创新的时代，它需要大批创造性人才，而创造性人才的培养与造就离不开教育的培养。早在 20 世纪 90 年代国家颁发的《中国教育改革和发展纲要》中就明确指出，面对现代化建设新形势，各级政府和广大教育工作者必须要树立对教育改革与发展的紧迫感，落实百年大计教育为本的基本方针，开创教育事业新局面。2010 年颁布实施的《国家中长期教育改革和发展规划纲要（2010—2020 年）》也明确指出，要把教育摆在优先发展的战略地位，把改革创新教育作为教育发展的强大动力。教育改革与发展为每一位教育工作者提供表现才能、实现自我价值的机会，具有强烈责任感的教师一定会将自己的职业发展与时代要求相结合，积极投身于教育事业改革。道德责任感在很大程度上能够激发教师投身教育改革的热情，促使教师投身各种教育改革实践，进而推动教育现代化事业。

（三）教师责任形成的制约因素

尽管教师责任具有十分重要的价值，但是其形成与发展需要满足一定的条件。德国哲学家康德曾说过："每一个在道德上有价值的人，都要有所承担，没有承担、不负任何责任，不是人而是物体。"[①]从哲学层面来看，道德责任是人类自我肯定与发展的产物。教师道德责任是教师在教育实践过程中深刻认识到自己肩负的特殊职责与历史使命而体验到的，其形成与发展主要受以下几个方面的因素影响。

首先，教师责任源于教育劳动关系。众所周知，生活在一定社会关系中的个体，对与自己相关的他人、集体以及社会都需要承担一定的责任与义务。这正如马克思所说："作为确定的人、现实的人，你就有规定，就有使命，就有任务。"[②]教师作为在社会分工中担负教育和培养下一代职责的教育职业人员，自然也就对他人、集体以及社会负有特定责任和义务。长期的教育实践活动已将这种应承担的责任与义务用特定的概念形式确定下来，而教师个体在自己的教育实践活动过程中对其不断进行理解、体验，进而形成了教师责任感。教师履行教育责任是其自觉地将个人知识与能力用于为学生和社会利益服务，以完成自己应当完成的使命与任务。

其次，教师责任是教师在履行教师职业道德规范过程中形成的。教师职业道德规范是教育事业与教育劳动规律对教师行为的科学概括与反映，从总体上来说，它是教师个体对学生、

---

① 康德：《道德形而上学原理》，上海人民出版社，1996 年，第 6 页。
② 《马克思恩格斯全集》（第 3 卷），人民出版社，2006 年，第 329 页。

教师集体以及社会利益应尽的道德责任与义务，它是在积极实践相应的教师道德规范过程中逐渐形成的。教师责任感诉诸教师对教育事业的深刻理解，将外在要求转化为教师的内在需求，成为教师个体职业劳动过程中高度自觉与践行的信念。

再次，通过提高教师职业道德觉悟来增强教师教育责任感。教师对于其自身在教育劳动时间过程中的教育责任认识不是自然获得的，它来自对教育劳动崇高的社会意义的认识，来自教育实践过程中对自己教育行为、学生成长与发生所产生的影响的体验与认识。教师只有深刻认识到自身所肩负的特殊责任，才能以对社会高度负责的态度履行教师道德要求，以崇高的道德品质来影响学生。

四、教师公正

（一）教师公正的定义及内涵

所谓公正，是指办事客观公平正直，合乎情理，不存私心。公正是人的一种崇高的道德品质。教师公正是指教师在处理人与人之间的工作关系与事情时能做到公平正直，合乎道理，摈弃私心杂念。教师在教育教学实践过程中能够根据平等原则待人接物，处理自己与他人之间的道德关系，具体来说就是教师要坚定地站在人民的立场和学生的立场，按照党和国家的教育目标与要求，立身要正，处事守道，促使师生关系、人际关系和谐融洽地发展，最终取得较好的教育效果。在某种程度上来说，教师公正意识与行为主要是通过处理师生矛盾而体现出来的。教师要一视同仁和实事求是地处理教师与学生之间的关系，客观公正地对待每一位学生，不因学生的性别、家庭经济状况等因素而有差异，全心全意地关注和教育好每一位学生，辩证地看到学生的问题，善于发现学生身上的闪光点。

（二）教师工作的价值

教师公正对于教育活动具有十分重要的作用。首先，教师公正有利于调动学生积极性与创造性，进而取得良好教育效果。教学是一个师生互动的双向活动，仅有教师的主导作用远远不够，要想使教学效果达到预期，一个重要因素就是教师要客观公正地对待每一位学生。在学生的心目中，理想教师是一个社会中公正、无私、善良等美好品质的化身。如果学生在与教师交往过程中能够体验到公正的合理性，将有利于培养他们的健康心理，激发学生追求真、善、美等优秀品质，进而调动学生的积极性与创造性。反之，学生的学习积极性与创造性则会被挫伤。因此，教师只有恪守公正的道德立场，才能创造和谐的教育生态环境，最大限度地挖掘学生学习潜力，进而取得良好教育效果。其次，教师公正有利于学生尊敬和信赖教师，树立教师的威信。众所周知，教师在学生中是否享有威信是其开展各项教育活动的前提。与之相应的是，教师在教育活动中能否做到公正，将会直接影响教师的威信。只有教师做到公正，才能赢得学生的尊重与信赖。最后，教师公正对有利于学生健康发展。教师公正对学生的心灵会产生良好的影响。教师公正对学生正确的世界观、人生观和价值观产生积极影响。

（三）教师公正形成的制约因素

尽管教师公正具有十分重要的意义，但是教师公正的形成与发展受一系列因素的影响。

首先，教师公正的内容与要求受社会历史条件、国家教育制度等的制约。教师公正也是历史发展的概念，随着时代发展其内涵越来越丰富。

其次，教师公正的实现取决于教师的教育态度与手段。在教师的教育劳动实践过程中，如何公正合理地对待每一位学生是一个十分复杂的问题。由于教育活动本身的复杂性和特殊性，教师公正不像一般伦理学研究视野中的公正那样注重外在公正，它追求内在的实质公正。因此，教师需要潜心研究教育规律与教育对象，了解每一个学生，选择公正合理的教育态度与手段。只有做到这样，才能调动学生的积极性与创造性。

再次，教师公正信念的确立有赖于教师个人道德觉悟的提高。教师公正是教师的一种内在信念，它与教师的道德觉悟紧密联系在一起。如果一个教师道德境界不高，将个人利益置于首位，那么在教育教学过程中难免会损坏学生和教育事业的利益。教师公正信念的确立，离不开教师职业道德的指导。教师只有将党和国家的教育事业整体利益以及学生的根本利益放在首位，才能使自己的教育教学行为公正。从一定程度上来说，教师公正是教师道德在对待学生问题上的生动体现。

五、教师幸福

（一）教师幸福的定义

幸福作为一个伦理学命题，自古以来一直被贤人志士们所关注，先哲们对幸福也进行了深入的探索。不同的人站在不同的立场和角度对幸福的认识存在差异。一般而言，所谓幸福是指个体的需求得到满足而产生持续久远的喜悦，并期望一直保持现状的一种心理情绪，需要主体自己去创造。根据联合国《世界幸福报告》对幸福的界定，幸福可以分为满足、快乐、投入和意义等四个维度。对于教师幸福而言，它是教师在其教育实践活动中所获得的一种积极的情感体验，是教师内在的自我感受，是教师必备的一种专业品性。教师幸福是教育生活的一种应然状态。

（二）教师幸福的内涵

教师幸福具有丰富的内涵。首先，教师幸福源于教师对教育的真正理解。教育是一项育人的活动，教师幸福与学生幸福是相得益彰的，教师幸福引导学生幸福，并以学生幸福为前提。教师只有真正理解教育的价值意蕴，才能在教育实践中创造和感受自己的教育幸福。其次，教师幸福来自对生命成长的切身感悟。教育是一个灵魂唤醒另一个灵魂的活动，它事关个体生命成长。教育过程不仅是传授知识的过程，还是感受生命律动、体悟生命成长的过程。当教师用爱心与智慧换来学生的成长，教师心中所涌起的不仅是一种成就感，还是生命成长与人性力量所带来的巨大震撼。教育作为培养人的活动，要求教师必须要用真挚的情感与人格力量来守望教育田野，以人格魅力和道德示范来引领学生真善美的养成，促成学生追求和实现有价值的人生。再次，教师幸福建立在教师的研究者身份之上。教师所拥有的特殊的专业工作场所为其成为研究者提供了可能。作为研究者，教师能够通过课堂与现实教育实践进行研究，挖掘具有丰富价值的教育资源。近些年的教师专业发展历程表明，教师只有将自己作为研究者，才能更多地关注教育活动、现象及其背后所蕴含的价值，进行反思，才能对自己的教学方法、理念进行改进与创造，才能变得更加充实，感受教育创造所带来的愉悦，享受教育的幸福。

享受教育幸福是每位教师的理想追寻。一方面，教师职业道德既是教师专业发展过程中所必备的素养，也是教师追求教育幸福的前提。教师职业道德不是对教师的强制规制，而是促进教师提高其教育生活质量的有效手段。教师要想获得教育生活的幸福，必须要在理解教育真谛的基础上，在专业成长与发展过程中践行教师职业道德。当教师职业道德渗透到教育活动的各个环节当中时，当教师职业道德行为成为专业成长与发展的必须时，才能产生教师教育幸福。另一方面，教师幸福既是教师的执着追求，也是教师提升其职业道德品性的内在动力。教师的教育幸福感越强，其工作也就越有动力。教师基于职业道德促成其职业价值与个人内在价值有效统一与实现，进而提升教师幸福感。

思考练习题

1. 什么是教师义务？如何理解？
2. 什么是教师良心？如何理解？
3. 什么是教师责任？如何理解？
4. 什么是教师公正？如何理解？
5. 什么是教师幸福？如何理解？

第十一章 教师职业道德规范

职业道德与行业特点与要求紧密相关。任何一种职业道德的实现，都既需要特定职业规章制度予以保障，也有赖于社会道德规范的协助。教师这一职业是整个社会职业的重要组成部分，与其他职业相比，有许多不同的特点，应该有其自己的职业道德。尽管教师的职业生活主要在学校领域，但是由于教师也是作为人的存在，在教育教学活动过程中，难免也会与其他主体之间发生各种关系，这也就决定了教师职业相比其他职业而言有更高的要求。教师在从业过程中，除了作为一名公民需要以公序良俗等社会公德来约束自己之外，还需要遵循教师这一职业的基本道德规范：爱国守法、爱岗敬业、关爱学生、教书育人、为人师表、终身学习。

教师职业道德规范教师是维系其职业生命的保证，它对于教师完成其育人使命具有保证和引导性作用。教师职业道德规范既是一种群体意识，也具有单个教师的个性特征，但从根本上来说都必须服务于学生和服从于教师教学改革。教师职业道德规范在很大程度上有助于教师积极主动地进行道德修养与实践，也有利于广大社会对教师职业活动进行监督与评价。

一、《中小学教师职业道德规范》解读

中华人民共和国成立以来，我国《中小学教师职业道德规范》历经了一个曲折发展的历程。从 1984 年最初颁布实施开始，经历 1991 年和 1997 年的修改，到 2008 年形成当前的《中小学教师职业道德规范》。基于《中小学教师职业道德规范》的历史发展历程，我们可以清楚地看到，中小学教师职业道德规范既受一定社会历史发展的影响与制约，也与教育的发展、教师职业道德规范的要求逐渐提高等因素紧密相关，呈现出教师职业道德自律与他律的统一、一统向分层的发展、宽泛走向专一、随意走向科学等特征。本书主要对 2008 年修订实施的《中小学教师职业道德规范》进行解读。全本共有 6 条，501 个字，主要包括：爱国守法、爱岗敬业、关爱学生、教书育人、为人师表、终身学习等六个方面的内容。

（一）爱国守法——教师职业的基本要求

爱国一词最早出现在《战国策》之中，“臣闻明主爱其国，忠君爱其名”。在《礼记》中也有提及，“苟利国家，不求富贵”。爱国是一个公民最基本的道德，也是中华民族的优良传统。古希腊教育家柏拉图也曾说过，人不仅仅是为自己而生，而且是为祖国而活。爱国既是

一种崇高的感情，也是一个民族最珍贵的精神财富，又是一个民族生生不息的不竭动力，还是铸就每一位中国人伟大人格的根本之所在。爱国守法是教师职业的基本要求，主要包括：热爱祖国，热爱人民，拥护中国共产党的领导，拥护社会主义；全面贯彻国家教育方针，自觉遵守教育法律法规，依法履行教师职责权利；不得有违背党和国家方针政策的言行。

爱国首先是热爱祖国，要求发扬爱国主义精神与传统，维护中华民族的自尊心、自信心和自豪感，为维护和争取国家的独立、统一、富强而奉献。爱国不是一个抽象空洞的概念，而是一种具体的、实实在在的行为，它更是一种从内心深处所产生的对祖国深深的情感与行为。爱国与爱党、爱社会主义是统一的。爱国是千百年来所固定下来对自己祖国的一种深厚情感，它让人们自觉地承担起对祖国应当承担的责任，忠于祖国的统一与团结，献身于国家的繁荣与富强。因此，爱国是人们对自己国家深厚情感与为国献身精神的统一。作为教师，要以身作则，引导学生树立正确的世界观、人生观和价值观，自觉维护国家利益，为国家教育事业发展进步做出贡献。发扬爱国主义精神，贡献自己的力量是每一位中华儿女义不容辞的责任与义务。

“守法”一词在我国春秋战国时期就已出现。在《管子·任法》中有记载：“有生法，有守法，有法于法。夫生法者，君也；守法者，臣也。法于法者，民也。君臣上下贵贱皆从法，此谓为大治。”[①]守法是指国家一切人员都应自觉遵守法律规定，将法律要求转化为自己的行为，从而使法律得以实现。没有规矩不成方圆。法律的生命在于实施与遵守，立法者制定法律的目的就是要使法律在社会生活中能够得到实施。如果法律制定出来没有得到遵守与执行，那么立法的目的也将丧失，法律的威严也将荡然无存。守法不仅是法律层面的要求，也是公民道德层面的基本要求。《公民道德建设实施纲要》将爱国守法作为公民道德基本规范的首要内容，意味着爱国守法是每一个公民都应该履行的法律责任与道德责任。教师作为社会的特殊职业群体，被赋予了更为重要的责任。教师守法，一方面体现在要遵守国家法律法规和其他组织的规章制度，另一方面体现在遵循教育发展的规律，尤其是人才培养过程中的规律。教育作为一项社会性活动，受其主体性规定的影响，有其自身发展的规律。教师需要遵守人的成长发展规律，不能拔苗助长。

（二）爱岗敬业——教师职业的本质属性

爱岗敬业是社会主义职业道德所倡导的首要规范。所谓爱岗，是指从业人员热爱自己的工作岗位，热心本职工作，愿意为本职工作尽心尽力。爱岗，通俗点说，就是“干一行，爱一行”。所谓敬业，是指特定社会形态的从业人员，在职业生活中认真履行岗位职责，在职业活动中埋头苦干、任劳任怨，表现出强烈的事业心和高度的责任感。敬业就是干一行，钻一行，精一行，专心致志，以事敬其业。爱岗是每一位从业者做好本职工作的重要前提与条件。一个人只有热爱自己的职业，才会自觉主动地去学习所从事工作需要的业务知识，提高业务能力与技能，切实将本职工作做好。在职业目标追求过程中，只有爱岗的人才会以对事业执着追求的态度与精神，迎难而上，战胜一切艰难险阻，不断前进。敬业要求每一位从业者都能在热爱本职工作的前提下，无论身处何种工作环境，始终保持积极乐观的精神状态，斗志昂扬地完成所有工作任务。

---

① 黎翔凤、梁运华等整理：《管子校注（中册）》，中华书局，2004年，第906页。

爱岗与敬业如车之两轮、鸟之两翼，缺一不可，不爱岗，从业人员工作中就不可能做到忠于职守；同样，仅有对工作的热爱之情，而没有勤恳踏实、忠于职守的实际行动，也不可能做出什么成绩来，热爱本职工作也就成了一句空话。

爱岗敬业是社会主义国家对每一位劳动者的起码要求。在社会主义社会，任何一种职业都是为人民服务的岗位，都是为社会做贡献的平台，都是社会主义建设和人民生活不可或缺的。三百六十行，少了任何一行都不行。由于复杂的原因，在现实社会中，各种职业的劳动强度、经济收入、社会声誉等并不相同，存在明显的职业差别。但社会主义国家的职业差别，只是社会分工的不同，并没有高低贵贱之分。我们要摒弃传统的职业偏见，反对推崇一种职业、鄙视另一职业，而要一视同仁地对待不同的职业活动。每一位劳动者，不论从事什么工作，都要用正确的态度来对待所从事的职业活动，热爱所从事的职业，在平凡的岗位上做出不平凡的贡献。

爱岗是指热爱自己的职业，热爱自己的工作岗位，全身心地投入到工作当中。敬业是指忠诚于自己的本职工作的事业性，敬重本职工作的责任感、成就事业的使命感，对自己所从事的职业拥有无限的忠诚、神圣的使命感与责任心以及忘我投入的热情。爱岗敬业是职业道德的核心，也是评价职业道德水平高低的重要标准。爱岗敬业是一名从业者成长成功所不可缺少的精神动力。爱岗是敬业的前提，如果不爱岗就谈不上敬业；敬业是爱岗的延伸，一个热爱本职工作的人，势必会兢兢业业地工作并能够做出真诚的奉献。

俗话说："热爱是最好的老师。"一名教师能否积极履行自己的教育职责，取决于该教师对整个教育事业的热爱程度、情感以及态度。教师只有真心实意地热爱教师事业和教育工作，忠心耿耿地将自己的全部知识与才能奉献给学生，才能把教育工作做好，才能真正有利于整个教育事业发展。相反，如果一名教师不热爱教师事业与工作，心猿意马，那么他势必不能将整个教育工作做好，既损害了自身利益，也损害了国家和社会教育事业整体利益。爱岗是教师职业道德的关键，一个人只有真正热爱自己所从事的职业，才能主动、勤奋、自觉地去学习本职工作所需要的各种知识、技能，才能花力气去培养锻炼从事本职工作的本领。

爱岗敬业是各种职业道德、文化传统中的共同要求。教师的爱岗，就是热爱教育事业，具体体现为热爱工作和热爱学生。热爱工作，意味着尊重和珍惜自己的选择，表现出对教育事业全身心投入和不悔追求的信念、态度和决心；热爱学生，意味着对学生人格和生命的尊重。

爱岗敬业对教师的要求：首先，教师爱岗敬业要做到乐业。乐业，顾名思义就是从业人员对所从事的工作有热忱的爱和执着的追求，要喜欢自己的专业，对自己的工作抱有浓厚的兴趣，以从事工作为乐。一个人仅以义务感去从事某一项工作是远远不够的，没有职业荣誉感与自豪感的职业活动只能算是一种负担。相反，一个人一旦爱上了自己的职业工作，不论这份工作多么艰辛，对他而言，都变成了一种内在需求，甚至成为一种享受。在这种情况下，他才会全心全意地投入到工作当中去，发挥出自己的全部聪明才智。其次，教师爱岗敬业要做到勤业。勤业，顾名思义就是从业人员勤勤恳恳地将投入到工作当中去，勤奋学习各种业务知识，努力提高自身业务技能与水平，将热爱工作的情感变成履行职业道德规范的自觉行动。中国历来喜欢用兢兢业业来形容一个人工作的勤奋、勤勉与勤恳。一个人在工作过程中，若能够居安思危，既重视和遵守工作的规程，又藐视工作过程中遇到的各种困难，肯定能把工作做到极致。对于教师而言，勤业主要表现在课堂上认真负责讲课，课后努力学习各种相关业务和学科知识，认真批改学生的作业，及时反馈学生的各种问题并给予相应的意见。再次，教师爱岗敬业要做到精业。精业，顾名思义就是要求从业人员熟悉业务技能，提高业务技术，在职业技能上精益求精。这是因为从业人员业务水平的提高与否、技术能力的强弱，直接关系着整个工作的质量、产品质量以及服务质量的优劣，关乎广大人民的切身利益。作为新时代的教师，唯有刻苦学习，努力掌握专业知识，不断提高专业技能，才能适应未来教育发展与职业岗位的需求。

总之，教师的乐业、勤业和精业是相辅相成、相互促进的。乐业是教师爱岗敬业的前提，它是教师的一种职业情感；勤业是教师爱岗敬业的保证，是一种优秀的职业态度，教师需要勤奋学习才能跟上时代的发展和学生的需求；精业是教师爱岗敬业的条件，是内藏于教师心中的对教师职业的执着与完美的追求。只有乐业，教师才能从内心对教育工作抱有浓厚的兴趣，才能倾注满腔的热情，将教育看作一种兴趣，是其生活中不可缺少的内容，并在刻苦努力奋斗后取得成就时，感到无比兴奋与快乐。只有勤业，教师才能忠于教师职业操守，认真负责，刻苦勤奋，不懈努力，忠实地履行其教育教学岗位职责，执行岗位规范，在任何情况下都能够坚守岗位，心无旁骛，一丝不苟，专心地从事教育事业。只有精业，教师才能对其本职工作业务纯熟，高效完美地完成自己的工作。

（三）关爱学生——教师职业道德的灵魂

苏联教育家苏霍姆林斯基曾说过，没有爱就没有教育。爱需要教育，反过来教育更需要爱。爱是教育的灵魂。《中小学教师职业道德行为规范》的第三条是“关爱学生”，这是教师道德的灵魂。没有爱就没有教育。教师必须关心爱护全体学生，尊重学生人格，平等公正对待学生；对学生严慈相济，做学生的良师益友；保护学生安全，关心学生健康，维护学生权益。

热爱学生、诲人不倦是教师的天职，也是教师必须具备的情感品质。师爱是师生之间情感的一种常态交流，是教育教学中不可忽视的重要因素。加德纳的多元智力理论和罗森塔尔的皮格马利翁效应告诉我们：人们的学习活动不仅依靠大脑皮层结构，而且是在情感的参与下进行的。教师对学生的态度直接影响学生情感智慧的发展，进而影响学生智力发展。无数事实证明：如果教师对学生抱有积极的态度或较高的期望，其与学生相处时的心理气氛就比较和谐、融洽，师生之间同教学有关无关的相互作用就表现得更为充分，教师也就更容易给学生创造更多的学习机会，从而促进教学相长。

关爱学生，教师必须要做到以下几点：

第一，了解和关心学生。对于教师及其教育活动而言，全面了解学生和了解学生的全方面是整个教育的起点与关键。知之深，爱之切。关爱学生就是要了解学生。只有在全面了解学生的基础上，师生之间的情感才能相通，教育才能产生共鸣。当然，了解和关心学生并非一朝一夕的事情，它贯穿于整个教育过程，是一个长期且缓慢的过程。教师只有了解和关心学生才能做学生的知心朋友，才能将整个教育活动激活。

第二，尊重和信任学生。人作为社会性动物，尊重是其基本需要。从马斯洛的需要层次出发，尊重是人发展过程中较高层次的需求。尊重学生就是要相信学生，给予学生最大的信任。我国著名教育家魏书生先生回顾他的教育经历时曾说过，他在学生面前从来不以长者或教师身份自居，而是采取一个与学生商量的口吻来与学生进行交流互动，在平等的基础上尊重和信任学生。此外，教师在尊重学生的基础上，还需要学会倾听学生的讲话，面带微笑地与学生进行互动交流，以赞赏的眼光来对待每一位学生，发掘每一位学生的闪光点。

第三，严格但不溺爱学生。教师对学生的关爱不是无条件、无边界的爱，它是一种源自崇高目的、充满科学精神、持久而又深厚的教育爱，它既包括对学生的严格要求，又包括对学生的循循教诲。俗话说，严师出高徒，教不严，师之惰，严是爱，松是害。没有严格的要求就不会有良好的教育。教师关爱学生并不是溺爱学生、宠爱学生，相反，它是严格要求和从严治学。严而有格，严而有理，严而有情、严而有度，将关爱与严格要求有机结合起来。严出于爱，爱寓于严，严爱相结合，让学生在教师的真诚关爱中启智增慧，在教师的严格要求下茁壮成长。

总之，师爱不仅是一种神圣、纯洁的师生情感，而且还是一门内涵丰富、技艺精湛的艺术。教师只有把握和运用好这门艺术，从内心出发对学生充满爱心，用自己的言行塑造学生纯洁心灵，才能对学生的个性发展、成人成才发挥正向作用。

（四）教书育人——教师职业的天职

教书育人，顾名思义就是传授知识，培养人才。作为教师职业道德规范的重要组成部分，它要求教师在其职业活动过程中，既要努力教育学生学习学科知识，又要培育学生成人成才。只有将二者有机地结合在一起，才能更好地实现教育的目的。教书育人是教师这一职业的天职，它是教师这一行业与其他行业不同的根本之所在。教书育人是对教师基本职责的高度概括，是教师为师从教的基本职责与任务，只要为师从教，就必须担负起这个职责。如果不认真履行这一职责，就不是一个称职的教师或根本就不配当一名人民教师。马克思认为，一定性质的教育决定于一定的政治、经济，并为一定的政治、经济服务。社会主义教育是无产阶级革命事业的一部分，它担负着提高全民族素质、培养有理想、有道德、有文化、有纪律的社会主义建设人才的重任。作为人民教师，理应旗帜鲜明地坚持思想基本原则，自觉拥护和宣传党的教育政策、方针，将教书与育人有机结合起来，用人类最先进的思想与文化成果教育学生，为党育人，为国育才。

教书育人是贯穿教师的整个教育教学活动过程的，任何教育教学的环节或阶段都蕴含着育人的真谛。教师主要通过以下几个途径来实现教书育人。第一，通过课堂教学来实现教书育人。课堂是最基本的教育教学形式，也是教师教书育人的主要阵地。一方面，教师需要通过课堂教学将教育性、科学性和系统性知识传授给学生，让学生在智育方面获得长足发展；另一方面教师还需要将学科专业知识与思想教育相结合，对学生进行世界观、人生观、价值观教育和思想道德教育。在课堂教学过程中教书育人时，需要注意课堂教学情况，有的放矢地对学生进行诱导，循序渐进。第二，课外活动是教师教书育人的第二战场。教师要积极组织课外活动，为学生创造良好的学习环境，要根据教学任务的安排与要求，针对学生的兴趣爱好与心理发展特征，充分把握和利用好课外教学活动。课外活动不仅可以丰富和发展学生的课余生活，充分发挥学生各自特长，而且还可以培养学生良好的思想道德品质，培养其热爱祖国、热爱人民、热爱生活、热爱大自然的思想感情。生动形象的课外活动与教育，往往会让学生产生深刻的印象，带来良好积极的教育效果。第三，关心与沟通是教师教书育人的另一重要途径。作为教师，要想让整个教育活起来，就必须要主动关心学生，积极与学生进行沟通，做学生的知心人。古往今来，但凡优秀教师都在与学生沟通上有深入的研究，他们与学生之间都会有感情上的深入交流。众所周知，良好的师生关系是实施教育并取得良好教育效果的基础，但良好的师生关系是建立在良好的师生沟通与互动基础之上的。教师只有对学生有着真挚感情，深入了解学生，才能有的放矢地对学生进行教育，促进学生的健康发展。

（五）为人师表——教师职业的内在特征

“为人师表”一词最早来源于唐代的一则成语故事，其原意是指在道德与行为方面成为人们效仿的榜样与典范。后来随着社会变迁与发展，这一成语被广泛应用于教师身上。我国当代著名教育家陶行知曾说过：“要人敬的必先自敬，重师首在师之自重，教师要自敬自重，就是将对教育事业的坚定信仰，化为自己双肩上的职责。”著名教育家叶圣陶也曾说过，教育工作者的全部工作就是为人师表。作为教师，必须要规范自己的言行举止。以自己的言为学生之师，行为学生之范，言传身教，动之以情，晓之以理，导之以行，做名副其实的人类灵魂工程师。

因此，为人师表是指教师在其从事教育活动的过程中，按照国家和社会对于教师的整体素质要求进行全面的修养，并以师德、师能和师为的综合形象展现在受教育者面前。为人师表是一个国家和民族的教育性质、教育目的以及教育规律对于教师整体素质与行为取向的客观要求，是教师言教与身教的有机统一。师表包括“学为人师”和“行为世范”两个方面的内容。“学为人师”是指以教师的文化、业务素质与能力给予受教育者良好的知识引导与启迪，做到以学识与才能育人；“行为世范”是指教师以其思想政治素质与道德法治素质向社会与受教育者展示优秀的做人典范，做到以德行与品格来感化人。这也是教师言教与身教的有机结合。

为人师表是由我国社会主义教育任务所决定的。在我国，教育是面向现代化、面向世界、面向未来的事业，其根本任务是培养具有创新精神与实践能力的社会主义事业的建设者与接班人。它一方面要求教师具有追求真理、坚持真理和传播真理的勇气与能力，认真踏实做学问，另一方面要求教师将求真的科学品质与创新的思维以及创造性学习品质与劳动向学生身上进行转化，为学生的学习过程以及终身劳动奠基。

（六）终身学习——教师专业发展的不竭动力

“终身学习”这一词最早是在联合国教科文组织出版的《学会生存》一书中提出的，它是现代社会的重要理念与生活方式，是指社会上的每一个成员为了适应现代社会的变化发展和实现个体发展的需要，贯穿人的一生、持续地进行学习。现代社会，由于信息技术的发展和知识的飞速增长，人们的生活已经发生根本性的革命，传统的教育难以适应新时代社会发展的需求。对于教师而言，其本职工作是教书育人，以传授知识、培养人才为己任，如果不能经常提高自身的业务能力与水平，就难以担当教师大任。因此，教师应当树立终身教育理念，不断充实和更新自身的知识结构，提高自身的各种素质，以适应社会变革和学生需求。自 20 世纪八九十年代以来，世界各国无不在关注教师教育，推动教师专业发展。新时代的教育要求教师终身学习，不断自我更新，不仅是某一个或几个学科的专家，更是教育领域的专家。

现代学生具有不同的特点：第一，学生的独立意识大大增强，思想、观念、生活方式等方面都要求独立，要求自我；第二，学生的知识面越来越广，思维更加灵活，他们可以通过互联网等媒介多渠道获取新知识，且他们对知识的要求比以往任何一个时代都要显得紧迫；第三，学生与社会的融合更加紧密，对知识的需求与社会要求紧密联系在一起，他们关注国家与社会的发展与变革。因此，在新时代背景下，如何管理和教育学生已经成为广大教师面临的新问题。

终身学习在教师职业发展过程中具有十分重要的价值。首先终身学习有利于教师铸造崇高职业品格。“学高为师，身正为范。”教师的职业品格潜移默化影响着学生，是教师育人的基石。在教师职业的品格内涵当中，除了那些由教师职业特点所要求的最基本、最永恒的内容之外，其他许多品格都是随着社会的发展而不断更新。教师的职业性质决定了教师所面对的始终是具有时代特点的青少年，他们通过今天接受的教育去适应未来的社会。未来是不断变化和发展的，学生必然也是不断变化的，这就要求教师不能用千篇一律的方式去教育学生。其次，终身学习有利于教师提高教育教学质量与水平。俗话说，教师要给学生一碗水，自己必须要有一桶水。其实这一桶水是对学生真正能够得到一碗水的基本保证。教师对知识内容必然要比学生掌握得更多、更深、更广，而且更为精通与熟练。然而，任何一个学科都伴随着时代的变化而发展，知识的更新也就无法避免。作为教师，只有时刻关注学科发展的新动态，努力提高自身的学术水平，才能做到超越书本，给予学生更多的前沿学科知识与信息。对于教师而言，除了要终身学习自己的学科知识之外，还需要广泛涉猎各个领域与学科，精心雕琢自己的教学人生。新时代的教师，要想给学生一碗水，自己需要有一条源远流长的小河，而这条小河的源头活水只能来自教师自身的终身学习与不懈努力。再次，终身学习有利于教师提升自己的教学艺术与专业化水平。教师是一种专业性很强的职业，并非较高学术水平的人就能当好教师，搞好教学。因为在某种程度上来说，教学不仅是一种技术，更是一种艺术。在教学过程中，教师不仅需要认真考虑如何教好这门课，更应该需要认真思考如何让学生学好这门课，爱上这门课。这就要求教师不仅要读懂教材，更要读懂学生，在教学策略与指导学生的学习策略上多花功夫，用科学的理论和有效的方法来支撑自己，让学生学会学习。

在学习化时代，教师的终身学习，必须要做到以下几点：首先适应时代发展需求，明确学习内涵。教师无论是作为个体还是作为一种专业都应该得到终身发展。无论是为学生服务还是为社会服务，也无论是为个体自身发展还是为教师发展，教师不应该，也不能只接受一次性、终结性的教育，教师教育应该贯穿教师职业发展的全过程。作为教师，需要明确终身教育的科学内涵，树立终身学习的理念，使终身学习进入到教师的内心深处，成为自身发展的动力。终身学习将促使教师从自然成长走向自觉提高，具有十分重要的意义。其次，加强理论修养，提高思想政治素质。新时代我国教师的职责是贯彻党和国家的教育方针政策，培养为社会主义现代化建设服务的“四有”新人与创新型人才。在五育并举、德育为首的素质教育发展大背景下，教师首先需要以德育人。科学的教育观、人才观可以造就人才，错误的科学观、人才观可以摧毁人才。教书者先强己，育人者先律己。作为教师，要终身加强思想政治修养，强化现代教育理论、党和国家的教育政策法规学习，坚持用正确的教育观、人才观和价值观来教育人，只有这样才能引导和教育学生学会求知、学会做人、学会创造。再次，永不停止，不断更新专业知识。知识就是力量，知识就是财富。学校教育，由于其滞后性导致其不能适应时代发展的需要。当今时代科技突飞猛进，信息与日俱增，知识呈几何速度增长，知识由过去的单一逐渐走向多元，且不断深化与广泛。知识挑战的严峻程度有目共睹，知识更新的周期越来越短，知识危机日益凸显。这就要求教师必须通过脱产进修、函授、自学以及网络教育等方式来提高更新专业知识以适应时代发展与社会变革需求，这也是教师自我发展的内在需要。只有崇尚学习，才能不掉队和被淘汰。最后，多元发展，提高教育教学能力。新时代的教师必须师德高尚、知识渊博，具有扎实的教学基本功，拥有终身学习与创新教育的能力。在全社会范围内推行的教育改革首先要求教师转化自身的教育教学观念，通过学习构建新的教育观、学生观和教师观。通过持续的学习，掌握现代化教育教学手段，传播先进的教育思想与文化，进而培育创新型人才。教师的学习、教育教学能力的提高是一项永不停止与间断的工作，无论是从书本还是网络，也无论是从他人身上还是从教育教学实践中学习，都是教师终身学习的方法与渠道。从某种程度上来说，终身学习是苦的，但也是充实和快乐的。因为学习使人自强，让人不断发展，教人不断创新。这正如古人所云，学然后知不足，教然后知困。教师只有知道自己的不足与困惑，通过自身的不懈努力，才能促进自身发展与学生的成长。教育教学过程，既是教师教育学生学习知识的过程，也是教师进行自我教育与学习的过程，其素质的提升离不开教与学的实践。

为此，在新时代，教师终身学习包含以下几个方面的内容：首先，努力学习教师职业道德类型课程，进而形成正确的专业态度。作为一名教师，要想实现德才兼备，必须要认真学习党和国家的教育方针、政策与法律，不断提高自身的思想政治素质。《中共中央、国务院关于深化教育改革全面推进素质教育的决定》中明确指出，建设高质量的教师队伍是全面推进素质教育的保障。教师要热爱党、热爱社会主义祖国、忠于人民的教育事业，要不断提高思想政治素质和业务素质，教书育人，为人师表。教师要想完成培养五育并举、全面发展的社会主义事业建设者与接班人的任务，必须提高自身思想政治素质，认真学习《公民道德建设实施纲要》《中小学教师职业道德规范》以及教育法律法规，弘扬中华民族优秀传统美德，提高自身道德素质。其次加强学科类课程学习，丰富专业知识。在知识性时代，知识的更新换代越来越快。如果教师不坚持学习，不及时更新相应的学科知识，那么就很难适应新形势下教育改革与发展的需要。在现代社会发展大背景下，学科的综合与融合要求教师对各学科、各种专业知识在广度和深度上进行提升，将自己锻炼成一个通才与专才。教育是一项关乎人的活动，教师不仅需要教书，还需要育人，要促进学生的全面发展，必须要从各学科、各领域齐头并进。再次，学习和领会新的教育理念，掌握新的教学方法。在新时代，素质教育既是一种模式，也是一种理念。教师要认真学习素质教育的理念，转变原有的教育观念，要树立以学生为本的教育理念，坚持以学生为主体，教师为主导；改变传统的满堂灌教学模式，坚持师生互动，让学生成为学习的主体，构建平等合作的新型师生关系，鼓励学生积极思考与发言，培养创造意识。关心每一个学生，真正面向全体学生，促进学生的全面发展。最后，充分利用现代教育技术提高专业技能。在科学技术突飞猛进的今天，学习和掌握现代教育技术，不仅是推进教育教学改革的需要，还是教师加强自身学习、提高自身素质的内在要求。教师需要掌握现代教育技术，运用现代教育技术手段，提高教学效率和教育质量，运用互联网技术来加强自身学习，进而提升自身科学素养与文化素养。

二、“四有”好老师——新时代教师职业道德建设的新要求

（一）“四有”好老师提出的背景

2014年我国第30个教师节前夕，习近平总书记在与北京师范大学师生代表座谈会上发表了关于教育的重要讲话，阐述了好教师应该具备四个必不可少的特质：有理想信念、有道德情操、有扎实学识和有仁爱之心。与此同时，习近平总书记还表达了对教师地位与作用的敬重，指出一个人遇到好老师是人生的幸运，一个学校拥有好老师是学校的光荣，一个民族源源不断涌现出一批又一批好老师则是民族的希望。在新时代，广大教师要牢记政治使命，明确教师职业高线要求，提高自身道德修养，提升教师职业道德水平，为培养社会主义事业建设者与接班人做出贡献。

“四有”好老师的提出有其深远的时代背景。一方面，我国尊师重教、社会矛盾变化带来高质量教育的诉求这一现实，决定了教师应该成为社会主义核心价值观的践行者与示范者。另一方面，国际意识形态的渗透与市场经济给教育领域带来的负面影响，导致教育领域中部分教师队伍中教师失信、失善、失美等师德失范问题出现，迫切需要新的血液注入教师职业道德规范当中，以引导和规范教师队伍健康发展。习近平总书记关于“四有”好老师标准就是在这样的时代背景下面世的。“四有”好老师标准对新时代教师职业道德发展、建成党和人民满意的高素质教师队伍、建设教育强国均具有十分重要的意义。

（二）“四有”好老师的内容

1. 有理想信念

何谓理想信念？理想信念是我们党的精神之钙，奋斗的政治灵魂，是当代中国人实现民族伟大复兴的思想基础。在教师职业道德发展过程中，理想信念是教师立德树人的首要之义。苏霍姆林斯基曾指出，教师的信念是学校教育中关系最为宝贵的东西。理想信念坚定是好教师的第一位标准。教师只有拥有坚定的理想信念，才能担负起培养社会主义现代化建设者和接班人的重任。教师作为教育改革与发展中的关键人物，在学生成长过程中扮演着极其重要的角色。要想成为新时代好教师，教师必须要树立中国特色社会主义理想信念，将实现中华民族伟大复兴作为自己终身追求的目标与动力源泉。在日常的教育教学过程中，用坚定的理想信念去感染学生，以达到师生共同进步，共同发展的目的。一个有理想信念的教师肯定是一个执着于党与国家宏远目标的教师，是一个相信每一位学生都是可塑之才的教师。

2. 有道德情操

古人有云，国无德不兴，人无德不立。教育是一项关乎于人的工作，而教师的工作从本质上来说就是一个塑造灵魂与生命的工作。教师作为社会道德的风向标，是学生道德养成的一面镜子。教师的道德情操需要通过教师对其所从事的职业的热爱与忠诚予以体现出来。作为一名好老师，必须要时刻以身作则，坚守社会道德的底线。从某种程度上来说，道德情操会反映出一个人的思想品德，以道德认识为基础，以社会道德要求为准则，最终通过道德行

为予以体现出来。教师的道德情操并非单纯的脱离现实实际的、空洞的理论与说教，而是一种教育实践精神，与教师的实际生活有机地结合在一起的。教师的道德情操包括教师作为单独个体的人所呈现出的道德情操与作为教师职业个体而呈现的道德情操两个方面内容。作为单独个体的人所呈现的道德情操主要通过对自己、对他人、对社会、对自然等各方面主体的情感；作为教师职业身份的道德情操主要体现在教师的家国情怀、爱岗敬业、热爱学生等方面。

3. 有扎实学识

自古历来，知识是人类社会文明进步的阶梯。拥有扎实的学识是教师在社会上安身立命的前提与基础。很难想象，一个没有扎实专业知识的教师如何让学生信服。在当代信息技术、知识经济时代，知识的功用远远超过了人类历史上的任何一个时代，学生获取知识的方式与途径也都已经发生了根本性变化，这给教师提出了新的要求与挑战。习近平总书记指出，扎实的知识功底、过硬的教学能力、勤勉的教学态度、科学的教学方法是老师的基本素质，其中知识是根本基础。这是对教师的专业知识要求。拥有全面而又系统的学科知识，是教师职业成长与发展的基本要义。教师只有树立终身学习的观念，不断学习，具有丰富的知识储备，才能胜任日常的教育教学工作，应对各种复杂的教育情境与问题，促进学生发展，为国家教育事业贡献自己的力量。因此，新时代的教师需要通过学术研讨、教研等方式，不断提升自身学习能力，不断深化拓展对已有学科知识的把握，不仅要“专”更要博，能够融会贯通，以满足学生对知识的需求。

4. 有仁爱之心

“仁”作为我国儒家思想的最高境界，是儒家思想中的最高道德原则与标准。苏联教育家苏霍姆林斯基曾说过，没有爱就没有教育。爱是教育的灵魂，它是沟通教师与学生的桥梁。作为教师，爱学生是对其最基本的要求。热爱自己的学生与自己所从事的教育这一职业是成为好老师的一大前提，这恰恰是教师有仁爱之心的应有之意。教师有仁爱之心就是心中有学生，从心底去欣赏和关爱学生。对待别人的孩子像对待自己的孩子一样，是一种超越自身心灵与理性的选择，也是教师道德自觉的主要体现，更是教师虔诚的教育信念与情怀。这正如2022年4月25日习近平总书记在中国人民大学考察调研时所说的，“教育是一门仁而爱人的事业，有爱才有责任”。热爱学生就是要事事处处为学生着想，要将学生视作为一个个有个性、有理想、有天赋的人，通过自身的言行举止来感染学生，督促自身不断提高与成长。

（三）“四有”好老师对新时代教师职业道德建设的要求

教育是一项关于人的成长与发展的育人活动，而育人的根本在于立德。师德师风既是教师的职业道德规范，也是教师的职业道德要求，更是教师深厚知识修养与文化品位的具体体现。习近平总书记“四有”好老师对新时代广大教师提出了新的要求与殷切的希望。因此，要想落实好习总书记的“四有”好老师标准，需要从以下几个方面入手。

首先，引导广大教师务必坚定崇高的理想信念。理想源于生活，高于生活，信念是一种精神动力，是人们从事某种事情从一而终的决心。学为人师，行为世范。成为一名人民教师，这既是一种荣誉，也是一种神圣的责任。只有树立了理想信念，才能在教育的道路上不忘初心，砥砺前行。做好老师，必须要有理想信念。广大教师要始终坚持与党和人民站在同一立场，自觉地做中国新时代特色社会主义的坚定信仰者与实践中，忠诚于党和人民的教育事业。为此，广大教师需要结合日常的教学工作实际，立足工作岗位，通过各种学习方式，加强马克思主义理论学习；加强中国共产党的历史与中国特色社会主义理论的学习与教育，强化教师对党和中国特色社会主义事业的政治认同、理论认同；结合学科与自身专业建设铸就理想信念，推进课程思政建设，不断提炼马克思主义人生观、价值观在学术中的价值；通过专业讨论、榜样激励与教师行为规范塑造将理想信念渗透在日常的教育管理过程中，使教师时时刻刻都能够感受到真理的力量，体悟理想信念对教师的要求。

其次，引导广大教师培养高尚的道德情操。从伦理学层面来说，教育本身就是一种道德性实践，教育活动是以道德的方式进行的。习近平总书记曾多次指出，人无德不立，育人的根本在于立德。教育办学就是要尊重人才培养的规律，否则就难以办好学。自古以来，教师都是作为社会优良品德的代表，是整个国家的道德风向标，教师的一举一动都会对社会文明产生深远影响。因此，在新时代，培养教师高尚的道德情操，要求我们营造一个良好的弘扬师德的氛围，培养广大教师正确的道德认识，与时俱进地加强师德师风学习教育。将弘扬优良师德与教书育人的教育实践有机结合在一起，开展师德模范学校活动，通过各种形式引导教师推动学生践行社会主义核心价值观，让教师在各种教育实践活动过程中提升自己的道德境界。此外，加强对师德制度的落实，确保师德目标任务的刚性落实与完成，如按照国家新时代教师队伍建设的标准要求，完善关于教师队伍建设的行为规范。优化教育评价体系，强化师德评价在整个教师评价中的权重，通过教育评价体系促使广大教师自觉践行优良师德。

再次，引导广大教师努力学习，拥有扎实的学识。学无止境。在互联网信息技术发展的当下，知识的更新速度比以往任何一个时代都要快，学生在获取知识的渠道与方式上也发生了巨大变化，知识反哺现象越来越明显，这就要求教师在新的时代必须要不断更新自己的专业知识，拓宽知识领域，以适应教育发展的需求。拥有扎实的知识是对教师这一职业的最基本要求，也彰显出知识育人的导向。教书育人是教师最根本的职责，教师肩负着传道、授业、解惑的重任。拥有丰富的专业知识是教师开展教育教学工作的前提。教师要想拥有扎实的学识，就必须不断学习与探索现有的知识，贯通不同学科、不同专业之间的知识，从整体上对知识进行把握，将日常的教育教学、学习与研究相融合。对于国家和学校等教师管理机构而言，需要为教师学习创设一个良好的制度环境，为教师的教育科学研究提供技术与资金支持，优化教师评价体系，尊重教师的自主性与个性发展。

最后，引导广大教师做一个仁爱之师。教育是一门仁而爱人的事业。好老师就应该是仁师，因为爱是教育的灵魂，没有爱心的人难以成为一名好老师。教师的仁爱之心主要体现在了解学生、理解学生、尊重学生、关爱学生和影响学生等方面。了解学生是教师进行教育的第一步，也只有了解学生的实际情况及其真实想法才能对症下药，才能促进师生关系融洽。教师要学会换位思考，多从学生角度来思考问题，主动理解学生。尊重学生对于教师而言是对其教学与人格认可的一种具体表现。教师和学生作为教育活动的两大主体，在各自的实践领域存在着认知上的差异，相互之间都需要得到彼此的尊重。关爱学生是要求教师心中有学生，服务于学生的成长与发展，对学生的发展负责。教师作为教育者，其言行举止、一言一行都将会影响学生。除了向学生提出相应的要求之外，还需要通过身体力行，率先垂范来引导学生的行动。

思考练习题

1. 我国现行《中小学教师职业道德规范》的内容是什么？如何理解？
2. “四有”好老师的标准是什么？如何在教育中践行？

第十二章 教师职业道德修养及养成

一、教师职业道德修养的定义及其价值

（一）教师职业道德修养的定义

"修养"是一个含义十分广泛的概念，它不仅包括举止、仪表、情操等方面的陶冶，还包括有涵养的待人处世的态度以及政治思想、知识技能等方面的能力与品格。一般认为，修养是指人们在政治生活、社会道德生活、学术领域等方面所进行的勤奋学习与涵养锻炼的功夫，以及经过长期努力所达到的一种能力与思想品质。道德修养是社会个体的一种重要修养，是人们为实现一定的道德理想而按照一定道德原则与规范要求对自己的品行进行锤炼与陶冶的功夫，也包括通过长期努力所形成的道德情操以及所达到的道德境界。

行有行规，国有国法。任何一个行业、职业都有其自身的行业规定与要求，这些行规与要求就是对从事这一行业人员的职业规定与修养要求。教师是社会职业中的一种，自古以来我国都十分重视教师的职业道德修养。"修己以安人""尽其心，养其性"等等都是对修养的规定与要求。中华民族传统文化中关于道德修养的有价值因素对于加强当前教师职业道德修养具有重要价值。

教师职业道德修养是指教师为了培养高尚的教师职业道德所进行的自我锻炼、自我教育和自我陶冶以及在此基础上所达到的师德水平与精神境界，其目的就是使教师能够按照党和国家对师德的要求，通过积极的自我思想斗争与教育，不断克服自身道德认识与选择能力，形成适应新时代我国经济社会与教育发展所需的道德品质，不断提升自己的精神境界。在一定程度上来说，教师职业道德修养就是教师在教育工作与社会实践过程中所进行的自我教育、自我锻炼、自我改造与自我提高的过程。

（二）教师职业道德修养的价值

教师职业道德修养对于提升和完善教师素质，培养人才，弘扬社会主义精神文明等都具有十分重要的价值。

（1）教师职业道德修养有利于提升教师道德品质与师德水平。对于教师而言，其崇高使命就是通过教书育人来实现塑造学生美好心灵。在某种程度上来说，教师的道德水平将直接

影响年轻一代的精神面貌，关系到一个国家和民族的兴衰存亡。因此，作为教师，首先要加强自己的思想道德修养，不断完善自己，提高自己。一个人的主观努力与修养对于其自身素质的提升是必不可少的条件。教师道德品质的培养与提升是一个复杂长期的过程，离不开他人和社会对其所施加的影响。但是所有这些外部力量必须要通过教师自身而发生作用。在现实生活中，一个道德高尚的教师，势必是一个自觉进行师德修养的人。一名教师的师德修养自觉性越高，其师德水平也就越高。教师只有通过长期、自觉的师德修养，将一定时期的师德规范转化为内在的师德信念，才能形成自觉的师德行为与习惯。

（2）教师职业道德修养有利于造就时代新人，培养学生良好品质。对于一个教师而言，仅有渊博的学知是不够的，还需要有高尚的师德。一个具有高尚师德的教师，才能成为学生当之无愧的榜样，才能在学生心目中享有较高的威望，获得学生的尊敬与敬佩。一般而言，学生都具有“向师性”等特点，即学生喜欢在各个方面将教师作为其学习榜样，向教师进行模仿和学习。教师的言行举止都能潜移默化地影响学生。从这点来说，教师的品德决定着学生的品德，教师的道德水平决定了学生的道德水平。因此，教师的师德修养如何，不仅仅是其个人的问题，还是影响学生品质和国家前途命运的大事。

（3）教师职业道德修养对于建设社会主义精神文明，弘扬社会主义新风尚具有促进作用。众所周知，学校是社会主义精神文明建设的重要基地，教师是社会主义精神文明建设的倡导者与推行者。教师的师德状态与水平不仅影响在校学生，而且还会对整个社会产生深远影响。教育作为社会系统中的一个子系统，涉及社会事务的各个方面。而教师需要与社会各个领域、各方面人员进行接触与交流，参与社会各种活动，其思想、品德与行为举止大多会直接作用于社会，对社会主义精神文明建设起着重要的作用。教师的道德风貌是我国社会主义精神文明的重要内容，教师的职业风尚是整个社会风气的风向标。

二、教师职业道德修养的主要任务

教师职业道德修养从根本上来说就是培养教师良好职业道德品质的过程。而构成教师良好职业道德品质的基本要素包括道德认识、道德情感、道德意志、道德信念和道德行为与习惯。因此，从某种程度上来说，教师职业道德修养就是教师的道德认识、道德情感、道德意志、道德信念、道德行为与习惯等各种要素从无到有、从低到高的过程。为此，教师职业道德修养的主要任务就是提高教师职业道德认识，陶冶教师职业道德情感，锻炼教师职业道德意志、确立教师职业道德信念和培养教师职业道德行为与习惯，等等。

（一）提高教师职业道德认识

提高教师职业道德认识是提升教师职业道德修养的前提与基础。一个教师的职业道德品质是教师个体对一定社会对教师的师德要求在其自身自觉认识基础上而产生的行为积淀，它与教师个体的主观意识紧密相关。从知行二者之间的关系来看，知是行的前提与方向。如果“知”的问题尚未解决，那在“行”的过程中就好像盲人骑瞎马。教师职业道德认识主要体现在对教师道德价值的认识问题上。对教师职业道德要求的正确认识，是以对教师职业的社会道德价值的认识为前提的。如果一名教师能够认识到教师事业在整个现代化建设当中的战略地位，能够认识到教师所肩负的历史重任，认识到加强教师职业道德修养对于完成教育目的与任务的价值，那么他就会增强自身的责任感与事业心，将师德修养转化为自己内心的需求与自觉行为，在平凡的工作岗位上做出不平凡的贡献。反之，如果教师对教师职业的社会道德缺乏正确认识，那么他就不能热爱教育事业，更难以谈及为人师表和教书育人。

（二）陶冶教师职业道德情感

对于教师而言，有了正确的教师职业道德认识并不能保证形成高尚的教师职业道德品质。这是因为人作为一种复杂的社会性动物，其行为不仅受思想的支配，也受情感的影响与驱使。教师职业道德情感是教师由于对教育事业的善恶判断而引起的思想、行为而产生的情感体验，它在教师职业道德品质培养中起着重要的作用。一方面，教师道德情感是教师将其自身的师德认识转化为师德意志与行为习惯的持续动力，另一方面，教师职业道德情感对教师职业道德行为具有评价和调节作用。在教师师德实践过程中，教师需要不时地对自己与他人的道德行为进行相应的评价，这种评价既包括师德认识上的判断，也包括教师情感上的好恶评判。教师正是通过来自自身或社会的不同情感来及时反省自己的言行举止，进而调节自己的职业道德认识与行为。一般而言，教师的职业道德情感主要包括正义感、荣誉感、自豪感和幸福感等内容。正义感是教师以公正不倚的态度来对待学生和处理各种人际关系；荣誉感是教师为国家社会做出贡献而受到肯定时而意识到自身的价值并感到由衷喜悦与自我安慰的情感状态；自豪感是教师因其本职工作的伟大而感到光荣的一种道德情感；幸福感是教师在教育实践过程中，基于教育目标与理想的实现而得到的精神上的满足与愉快。教师在教书育人过程中，体会到自己的工作价值并得到乐趣，是教师通过辛苦劳动而获得的幸福，是其他人难以体会和感悟到的情感。

（三）锻炼教师职业道德意志

教师职业道德意志是教师在实践教师职业道德过程中战胜困难与克服各种障碍的毅力，它是在一定的教师职业道德认识与道德情感基础上而产生的，是调节教师职业道德行为的重要精神力量。锻炼教师坚强的职业道德意志是教师职业道德修养的必然环节，也是教师养成良好教师职业道德品质的必由之路。教师职业道德意志首先来自正确的教师职业道德认识与强烈的职业道德情感。只有认识提高了，情感升华了，才能表现出坚定性与果断性，才能促进教师形成百折不挠的坚强意志。教育是一项长期而又复杂的事业。在教师教书育人的过程中，教师需要付出辛勤的劳动，有时还需要做出巨大牺牲，并且在教书育人过程中还会遭遇来自外界的各种阻力与障碍。为了克服各种困难，排除各种障碍，教师就需要有顽强的毅力与坚持不懈的精神，通过教育实践来不断磨炼意志。只有经过长期的磨炼，教师职业道德修养才能达到矢志不渝、持之以恒的境界。

（四）确立教师职业道德信念

确立坚定的教师职业道德信念是教师职业道德修养的核心问题。教师职业道德信念是教师发自内心的对教师职业道德义务的真诚信服与责任感，它是深刻的教师职业道德认识、炽热的教师职业道德情感和顽强的教师职业道德意志的有机统一。教师职业道德信念是教师在其教育实践过程中所形成的，用以评价自身行为善恶好坏的一种内心力量，是教师职业道德行为的指南，具有深刻性、稳定性和持久性等特点。教师自其进入教师这一职业群体的那一刻，就开始了对教师这一职业的认识。伴随着教育工作与学习的深入，尤其是经过长期的磨炼，承受了各种挫折，不断吸取经验与教训，提高了思想认识，加深了情感体验，教师才能确立献身教育事业的坚定信念。教师职业道德信念而言是一种主观方面的感受，如果缺乏外部客观条件与长期的教育实践，它也将是无源之水，无本之木。当然，一旦教师职业道德信念得以确立，它又将反作用于教师职业道德实践，影响客观外部条件，并能够形成一种对自己的道德行为进行选择的能力。教师基于其职业道德信念选择合乎职业道德的行为，进而能感受到精神上的满足与安慰，并产生一种将教师职业道德要求转化为教师道德行为的愿望与信心。

（五）培养教师职业道德行为与习惯

对于教师职业道德修养而言，其最终目的与归宿不仅在于培养教师职业道德意识，还在于在科学的教师职业道德意识的指导下，倚靠教师职业道德信念，自觉将道德意识与信念转化为教师职业道德行为，进而养成教师职业道德习惯。教师职业道德行为与习惯与教师职业道德品质紧密相关，它们是教师职业道德品质的外部表现形态。尽管教师职业道德意识能够指导教师职业道德行为，但是如果教师职业道德修养仅停留在教师道德意识层次，而不通过教师的实际行动去履行职业道德义务，那么这种教师职业道德修养就难以做到真正的知行统一。教师在接受职业道德教育后，须结合自身的教育实践形成一定的教师职业道德意识，并将道德意识反作用于教师教育实践，将其转化为教师的职业道德行为。只有这样，教师的职业道德意识才能得到巩固与发展，才能表现出稳定与一贯性。教师要想养成良好的职业道德行为与习惯，必须要持之以恒，以高标准来严格要求自己。良好的职业道德行为习惯不是三两天就可以培养成的，它是一个长期、渐进的发展过程。教师只有长期坚持不懈地按照国家社会对教师的师德要求来规范自己的行为，才能养成良好的职业道德行为习惯，形成良好的教师职业道德品质。

总之，教师职业道德修养是一个从教师职业道德认识到最后形成良好教师职业道德行为习惯的道德实践过程。提高教师职业道德认识是进行教师职业道德修养的前提与基础，陶冶教师职业道德情感与锻炼教师职业道德意志是将教师职业道德认识转化为教师职业道德行为习惯的中介，确立教师职业道德信念是教师职业道德修养的关键，养成良好的教师职业道德行为与习惯是教师职业道德修养的最终目的与结果。在这个循环往复的教师职业道德发展过程中，形成良好的教师职业道德品质是教师职业道德修养应当完成的基本任务。

三、教师职业道德修养的途径与方法

在中华民族的传统文化中包含着丰富的道德修养途径与方法，如内省、自讼、存心、养气、寡欲、格物、致志、修身等等。这些道德修养的途径与方法在某些方面存在着积极、合理的一面，可以批判性地加以采用。马克思主义伦理学从辩证唯物主义出发，根据道德的本质与发展规律，提出理论与实践相结合是道德修养的根本途径。

（一）教师职业道德修养的主要途径

1. 基于教育实践的教师职业道德修养

辩证唯物主义认为，人的认识来源于实践，实践是人们道德品质形成的基础。对于教师而言，教师职业道德是在长期的教育实践中形成与发展起来的，它反映了教育实践活动对教师的要求，通过社会舆论与教师自我修养，影响和制约着教师教育行为。只有通过教育实践才能使教师的职业道德认识转化为职业道德行为，进而形成道德品质，最终实现教育职业道德修养的目的。

教师的教育实践与教师职业道德修养的关系主要表现在以下几个方面：第一，教师职业道德实践是教师达到职业道德修养境界的唯一途径。教师职业道德修养一旦离开了教师教育实践，将会成为无源之水，无本之木。教师只有在教育实践中才能认识到国家社会对教师职业道德的要求，进而不断提高职业道德认识，磨炼职业道德意志，培养和丰富教师职业道德情感，最终形成教师职业道德修养。第二，教师职业道德实践是检验教师职业道德修养的唯一标准。辩证唯物主义认为，实践是检验真理的唯一标准。这具体到教师道德实践中来也是一样适用。一方面，教师教育实践检验教师道德修养的目标是否符合国家社会对教师职业道德的要求。只有通过教育实践才能检验教师职业道德修养的目标与方向是否正确。另一方面，教师教育实践能够检验教师是否做到教育实践中的知行合一。一名教师的职业道德水平和品质的高低，职业道德修养的好坏，不在于其口头语言上的道德箴言，而是要从其能否将师德要求应用到自己的工作与生活当中，能否真正做到言行一致，身体力行。第三，教师职业道德实践是促使教师职业道德修养不断提高的不竭动力。众所周知，教师职业道德修养是一个复杂、长期的过程。教师在道德实践中克服不道德行为并非意味着教师整个职业道德观的正确，它需要教师不断地将职业道德认识付诸实践，转化为自己的教育行动，在教育实践中不断对自己的职业道德行为进行反省与认识，锻炼职业道德。只有在教师道德实践中才能发展和完善教师职业道德修养。因此，教师躬行实践是其职业道德修养提升的根本途径。一方面，教师通过积极参加日常教育教学实践活动，进行传道、授业、解惑，培养教师职业道德意识与认识；另一方面教师通过投身社会实践活动来提升教师职业道德修养。教师作为社会活动主体，与社会其他主体之间发生着各种各样的关联。在社会实践过程中教师的职业道德修养才不至于偏离社会主义方向。教师只有在社会实践中才能培养自己的高尚道德品质，克服不道德的思想与行为。

2. 基于理论学习的教师职业道德修养

马克思辩证唯物主义认为理论来源于实践，反作用于实践，理论对实践具有重要的指导作用。习近平总书记也在多种场合指出和强调，坚持和发展中国特色社会主义，必须高度重视理论的作用，增强理论自信与战略定力。没有正确的思想作为指导，行动就会陷入盲目与被动。对于教师而言，要想提升教师职业道德修养，必须要认真学习理论。提高教师职业道德实践的自觉性，避免教师职业道德行为的盲目性与被动性，必须要认真学习理论，以科学的力量来指导教师职业道德实践。如果离开理论学习，没有掌握好科学理论，那么教师职业道德修养就会迷失方向。

基于理论学习的教师职业道德修养需要从以下几个方面展开。首先是马克思主义理论。马克思主义伦理学是研究道德起源及其发展规律的科学，职业道德修养是其研究的主要内容。教师通过认真学习马克思主义伦理学，可以帮助其更好地理解国家、社会对教师职业道德要求的客观依据，深化教师对教师职业道德修养的认识，掌握教师职业道德修养的规律，从而提高教师职业道德修养的自觉性。第二，努力学习教师职业道德理论。教师职业道德理论从教师职业本身出发，批判地继承了古今中外一切优良的教师职业道德传统，科学合理地分析了教师职业道德的原则、规范与要求，并指明了教师职业道德修养的任务、途径与方法。教师要想提升教师职业道德修养，必须要学习与掌握这一理论。学习教师职业道德理论，尤其要认真学习教师职业道德规范基本内容，经常用教师职业道德规范去约束、分析和评价自己的言行举止。如教育部颁布施行的《中小学教师职业道德规范》以及教育法律法规对教师职业道德的相关规定等等。第三，从社会其他学科领域中吸取有用的理论知识。社会是一座道德宝库，它蕴藏着极其丰富的宝藏。作为教师，要想提升自身的师德素养，必须要多看、多听、多想来感悟身边的各种事物与事件，通过比较与思考来获取一切有益于自身的东西。

总之，理论与实践相结合是教师职业道德修养提升的根本途径，这也是一条万古不变的法则，对于教师其他领域的专业知识与能力而言也是如此。没有理论学习，教师职业道德修养缺乏深厚的思想基础，不能持久与深化，容易陷入盲目；没有教师道德活动的实践，教师也就难以认识道德活动中的各种关系，难以识别自身道德行为上的偏差和道德意识短缺。

（二）教师职业道德修养的方法

对于教师职业道德修养，除了要了解其主要途径，更需要掌握其正确的方法，这样才能不断提高和完善。一般来说，教师职业道德修养主要有以下几种方法。

1. 反躬自省，严于剖析自己

反躬自省，严于剖析自己，既是教师职业道德修养的态度，也是教师职业道德修养的方法。在我国历史上，有着太多的关于提高自身道德修养的方法。孔子的“躬自厚而薄责于人，君子求诸己，小人求诸人”；韩愈的“责己重以周，待人轻以约”，王守仁的“人只贵于自修，而不计较毁誉在外”；等等。教师在进行职业道德修养过程中，要充分借鉴我国传统道德思想中反躬自省的传统，勇于自我批评与解剖自己，不断提升师德修养水平。

反躬自省，严于剖析自己，关键在于提高教师的职业道德自觉性，这也是由教师职业道德修养的本质所决定的。在教师进行师德修养过程中，一切外在的条件与影响必须要由教师这一个主体发挥作用才能生效。因此，在某种程度上来说，教师职业道德修养的过程实际上就是教师主观能动性发挥的过程。有了教师职业道德修养的自觉性，教师才能在教师职业道德实践中用心去践行，利用一切机会来锻炼和培养自身的职业道德品质，修正自己的错误与缺点。此外，教师在职业道德修养过程中反躬自省，还需要做到善于了解自己。作为社会的个体，人最大的问题就是不善于了解和认识自己。因此，教师在反躬自省的过程中，需要对自己有一个客观评价，切忌过高或过低评价自己。只有科学合理地摆正自己的位置，才能乐于接受别人的批评意见，从善如流，取得进步与发展。

2. 认真向模范、优秀教师学习

在教师职业道德修养过程中，需要向一切伟大的教育家、先进个体和优秀教师学习。这是因为在这些模范和优秀教师身上蕴含着教师的优秀品质，他们是教育事业上的光彩夺目的明珠，值得每一位年轻教师去效仿与学习。在新时代，一年一度的全国范围内的优秀教师表彰大会以及全国道德模范表彰大会都给我们提供了诸多的榜样，值得我们去效仿和学习。近代我国著名教育家陶行知，以“捧着一颗心来，不带半根草去”的精神，终身致力于人民教育事业和革命事业，寻求一条救国救民的道路。陶行知几十年如一日，大胆实践，勇于探索与创造，培养社会英才。陶行知具有崇高的教师职业道德修养，他以教人者教己的师表精神，躬行致知，言传身教，堪为人师楷模。

3. 学会慎独

“慎独”一词出自《中庸》，“莫见乎隐，莫显乎微，故君子慎其独也”。其意指当独自一人而无别人监督时，也要表里一致，严守本分，不做坏事，不自欺。慎独作为我国儒家思想中的一种道德修养的方法，它也是现代社会中人们所追求的一种道德境界。慎独要求教师在其教育实践过程中，严格遵循教师职业道德要求，自觉地做到言行一致，进而达到崇高的道德境界。

慎独这一道德修养方法对于教师而言十分重要。因为教师这一职业特性决定了教师单独进行活动或开展工作的机会较多，无论是备课上课还是私下辅导学生，都彰显出教师工作的独立性和劳动个体性等特点。教师慎独对于教师的道德品质完善有着十分重要的作用，它是检验教师职业道德品质与修养水平的试金石。检验一名教师的职业道德境界如何，不仅需要看他在领导、同事、家长和学生们面前的表现如何，还需要看他在旁边无人时能否做到言行一致，表里如一。慎独要求教师保持良好的道德情操，“勿以恶小而为之，勿以善小而不为”，积小善而成大德，逐步提高师德水平与品质。此外，慎独也是当下社会对教师道德要求在最高层次上的体现。教师要想达到慎独这种道德境界往往不容易，它需要一个长期、艰苦学习与历练的过程，需要从教师平凡朴实的生活与实践中来锻炼与提升。

总之，作为人民教师，既需要懂得教师职业道德修养对于自身发展的价值，又要掌握教师职业道德修养的主要内容，更需要掌握教师职业道德修养的有效途径与方法，基于教育实践将自己锤炼成民之师表、国之楷模，为培养社会主义现代化建设者和接班人而努力奋斗。

思考练习题

1. 什么是教师职业道德修养？它的价值是什么？
2. 教师职业道德修养的主要任务是什么？
3. 教师职业道德修养的途径有哪些？

第十三章
教师职业道德实践及评价

一、教师职业道德实践

（一）教师职业道德实践的定义

教师职业道德实践是指教师在一定的社会历史时期下，在一定的职业道德意识指导下所产生的有意识、有目的的教育活动，它包括教师的职业道德行为、职业道德评价、职业道德教育、职业道德修养以及其他具有道德价值并应当承担道德责任的活动。从某种意义上来说，教师职业道德实践是社会道德在教师这一教育主体上的具体应用。教师的职业道德实践包括个人道德活动与社会道德活动两种类型。教师个人职业道德活动的目的是实现教师完美、理想人格，教师群体职业道德活动的目的是实现完美和谐的理想社会。

（二）教师职业道德实践的内容

崇高的教师职业道德品质是在长期的教育实践中锤炼而成的。只有通过长期的教育实践，才能让教师亲身体会到教师这一职业的意义与价值，才能促使教师将教书育人作为人生的价值目标与理想而孜孜不倦地奋斗。从教师职业的主体性角度出发，我们将教师职业道德实践分为师生关系层面的职业道德实践、教师之间（包括与上级领导）的职业道德实践和教师与价值之间的职业道德实践。

首先是师生之间的职业道德实践。师生之间的职业道德实践包括教师的学生观、自我定位以及师生关系协调等几个方面的内容。在现实的教育实践过程中，教师需要树立科学的学生观，将学生视为作为主体的人、发展中的人、完整的人、有发展潜力与有个性差异的人，认识到每一个学生都是可教的，教师要关心和爱护学生，客观公正地对待学生。在师生关系上，教师需要客观评价自身的定位，宽容且热情地关注学生，努力促使学生进步。在师生关系协调上，教师需要尊重学生的意见，增强师生之间的双向互动与沟通，采取科学合理的方式与学生共处，解决学生日常学习生活过程中遇到的各种问题。

其次是教师之间的职业道德实践。教师作为一个社会性个体存在，需要与学校内外部各种人物打交道。良好的人际关系形成，对于促进学校工作顺利开展，在学生面前树立良好的教师形象都具有十分重要的意义。在教师与同行关系问题上，教师需要正确认识自己、认识他人，采用科学合理的方法来协调同事之间的关系。尊重同事的意见与看法，合作互助，宽以待人，真诚对待同事，坚持底线与原则，充分运用人际交往技巧。

再次是教师与家长之间的职业道德实践。教育活动作为一项复杂的社会性活动，其根源在于教育主体、过程的复杂性。教师在教育实践过程中，需要与不同类型的家长建立良好的人际关系，进而使学校教育目标与家庭教育目标相协调、一致，发挥出家校共同育人的功效。在与家长进行教育交流与指导时，需要客观合理、公平地对待每一位家长，告知家长子女的受教育状况，明确家长在子女成长过程中的职责与任务，激发广大家长在教育子女中的责任感与信心，尊重和信任家长在家校合作过程中的各种事项，认真倾听家长们所提出的意见，从中吸取一些值得自己学习的东西。

（三）教师职业道德实践的具体表征

教师道德实践是指教师在职业道德规范的指导下进行的有意识的行为活动，它是教师道德认知的具体体现，主要通过道德行为、道德评价、道德教育、道德修养等方式呈现出来。

1. 教师的道德行为

教师的道德行为是指教师在教育教学实践过程中，受其道德意识支配所做出的有利或有害于他人、社会等主体行为，具有鲜明的职业性、强烈的示范性、强烈的责任性等特点。对于教师而言，在教育实践活动中不仅需要较高的道德意识水平，而且还需要通过教师的高尚品质与模范行为来影响学生。教师的道德行为包含以下三个方面的内涵：首先，它受教师道德自觉意识的支配，是一种教师能自觉意识到的行为。其次，它是一种有害于或有利于社会或他人的行为。教师的道德行为是在特定的社会道德关系中发生的，离开了特定的场域，也就无从谈起教师的道德行为。再次，教师的道德行为是教师自觉自愿选择的一种行为，体现了教师的主观愿望与自由。

2. 教师的道德评价

教师道德评价是教师职业道德实践中经常发生的一项活动，它是依据一定的道德评价标准，通过社会舆论、个人的内心信念等形式对教师自己或他人的道德关系、行为所做的一种善恶评断。教师道德评价具有丰富的内涵：首先，教师道德评价是以行为作为评价对象的，包括对教师自身的教育行为和他人的行为两个方面。教师的教育行为是教师在教育教学过程中自由选择与实施的行为，应该符合教师的个性心理特征。对他人的行为做出道德评判是教师作为教育者在履行其教育职责时所体现出来的。其次，教师道德评价需要结合教师行为的动机与效果的有机统一。在对教师道德评价时，既要考察教师教育行为的动机，也要考量教师教育行为所带来的效果，只有在二者有机统一的基础上，才能对教师做出客观、公正的评价。再次，教师道德评价是一种善恶判断。教师道德评价是在全面考察的基础上判断哪些道德行为是善的，哪些是恶的。

3. 教师的道德教育

道德教育有广义和狭义之分。广义上的道德教育是指凡是与道德相关的活动都可以称为道德教育，而狭义上的道德教育仅限于对受教育者进行道德教育活动。本书中的教师道德教育是狭义层面的，它是指教师作为教育者对学生进行道德教育和作为受教者接受道德教育活动的总称。首先，教师的道德教育活动是一种有目的的道德影响活动，无论是提高道德认识与觉悟，还是树立道德信念、陶冶道德情感、锻炼道德意志，都带有一定的目的性。其次，教师道德教育包括两个方面的内容。一方面是教师作为施教者对受教者进行道德教育化等教育活动，另一方面是教师作为受教者接受上级的道德教育活动。再次，教师道德教育活动需要遵循道德教育的基本规律，即从道德意识的灌输到道德情感的培养、道德意志的锻炼，再到道德信念的确立与道德习惯的养成。最后，教师道德教育活动必须要坚持理论与实际相结合，言传与身教相结合、循序渐进等原则，才能取得良好的教育效果。

4. 教师的道德修养

在我国传统道德文化思想中，道德修养是一个非常重要的内容，它是主体基于社会道德规范要求主动开展的身心活动，以追求自身道德品质发展与完善的过程。对于教师道德修养而言，它是指教师在其教育职业活动中，对其道德意识、道德情感与意志、道德品质等方面进行自我锻炼与改造的过程，是对教师职业道德的基本原理、规范与范畴的反省与自查，在教育实践中不断提高自己的职业道德水平的过程。良好道德品质的形成离不开主体的道德自我修养。教师道德修养对于形成良好教师职业道德作风与道德品质均具有十分重要的作用。教师道德修养具有以下几个方面的内涵：首先，教师道德修养是教师这一主体在精神层面的高级活动与行为实践。教师道德修养就是教师在教育实践过程中所进行的自我教育、自我锻炼和自我提高的过程。其次，教师道德修养是将社会道德准则转化为教师个体道德品质的重要手段与途径，也是社会道德得以改观的重要前提。通过教师道德修养，不仅可以提高教师个人道德水平，而且还有助于社会整体道德水平提高。再次，教师需要通过学习道德理论、接受道德教育、参加建设道德实践、对自身行为进行道德评价等方式来提升道德修养水平，通过不断地校正与完善逐渐提高道德品质。

二、教师职业道德评价

（一）教师职业道德评价的概念、内涵

评价作为人类社会发展过程中的一种方式，它是指对人或事物进行评判、分析的过程。教师职业道德评价是指教师自己、他人或者国家、社会，根据一定社会历史时期的教师职业道德准则、规范与标准，在充分获取各种信息资料的基础上，运用评价手段对教师的职业道德意识、情感、意志和行为进行价值评判的过程。教师职业道德评价包含以下三个方面的内涵：首先，教师职业道德准则、规范与标准是教师职业道德评价的根据。在教师职业道德评价过程中，我们必须要根据当前社会历史时期的教师职业道德评价指标体系来进行评价。没有教师职业道德准则、规范与标准，就没有教师职业道德评价。其次，科学有效的评价技术与手段是教师职业道德评价的有力保证。在对教师职业道德评价时，需要充分吸收现代评价理论与技术，选择合理的评价模式，制定科学的评价指标体系，才能保证教师职业道德评价的科学性与有效性。再次，教师职业道德评价的主体是多元而非单一的。无论是教师自身还

是学生、同行以及教育行政部门和社会人员都有权对教师职业道德进行评价。多元化主体评价有利于保证教师职业道德评价结果的客观、公正与科学。

（二）教师职业道德评价的目的、价值与功能

1. 教师职业道德评价的目的

对教师职业道德进行评价的目的是通过对教师的道德进行全方位考察，探索与掌握教师职业道德形成与发展的客观规律，以便有效地指导教师提高自身的职业道德素质与完善自身的职业道德品质，促进教育质量的提升。

对于教师而言，通过教师职业道德评价，可以帮助教师了解自身职业道德的现状，明白自身的优势与不足，明确今后自己需要努力的方向，进而促进广大教师形成和更新职业道德观念，改变或纠正教师职业道德行为，与不良教师职业道德行为进行斗争，最后提高自己的职业道德水平，促进自身与学生的健康发展。

对于学校而言，通过对教师职业道德评价，可以让学校站在宏观层面对全校教师职业道德面貌有一个大致的认识与了解，科学评价全校教师职业道德建设工作，发现问题以便更好地改进问题。通过评价，能够促使全校教师职业道德建设在科学化、规范化、法治化轨道上正常运转，促进教师和学校的健康发展。

2. 教师职业道德评价的价值

教师职业道德评价作为对教师教育行为的一种价值判断与仲裁，通过对教师教育行为的道德价值进行善恶判断，从而激发教师个人的责任感，故而具有十分重要的意义。首先，教师职业道德评价有利于维护和实现教师职业道德规范。在某种程度上来说，教师职业道德评价具有监督教师的作用，它对教师在日常教育教学过程中的言行举止、思想观念等都起着一定的监督与约束作用。教师的教育行为是否遵循教师职业道德规范，一般情况下都是通过教师职业道德评价来进行判断的。通过教师职业道德评价可以将教师教学活动过程中的不合范行为指出来，激励教师在教学活动中选择积极高尚的职业道德行为。久而久之教师就形成了符合社会期望的职业道德认识与道德价值。其次，教师职业道德评价有利于促进教师职业道德素质的形成与发展。众所周知，人的道德素质是人在社会活动过程中从事一定道德活动而呈现出的一种内在状态，其高低直接影响道德活动开展得成功与否。相比其他职业群体而言，教师工作的一个非常重要的特点就是教书育人。教师职业道德素质的高低直接影响其育人效果。当然，教师职业道德素质不是与生俱来的，而是在长期的道德教育与道德修养中慢慢形成的。此外，教师职业道德评价不仅是教师道德教育与道德修养的重要组成部分，而且还是教师职业道德教育与修养的重要手段。再次，教师职业道德评价对优化教师教育教学行为具有积极的促进作用。一般而言，一定历史时期的教师职业道德规范为教师提供了教育教学行为的依据与标准，而要将这些客观的依据与标准转化为教师的教育行为，就必须要依靠教师职业道德评价这一有效工具来进行推动。通过教师职业道德评价可以告诫教师哪些是应该做的，哪些是违反道德的，哪些方面做得好，哪些方面需要改进，进而优化教师的教育行为。

3. 教师职业道德评价的功能

教师职业道德评价的功能是指教师职业道德评价对教师职业道德建设这一项工作所能起到的基本功效。纵观当前教育理论与实践，教师职业道德评价主要有以下几个方面的功能。

第一，指挥和导向功能。科学有效的评价对教师职业道德建设具有指挥与导向性作用。这是因为在教师职业道德评价过程中，我们所运用的评价指标体系是根据党和国家关于教师职业道德方面的政策、法律所制定的，这些政策法律能够在教育实践中引导教师职业道德建设工作朝正确的方向发展。换而言之，教师职业道德评价能够有效地引导教师正确认识教师职业道德的意义，认准教师职业道德修改的基本方向。

第二，教育和发展功能。教师职业道德评价能够让评价者与被评价者相互启发，通过信息反馈进一步认识到自己的不足，相互学习对方的优点，从而使自己受到教育，促进自身职业道德品质的发展。

第三，鉴定功能。教师职业道德评价是通过评价来区别好与坏、优与劣，进而判定教师职业道德水平与国家社会教师职业道德规范相符合的程度。科学的职业道德评价指标体系与手段，在一定程度上能够反映出教师职业道德水平的真实状况的。这种鉴定功能为学校及教育行政部门管理好教师职业道德建设工作提供依据。

第四，督促与激励功能。通过专家、领导、同行以及社会共同参与道德评价，对每一位教师职业道德现状进行鉴定分析，进而获得高低、优劣的信息，在很大程度上会对广大教师产生压力与动力，给被评教师以精神上的情绪体验，激发他们的竞争意识，进而调动他们的积极性，督促他们把自己的职业道德品质修养好。如每年的全国优秀教师、教育系统劳动模范等，都是对教师职业道德建设起着重要的激励性作用。

第五，问题诊断功能。教师职业道德水平受各种因素的影响。教师职业道德建设中哪些值得弘扬，哪些有待改进等问题的把握只有通过评价才能获得。通过评价可以诊断教师职业道德建设中存在的问题，分析这些问题的原因及可能带来的危害，进而找出解决这些道德建设问题的方法。教师职业道德评价从本质上来说就是一个分析过程，通过分析就能够诊断出教师职业道德建设存在的问题。

（三）教师职业道德评价的原则

教师职业道德评价的原则是指在教师职业道德评价过程中必须要遵循的基本要求，只有严格遵守评价原则，才能将教师职业道德评价引入正确轨道，发挥出评价的积极效用。总体而言，教师职业道德评价必须要遵守以下几个基本原则。

1. 方向性原则

方向性原则主要是指在教师职业道德评价过程中要坚持党的领导和社会主义方向。党的领导和社会主义方向性是我们开展一切教育都应该坚持的最根本、也是最重要的指导思想与工作原则，教师职业道德评价也不例外。如果偏离了这一点，广大教师的职业道德素质就很难有效提高，也难以完成党和国家交付给我们培养合格的社会主义建设者和接班人任务。

2. 客观性原则

教师职业道德评价的客观性原则主要是在评价过程中，必须要采取实事求是的态度，客观、真实地反映教师职业道德的具体实际情况，避免主观臆断与掺杂评价者个人主观情感。无论是在对教师评价前收集的资料还是在具体评价过程环境，评价人员都应该做到客观、公正，严格按照科学合理的评价标准来进行评价。

3. 科学性原则

科学性原则主要是指在教师职业道德评价过程中，要以教师教育实践的客观事实为基础，严格遵循教育评价的客观规律，科学运用现代教育评价技术来设计评价标准，处理评价结果。只有坚持科学性原则，才能发挥出教师职业道德评价的作用。

4. 教育性原则

教育性原则是指在教师职业道德评价过程中，评价要符合教育的基本规律与要求，充分发挥评价的教育作用，体现出教育是整个评价的基础，评价是教育的一种手段。通过评价促使广大教师发扬优点，改正缺点，进而不断提升自身的职业道德修养。

5. 民主性原则

教师职业道德评价的民主性原则主要是指在评价过程中，要坚持走群众路线，相信、尊重和依靠学校、同行、教育行政部门以及社会各界，充分调动各方面主体的积极性与主动性，发扬民主，共同完成评价工作。发扬民主是我们党一直以来坚持的优良传统与作风，也是进行教师职业道德评价的根本路线。只有发扬民主，才能保证评价结果的科学性与公正性，调动广大教师的积极性。

（四）教师职业道德评价的标准与要求

1. 教师职业道德评价的标准

教师职业道德评价作为一项社会性活动，必须要遵循一定的标准。具体而言，教师职业道德评价需要遵循以下两个标准。第一个是善恶标准。善恶原本属于伦理学研究中的一个重要概念，应用到教育领域中来就是将善恶标准作为教育活动评价的一个重要指标。对于教师职业道德评价而言，它本身也是教育伦理学研究中的一个范畴。教师职业道德评价的善恶标准主要体现在教师的教育行为是否符合当前社会发展的总体趋势与客观要求，是否符合教师职业发展的要求。凡是有利于促进教育事业发展和学生健康成长，符合社会对教师职业道德的期望要求都是善的，反之就是恶的。第二个是具体标准。教师职业道德评价的具体标准主要体现在政治方向上、业务上和行为上。教师职业道德评价要求教师必须要坚持正确的政治方向，坚持党的领导与社会主义方向，具有广博扎实的专业知识与育人方法和关爱学生，以身作则，全心全意为学生服务，等等。

2. 教师职业道德评价的要求

教师职业道德评价是一项复杂而又严肃的工作，工作开展得好坏对广大教师工作乃至整个教育事业都会产生深远的影响。因此，在评价时需要一方面坚持正确的方向，确保职业道德评价工作在正确的轨道上运行，另一方面坚持实事求是，以人为本，尊重和保护教师的权益。

首先，坚持肯定性评价与否定性评价相结合，以肯定性评价为主。在教师职业道德评价时，需要肯定教师在职业道德发展上所取得的成绩，这样才能增强教师的自尊感、荣誉感和责任感，进而调动他们的积极性。以肯定性评价为主的评价方式有利于从正面积极引导广大教师提高自身的职业道德水平。

其次，坚持动态评价与静态评价相结合，以动态评价为主。动态评价是将整个评价置于教师职业道德发展的全过程中来判定，而静态评价主要是指在相对稳定的状态下对教师职业道德所做的评价，这种评价一般只能说明过去与现实状况，难以体现出教师职业道德发展的势态。因此，在教师职业道德评价过程中，我们必须要将教师职业道德发展置于一个动态发展的过程，用变化发展的眼光来看待教师职业道德状况，预见其发展趋势，也要让广大教师认识到自身职业道德品质中存在的问题。

再次，坚持定性与定量相结合，以定性评价为主。定量评价是通过对评价主体的资料进行量化通过统计分析工具进行评价。而对于教师职业道德而言，作为内化于心表现于身的道德，在评价过程中难以量化。如果用纯粹的量化手段进行评价就难以得出客观有效的结论。因此，在教师职业道德评价过程汇总，需要运用定性评价的方式，客观、正确、科学地评价教师职业道德，辅之以相应的量化评价，进而保证评价结果的科学性。

最后，形成性与终结性相结合，以形成性评价为主。终结性评价是对某一个阶段教师职业道德的评价，具有浓厚的结论性质，它对于帮助教师了解某一个阶段教师职业道德的优缺点，激励教师朝下一个阶段或目标努力具有一定的指向性。形成性评价主要是通过及时掌握教师职业道德状况，发挥评价的过程、导向、诊断、强化等功能，将评价作为提升教师职业道德品质的手段，这也是教师职业道德评价的关键与目的之所在。因此，在教师职业道德评价过程中，需要将形成性评价与终结性评价相结合，以形成性评价为主。

思考练习题

1. 什么是教师职业道德实践？它有哪些内容？
2. 什么是教师职业道德评价？教师职业道德评价的价值是什么？
3. 教师职业道德评价的标准与要求是什么？